武汉大学刑法博士文丛（33

武汉大学马克昌法学基金会资助出版

全流通时代的证券犯罪问题研究

王崇青 著

中国人民公安大学出版社

·北 京·

图书在版编目（CIP）数据

全流通时代的证券犯罪问题研究/王崇青著. —北京：中国人民公安大学出版社，2014. 3

（武汉大学刑法博士文丛）

ISBN 978-7-5653-1663-0

Ⅰ. ①全…　Ⅱ. ①王…　Ⅲ. ①证券交易—经济犯罪—研究—中国　Ⅳ. ①D924. 334

中国版本图书馆 CIP 数据核字（2014）第 036863 号

全流通时代的证券犯罪问题研究

王崇青　著

出版发行：中国人民公安大学出版社
地　　址：北京市西城区木樨地南里
邮政编码：100038
经　　销：新华书店
印　　刷：北京泰锐印刷有限责任公司

版　　次：2014 年 3 月第 1 版
印　　次：2014 年 3 月第 1 次
印　　张：9. 75
开　　本：880 毫米×1230 毫米　1/32
字　　数：262 千字

书　　号：ISBN 978-7-5653-1663-0
定　　价：32. 00 元

网　　址：www. cppsup. com. cn　www. porclub. com. cn
电子邮箱：zbs@ cppsup. com　zbs@ cppsu. edu. cn

营销中心电话：010-83903254
读者服务部电话（门市）：010-83903257
警官读者俱乐部电话（网购、邮购）：010-83903253
法律图书分社电话：010-83905745

总　序

依法治国、建设社会主义法治国家已成为我国的基本治国方略，而刑事法治是社会主义法治的重要组成部分。因此，以刑事法治为研究内容的刑法科学也一直受到国家和社会的重视。改革开放以来，我国的刑法学研究取得了长足的进步，研究领域日益扩展，研究层次不断提高，呈现出空前繁荣兴旺的景象。这一大好局面的取得，离不开几代刑法学人的奋斗，其中也包括刑法学博士研究生们的努力。他们风华正茂、思想活跃、勤于探索、刻苦钻研，所撰写的博士论文一般来说选题合理、资料翔实、思路开阔、论证充分、精品迭出，为刑法理论的完善与发展作出了贡献。

武汉大学刑法学科从 1987 年开始招收博士生，在将近 20 年的时间里，为社会输送了一批又一批高质量的人才，同时也使博士点本身得以不断发展与壮大。武汉大学刑法学的博士研究生们关注刑法基础理论的研究，重视学位论文的撰写，他们的论文大多具有真知灼见，理论水平较高。一部分论文出版之后，在社会上得到好评。进入新世纪，由于博士生招生规模的扩大，每年毕业的博士生数量大增，优秀博士论文的数量也相应增多，以往每年出版两本毕业论文的规模已经跟不上形势的发展变化。如果优秀的博士论文因各种原因不能付梓，研究成果无法与读者见面，既不利于理论成果的社会共享，也不利于年轻学者的脱颖而出。有鉴于此，我们与中国人民公安大学出版社洽商，设立“武汉大学刑法博士文丛”，出版社慨然允诺，给予支持。这样每年出版一批优秀的刑法学博士论文，形成规模效益，可以凝聚成一股学术力量，为刑法学界增添较有分量的学术成果。

“武汉大学刑法博士文丛”由武汉大学法学院刑事法研究中心的教授组成编委会，负责编辑出版事宜，以每年答辩的刑法学博士论文为选择范围，审慎选择其中优秀的博士论文逐年编辑出版。“武汉大学刑法博士文丛”的质量，取决于入选论文的水平。它的社会评价的高低，是检验武汉大学刑法学博士点教学研究水平的试金石。希望我们的博士研究生能够潜心治学、求真务实、重视创新、锐意进取，写出高质量的博士论文，使这套文丛不断有优秀著作问世。

最后需要提出的是，多年来中国人民公安大学出版社给予了武汉大学刑法学科大力支持，“武汉大学刑法博士文丛”的顺利出版正是这种支持的又一具体体现。借此机会，我本人并代表编委会谨向中国人民公安大学出版社表示由衷的感谢！

马克昌

2006年夏于珞珈山

目　录

绪论　我国证券市场的全流通时代及证券犯罪趋势

证券是社会化大生产和商品经济发展的产物，它的发行和交易离不开股份公司的产生。早期资本主义国家进行资本积累的一个重要手段是进行海外殖民掠夺，最初的股份公司就是在这些海外掠夺性贸易中产生的。一般来说，1600 年成立的英国东印度公司和 1602 年成立的荷兰东印度公司被认为是最早的股份有限公司。早在 1611 年，一些商人在荷兰的阿姆斯特丹买卖海外贸易公司的股票，形成了证券交易所的雏形。1612 年，荷兰东印度公司允许其股票在阿姆斯特丹交易所公开出售。1773 年，英国第一家证券交易所在位于伦敦柴思胡同的新“乔纳森咖啡馆”成立，1802 年获得英国政府的批准，此即伦敦交易所的前身。1792 年，美国著名的“梧桐树协定”签订，纽约交易所的前身由此诞生。[①]

从世界范围来看，证券业的发展大体经历了三个阶段：第一阶段为自由放任阶段，从 17 世纪初到 20 世纪 30 年代初。在这个阶段，政府多以“守夜人”自居，听任市场这只“看不见的手”调节整个经济活动。证券业在此阶段有了较大的发展，但因自由放任带来的弊端也日益暴露。主要表现为交易活动缺乏应有的约束，过度投机、操纵市场、证券欺诈等不当行为频频发生。自由放任的经济政府最终以 1929～1933 年资本主义国家的金融危机告终。第二

① 参见范建、王建文著：《证券法》，法律出版社 2007 年版，第 9 页。

阶段是法制建设阶段，从20世纪30年代初到60年代末。金融危机促使各国政府制定法律，对证券发行和交易活动进行规制，证券业的发展由此进入了法制建设阶段。例如，美国制定了以1933《证券法》和1934年《证券交易法》为代表的一系列证券法律，设置了由总统直管的证券交易委员会。第三阶段为迅速发展阶段，从20世纪70年代至今。老牌资本主义国家证券业迅猛壮大，东南亚和拉美发展中国家经济蓬勃发展带动了证券业的萌芽和发展，随着现代通信、网络技术的进步，证券监管法律制度的进一步完善，证券市场迅速形成了以纽约证券交易所、东京证券交易所和伦敦证券交易所为代表的三大巨头。①

一、我国证券市场的发展简史

我国的证券业最早可以追溯到19世纪70年代，由清代洋务派仿效西方所致。1872年，李鸿章创办轮船招商局，它是近代中国第一家民间发行股票“招商集股”而兴办的新型股份制企业。我国最早的证券交易市场是1891年在上海由外商设立的“上海股份公所”（Shanghai Share Brokers Association）。② 1914年年底，北洋政府颁布了我国第一部《证券交易所法》，北京证券交易所、上海证券物品交易所、上海华商证券交易所相继成立，标志着我国证券业进入了有组织的证券交易所时代。新中国成立后，虽然重新设立了天津证券交易所，但由于实行计划经济体制，证券市场在我国一度消失。直到1978年改革开放后，我国当代证券市场才得以逐步恢复。1981年财政部首次发行国库券，揭开了新中国证券市场发展的序幕。1990年、1991年上海、深圳证券交易所相继开业，我国证券市场发展开始迅猛，实现了历史性大跨越。其发展大致可划分为五个阶段：第一阶段是1990～1993年的“局部探索”，标志

① 参见李东方主编：《证券法学》，中国政法大学出版社2007年版，第9页。

② 参见朱彤芳著：《旧中国交易所介绍》，中国商业出版社1989年版，第38页。

性事件是两个交易所成立、邓小平视察南方；第二阶段是1994～1998年的“全面铺开”，标志性事件是公司法颁布、证监机构调整，上市公司数量也从291家发展到852家；第三阶段是1999～2004年的“立体规范”，标志性事件是证券法颁布、上市公司治理运动；第四阶段是2005～2008年的“固本清源”，标志性事件是股权分置改革、券商综合治理，这一阶段中国证券市场发展达到了历史的顶峰；第五阶段是2009年至今仍在进行中的“开拓创新”，标志性事件是创业板推出、股指期货上市。[①] 我国证券市场经历了从无到有，从小到大，从不规范到逐步规范，从分散到集中，从地区性市场到全国性市场，市场的广度和深度有了很大的拓展，证券市场已经从试点进入了发展的初级阶段。尤其是随着2005年股权分置改革启动，长期困扰我国证券市场的根本性制度缺陷得到矫正，我国证券市场开始进入了全流通时代。目前，我国证券市场基本形成了主板市场、二板市场、三板市场的多层次证券市场，开始逐步适应国际化竞争需要。1991年年底，沪、深两地上市公司只有14家，市值109.19亿元，成交金额43.37亿元。[②] 经过20年发展，我国证券市场规模不断扩大，2009年年底沪深两市共有1740家股票，市值达到24.27万亿元，相当于2009年我国国内生产总值的74%。2009年，沪深A股的总市值约合3.57万亿美元，同比增长100.88%，超越日本（3.53万亿美元），成为美国（15.08万亿美元）之后的全球第二大市值市场。资本市场融资规模也在不断扩张，2009年A股市场融资额已经超过8000亿元人民币。[③]

---

① 参见中国上市公司市值管理研究中心：《资本奇迹：中国证券市场20年回顾与展望》，载凤凰网，http://finance.ifeng.com/stock/zqyw/20100618/2323324.shtml，2011年10月2日访问。

② 周正庆主编：《证券市场导论》，中国金融出版社1998年版，第27页。

③ 参见中国上市公司市值管理研究中心：《资本奇迹：中国证券市场20年回顾与展望》，载凤凰网，http://finance.ifeng.com/stock/zqyw/20100618/2323324.shtml，2011年10月2日访问。

按理说，股份制的发展是推动证券市场发展的根本动力。但是，我国设立证券市场的初衷是为国有企业解困，即解决国有企业运营资金问题。20世纪80年代初国有企业的营运资金主要依靠财政划拨，由于缺乏有效的激励机制，资金利用效率低下，财政不堪重负。80年代中后期国有企业主要通过银行贷款筹集，但仍然缺乏有效激励机制，资金利用效率还是低下，企业争相贷款却不思还款，造成银行坏账大幅增加，威胁到了我国金融稳定。为解决企业营运资金的来源问题，我国从90年代初建立证券市场。因此，我国证券市场的融资功能被片面强调，更为重要的资源配置功能以及转换机制、分散风险等功能则被完全忽视。此外，在设立沪、深证券交易所之初，国内仍然弥漫着对社会主义国家能不能发行股票、股份制姓“资”还是姓“社”、国有企业改制上市是不是搞私有化、会不会造成国有资产流失等意识形态问题。证券市场的大胆发展得益于1992年邓小平同志南方谈话。“证券、股市，这些东西究竟好不好，有没有危险，是不是资本主义独有的东西，社会主义能不能用？允许看，但要坚决地试。看对了，搞一两年，对了，放开；错了，纠正，关了就是了。关，也可以快关，也可以慢关，也可以留一点尾巴。”① 由此不难发现，我国证券市场与西方发达国家相比，根基和出发点完全不同，是在边试边发展的。上市公司股份分为国有股、法人股和社会公众股，国有股不进入市场流通，法人股通过场外交易，只有占总股份1/3的社会公众股才在证券交易所交易，同一上市公司股份有流通与不流通之分，同股不同权、国有股一股独大等成为我国证券市场特有的现象。

股权分置改革就是在这种情况下隆重登台的。股权分置，是指同一上市公司的股份按是否可在证券交易所流通，分成流通股与非流通股，其中向社会公开发行的股份在证券交易所上市交易，称为流通股，而公开发行前股份暂不上市交易，称为非流通股。这两类

① 《邓小平文选》（第三卷），人民出版社1993年版，第373页。

股份的最大差异，是持股成本（即非流通股持股成本一般为面值1元，而流通股持股成本则为市场价，从几元至几十元乃至上百元不等）和流通权（只有流通股才能在证券交易所流通）的不同。产生这种现象的背景是我国建立证券市场之初，社会上曾广为流传“国”退“民”进，管理层担心国有资产流失，对国有股流通问题总体上采取搁置办法，从而在事实上形成了股权分置的格局。但随着证券市场的发展，发现这种担忧纯属多余，证券市场非但未使国有资产流失，反而大大起到了保值增值的作用，而股权长期分置导致的弊端反倒越来越明显，成为困扰证券市场健康发展的最主要问题。我国证券市场设立之初即倡导“公平、公开、公正”原则，股权分置实际上导致最大的不对等、不平等。一是权利的不对等，即股票的不同持有者享有权利的不对等，集中表现在参与经营管理决策权的不对等、不平等；二是承担义务的不对等，即不同股东承担的为企业发展筹措所需资金的义务和承债的义务不对等、不平等；三是不同股东获得收益和所承担的风险的不对等、不平等。这种制度安排不仅使产权关系无法理顺、企业结构治理无法进行，企业管理决策无法实现民主化、科学化，而且使上市公司或大股东不关心股价的涨跌，不维护中小投资者的利益，也越来越影响到上市公司通过股权交易进行兼并达到资产市场化配置的目的，妨碍了中国经济改革的深化。一句话，证券市场应有的融资功能、定价功能和配置功能无法得到充分发挥。因此，解决证券市场问题，股权分置问题应摆在首要位置。

所谓股权分置改革，就是将以前不可上市流通的国有股（含其他不能流通的股份）拿到市场上流通，而由非流通股股东支付一部分权益给流通股股东以取得流通权，真正实现同股同权。例如，甲持有10股A上市公司流通股，非流通股股东乙送给甲3股，乙取得与甲一样的流通权。这种支付对价权由中国证监会赋予每个流通股股东，支付额度则由每个上市公司的流通股股东与非流通股股东协商议定。这项制度始于1998年国有股变现解决国企改革和发展资金需求的国有股减持，但由于市场效果不理解被迫叫停。作为推进证券市场改革开放和稳定发展的一项制度性变革，股权分置问题于2004年正式被提上日程，标志性事件是国务院发布的《国务院关于推进资本市场改革开放和稳定发展的若干意见》。2005年4月29日，证监会启动了股权分置改革的试点工作，当时设想分三年分批次解决沪深交易所市值1.62万亿元非流通股的流通问题（当时总市值2.45万亿元），而新股发行则不再分流通股和非流通股。2006年6月起，我国证券市场的非流通股陆续得到解禁，到2011年以后，我国基本实现了真正意义上的同股同权，证券市场已进入了全流通时代。

二、我国证券市场的全流通时代

股权分置是我国证券市场的特有制度安排，全流通概念是建立在股权分置改革基础上的。随着股权分置改革的完成，我国证券市场正从半流通走向全流通，从中国特色逐步接轨国际惯例，与全流通相适应的证券市场的发行制度、交易制度、信息披露、并购规则以及退市机制都将发生根本性调整。①

（一）发行制度的变化

全流通时代的发行制度，是指在公司发行新股时实行股本全流通，不管什么公司发行股票，不再区分非流通股和流通股。证券发行制度和定价机制都将逐步呈现市场化。

1. 发行制度由审批制逐步向核准制和注册制转变

证券发行制度的核心在于证券发行的决定权的归属。发行制度的合理与否决定着市场资金配置是否合理。全流通时代需要实施市场化的发行制度，按照市场化原则选择发行企业。

以往我国证券市场发行股票实行严格的额度管理和指标控制，

① 参见葛俊龙：《中国全流通时代的企业并购》，西南财经大学2007年博士学位论文打印版，第48页。

市场机制不能发挥任何调节作用，这是计划经济体制的产物，可谓不折不扣的审批制。而核准制，是目前我国正在采用的发行制度，取消了额度管理和指标控制，市场机制成分增加，它是审批制向注册制转化的过渡形态。注册制则是彻底消除行政色彩，证券发行机制完全由市场化机制来运作。在全流通背景下，价值投资得到认同，股价对公司业绩的依赖性增强，以往发行制度下一级市场与二级市场之间巨大的价格差异将不复存在。行政手段将得不到市场认同，国有企业将按完全市场化原则发行，要求国有资产代理人在选择发行企业、发行程序、价格确定、国有股权管理、行使股权权利等方面都要放弃行政思维，完全作为一个市场主体去开展自己的各种经营与运作。预计随着我国证券市场的不断健全发展，市场化的注册制发行制度必将隆重登场。

2. 定价方式由行政导向往市场导向发展

定价的合理性直接决定了证券市场的资源配置效率。如果证券发行价格过低，会减少筹资额，并导致大量资金囤积于一级市场。如果定价偏高则会降低投资者的收益率，甚至可能导致发行失败。我国证券市场发行经过二十余年的发展，经历了认购证抽签发行、存单抽签发行、网上竞价发行、网上定价提签发行等多种发行方式，定价方式由行政调控甚至行政定价的行政导向逐步向根据证券市场的供需状况来确定发行价格的市场导向发展。目前，我国证券市场实行机构投资者询价配售和二级市场申购相结合的发行方式，是一种与国际市场接轨的发行定价制度。此项制度通过询价，使机构投资者参与新股发行过程，市场各方直接协商，充分挖掘市场对所发行股票的真实需求，不设价格区间，按企业质量、市场状况定价，并将部分股票配售给参与询价的机构，将其利益、风险与发行价格直接挂钩。该价格是市场各方参与主体博弈后的均衡结果，更能准确反映企业的价值和市场实际需求，从而更好地实现证券市场的价格发现功能，提高资源配置效率，再也不是行政干预的产物。

(二) 交易制度的变革

股权分置改革之前，我国证券市场实行的是单向交易，即只能先买后卖。在此交易制度下，在一段时间内，可能所有投资者都是多头，出现暴涨现象，而在另一时段内，可能所有投资者都是空头，呈现暴跌行情，在任何时间里，都没有多空双方真正的相互对垒与制约，暴跌与暴涨不可避免。我国证券市场市场曾出现严重的单边市现象，大盘只有上涨，投资者才能赚钱，一旦出现暴跌，对任何参与主体都没有好处。

在股权分置改革即全流通时代，建立多空双方相互制约的双向交易制度，在一定程度上防止了暴涨暴跌，使得证券市场的风险控制得到有效化解。在此制度下，投资者在大盘指数下跌时，可先卖后买减少损失，控制风险，甚至获取收益。建立双向交易制度，必须有融资融券制度、经纪人制度、间接交易制度与其互相配套。

1. 建立融资融券制度

以往我国证券市场实行分业经营、分业管理，需要正确处理货币证券与证券市场、银行与券商之间的资金融通关系。少数银行与券商之间进行的股票质押贷款业务，在一定程度上解决了证券市场的融资问题，但这种业务存在系列金融风险隐患和监督管理问题。股权分置改革之后，建立融资融券制度已提上议事日程，由融资融券公司统一向证券机构进行业务活动，避免银行与券商的直接、分散的融资交易，由券商负责向客户开展融资融券业务，建立起真正的保证金交易制度。目前，我国已有中信证券等大型券商陆续开展此项业务，很有成效。

2. 建立经纪人制度

经纪人制度是开展融资融券业务的基础。股权分置时代，我国券商主要接受客户指令，代为客户买卖股票，除此之外不负任何其他责任。券商的利益只与客户买卖股票的数量有关，而与客户的利益无关，有些券商为确保自身利益，在证券市场处于下跌行情时也不断鼓励客户买入风险极大的股票。而经纪人制度则不同，券商的利益与客户的利益直接挂钩，不仅接受客户指令代为买卖股票，还负有向客户提供投资指导责任，还可向客户融资融券。客户的资金由经纪人统一保管，风险由经纪人控制，有利于防止风险非理性扩大。

3. 建立间接交易制度

间接交易制度是相对于直接交易制度而言的。直接交易制度，是指股票的买卖和资金的管理完全由投资者直接负责，而间接交易制度下买卖股票由投资者决策，资金的管理由相关资金管理部门负责。即客户股票买卖的资金由经纪人负责管理，证券公司、资产管理公司等机构投资者自营买卖股票的资金由融资融券公司负责监督管理，证券的结算由法人结算变为以融资融券公司为基础的结算体系，这种制度安排使得投资者买卖股票的资金都由第二方管理，更有利于对投资行为的监督和资金风险的控制，有利于防止操纵市场行为的发生。

（三）信息披露制度的改进

信息披露制度是投资者了解上市公司、证券监管部门监管上市公司的主要途径，因而被世界各国证券法律所重视。在股权分置改革之前，我国上市公司披露虚假信息较为普遍。虚假信息表现为披露内容不真实、不完整、不及时，其动机来自融资或再融资，或是避免被特殊处理或退市。其原因有二：一是“一股独大”。上市公司没有建立起科学合理的治理结构，仍按原来的国企运行模式运营。二是监管不严、处罚不力。2002 年深交所《信息披露违规处罚实际效果研究》认为，对信息披露违规的处罚尤其是以内部批评为主的处罚方式，未能足够地增加上市公司的信息披露违规成本，没有收到防止再犯的效果。

在全流通时代，要求上市公司披露信息真实、准确、全面、及时。首先，在制度层面，坚持实质性原则，要处理好公开与保密、简单与详尽、法定最低披露义务与自愿披露责任、市场需求信息与监管需求信息之间的关系，还要坚持形式原则，以立法为基本指导，在结构、体例和措辞上保持一致。其次，要进一步完善上市公司治理结构。实践证明，公司治理中的缺陷是导致上市公司失信的主要原因。我国上市公司多数由国企改制而来，由于改制不彻底，造成上市公司“一股独大”，“内部人控制”现象严重，董事会、监事会的运作存在不足，独立董事没有发挥应有的保护中小股东权益的作用，等等。随着全流通时代到来，意味着混乱的公司治理结构的终结，不断完善上市公司治理结构是我国证券市场健康发展的必由之路。

（四）并购规则的健全

股权分置时代，由于每只股票只有约1/3的股份在市场上流通，通过二级市场实行并购既不可能也不现实。全流通时代则是实施公司并购的催化剂，在此背景下并购与反并购将更为盛行。并购的实施，不但有利于上市公司通过整合变强做大，而且大大丰富了证券市场体系。全流通时代的并购行为将呈现以下变化：一是并购主体多元化。我国旧《公司法》规定，公司对外投资不得超过公司净资产的50%，也即只有比被收购股权价值大一倍的公司才能出面收购，限制了并购范围。全流通之后，上市公司的股份全部为流通股，法人、个人具有同等的购买地位。新《公司法》大大降低了公司注册资金门槛，取消了对外不得超过50%的限制性规定，这就为小公司收购大公司、MBO即管理层收购和杠杆收购创造了条件。二是并购方式多元化。股权分置改革前，我国《证券法》不允许定向增发，上市公司收购只能在存量股份中进行，不能通过发行增量股份来完成，这就大大限制了很多经济上可行的项目，尤其是绩差公司的并购重组，不利于我国上市公司并购市场的发展。而新《证券法》则完全认可对上市公司的非公开发行，可以采取要约收购、协议收购及其他合法方式收购，这就为定向增发方式收购上市公司打开了法律通道，大大促进了并购市场的发展。三是战略性并购比重增加。全流通之前，我国证券市场上的并购过多地关注短期财务利益，并购的价值取向多半为了“壳资源”，并非看中上市公司既有的业务和资产价值，企业在并购决策上倾向于财务性并购，其操作模式基本为“获取壳资源—概念化重组—二级市场套现”。全流通之后，基于产业整合战略和资源价值重估引发的上市公司控制权争夺将成为控制权市场的主流，以产业链整合为目的的战略性并购将不断增加。

（五）退市机制的完善

我国证券市场一度存在一旦上市，经营业绩再差甚至资不抵债也不退市的非正常现象。即使不幸被摘牌整顿，也可通过账面调整、资产重组、政府介入等手段起死回生。在此制度下，直接造成了我国上市公司整体质量下降，降低了市场运行效率，绩优股与绩差股一起争夺有限的市场资源，优胜劣汰的市场法则基本失效，市场化的资源配置功能消失殆尽。同时，还给投资者带来巨大投资风险。全流通的退市机制则根本不同：（1）退市条件与上市条件统一。（2）退市标准得到科学量化。退市标准将参考西方发达证券市场的标准，采取一些与其相类似的数量化指标。目前，我国深交所已制订了可操作性较强的退市规则，一些符合条件的上市公司将在A股市场上消失。（3）后续交易场所的建立和规范。进入全流通时代，我国将建立多层次的证券市场。一些不能在主板市场上交易的股票，将被安排在更广泛意义的二板、三板市场进行交易，这样一来，可以减少退市对投资者的影响，维持退市公司的发展潜力，为其后续发展提供空间。

总之，随着我国证券市场进入全流通时代，证券市场应有的融资、定价和配套功能将得到充分发挥。证券市场将真正发挥国民经济“晴雨表”的作用，上市公司的治理结构将得到重构，价值投资将深入人心，机构投资者成为市场主流以及并购重组方式将更加完善。

三、全流通背景下的证券犯罪趋势

证券犯罪是伴随着证券市场的发展而产生的，是与证券的发行、交易相伴而生的。证券市场本身具有高风险性和高盈亏性，决定了证券犯罪不会从根本上消除。正如《资本论》所言："一旦有适当的利润，资本就胆大起来。如果有10%的利润，它就保证到处被使用。有20%的利润，它就活跃起来。有50%的利润，它就铤而走险。为了100%的利润，它就敢践踏一切人间法律。有300%的利润，它就敢犯任何罪行，甚至冒被绞杀的危险。"① 我国证券市场的产生背景与西方国家不一样，基础条件比较差，却在短短的20余年时间里跨越了世界主要证券市场几百年走过的路，已经从一个资本弱国变为一个资本强国。其间造就了许多百万、千万、亿万富翁，也使许多人家破人亡，当然也产生了许多证券犯罪。既有西方国家常见的操纵市场、内幕交易、证券欺诈犯罪，也有其他国家不多见的背信损害上市公司利益、利用未公开信息交易犯罪。既发生了震惊中外的吕梁操纵中科创业案、"股市第一强庄"德隆系操纵市场案，也发生了诡秘莫测的杭萧钢构内幕交易案，还发生了被区区600字报道击毙的"蓝田神话"案。可以说，我国证券市场发展史，也是一部证券犯罪滋生史。证券犯罪既表现出与其他国家相同的一面，也表现出有自身特色的一面，随着与全流通时代相适应的发行制度、交易制度、信息披露制度、并购规则和退市机制的健全完善，证券犯罪在这一阶段正呈现出一些新变化。

（一）操纵证券市场罪的主体"换位"，"信息型"操纵手法有替代"资金型"操纵手段之势

在我国证券市场中，"做庄"和"小道消息"不绝于耳，以致有人戏称我国证券市场为"赌场"、"消息市"。从中国证监会公布的历年行政处罚数据看，"操纵证券市场"是我国证券市场主要的违法犯罪形式之一。从司法机关查处的证券犯罪案件看，操纵证券

---

① 《资本论》（第1卷），《马克思恩格斯全集》第23卷，人民出版社1972年版，第829页。

市场罪也是主要证券犯罪类型。股权分置时代，我国司法机关先后查处了吕梁操纵中科创业案、德隆系操纵“老三股”案等一批社会影响恶劣、涉案金额巨大的操纵证券市场犯罪案件。这些案件主要案发于“庄家”资金链的断裂，也就是说“庄家”操纵的手法主要靠聚集大量资金，在不转移所有权的情况下以多处开立资金账户和证券账户进行自买自卖，或者与他人约定进行虚假买卖，这种操纵手段如果在股权分置时期尚能奏效的话，在全流通时代则显得力不从心。因为在股权分置时期，一个上市公司大约只有1/3股份在市场中流动，“庄家”只要使用资金控制住这部分股价就能达到控制全局的目的，而在全流通时代，每只股票的流通份额超过原先的两倍之巨，一般“庄家”很难聚得如此多的资金来“做庄”。但只要有证券市场，便会有“庄家”，如果无法利用资金优势，那么利用信息优势同样也能达到“做庄”目的。在全流通时代，“庄家”是如何利用信息优势的，这些“庄家”又是谁呢?

股权分置时期，股权存在流通股与非流通股之分，只有占非主导地位的社会公众股可以在二级市场上流通，而占主导地位的国家股和社会法人股则不可以流通，他们只能在场外通过协议方式转让，但这种转让方式受到成本费用、受让对象、转让价格以及政策等方面的限制，这条获利渠道并不通畅，不能成为大股东的主要获利方式。因此，那时大股东的利益关注点往往在于公司资产净值的增减，而不关心二级市场股价的波动，其自利途径主要靠无节制的“圈钱”、资金占用、违规担保、非公允关联交易等方式。

股权分置改革拆除了流通股与非流通股的樊篱，实现了真正意义上的同股同权、同股同利。原先的非流通股因股权的高度集中，成为二级市场股价的自然垄断，庄股也因此再度成为一种普遍现象。以往“庄家”与上市公司基本分属两个不同利益主体，而全流通后，自然形成的“庄家”就是上市公司的实际控制人也就是大股东，他们的交易行为能影响甚至决定股价，对其他投资者产生深远影响。一般垄断市场，要么表现为买方垄断，要么表现为卖方垄断，很少表现为买、卖都垄断的双边垄断。但在股权分置改革后，这种双边垄断的现象就有可能产生。在刚取得流通权时，大股东成为卖方垄断的可能性较大，他们能以高于市场均价的价格卖出手中的股票，而在经过一段时间之后，大股东又有可能成为买方市场的垄断方。因为大股东比普通投资者更了解上市公司经营状况，更具有信息优势，他们能使自己以低于市场均衡价格的价格买进股票。大股东无论作为买方，还是卖方，都能从中获取超额利润，而受损的却是处于劣势地位的中小投资者。

由于股权分置改革后大股东所持股票可以直接上市流通，其不可能如以往一样对股价漠不关心，而是史无前例地开始关心股价的波动。因为股价与大股东的利益关联度密不可分：一是股价的高低直接影响大股东在二级市场上增持或出售股票的成本或收益；二是股改后定向增发成为大股东再融资的主要方式，以股价作为定价基础的定向增发价格，将直接影响作为定向增发对象的大股东的增持成本；三是随着股改后上市公司重组并购行为的增多，以股票为支付方式的上市公司并购，收购方大股东的利益将取决于并购双方股价的高低。可以预期，大股东受利益最大化驱使，将在定向增发、并购重组以及为获取超额资本利得中利用信息优势实施操纵股价行为，大股东正逐步成为全流通时代的大“庄家”。

但证券市场上的“庄家”绝非只有大股东一家，一些没有绝对资金优势和上市公司信息优势的不法分子，刻意利用自身信息优势，大肆在证券市场上先行买入股票，紧接着发布推荐股票信息，最后抢先卖出股票的“抢先交易”，或者利用深谙股票申报规律，实施“虚假申报”以拉抬或打压股价，或者故意在股市即将收盘时进行“尾盘拉升”，人为制造股票虚假繁荣景象等，这些行为确实影响了证券市场，行为人据此获得了不菲收益，而市场跟风者则大受其害，市场上的股价绝非体现真实的供求关系。从公安机关了解的情况看，近年来依靠资金优势“做庄”的传统操纵手法近乎绝迹,[①] 以“抢先交易”为代表的“信息型”操纵市场方式成为此类犯罪的主要形式。因此，操纵证券市场犯罪逐步由股改前的“资金型”转向股改后的“信息型”。这些行为能否直接运用《刑法》第182条的“兜底条款”来处理，其理由是什么，怎样做到保障人权与保护法益之间取得平衡，以及如何认定行为人的行为是“影响证券交易价格或者证券交易量的”原因，都是笔者所要研究的内容。

（二）内幕交易点多线长，渐趋高发态势

一是内幕信息来源更多。这在源头上造成内幕交易罪有高发之势。首先，全流通后，上市公司注入资产、整体上市明显增加，大股东注入何种资产、何时注入、如何注入，集团整体上市的具体计划、具体时间等均掌握在大股东等少数人手中，同时我国上市公司大部分由国企改制而来，无论是注入资产还是整体上市，都需要国家主管部门的批准，一部分审批经手人员也加入内幕信息知情人行列，信息的严重不对称和注入资产、整体上市对股价的刺激作用造成提前掌握内幕信息的人员铤而走险，频频出手实施内幕交易。其次，全流通后，并购重组行为更加活跃。而并购是一个漫长的过程，在此过程中会产生大量内幕信息，如收购人的真实身份、收购的进展情况、上市公司或原大股东是否会实施反收购等，这些信息都会对股价产生重大影响，都有可能被内幕人员利用谋取不法利益。例如，广发证券借壳延边公路涉嫌内幕交易案就是一个典型例子。二是大股东迅速成为内幕交易罪多发主体。如前所述，以前大股东的股份不能在证券市场上流通，客观上对大股东的内幕交易行为带来不便，需要借助他人之手才能完成，所得收益也须与他人分享，而且风险较大。全流通之后，大股东持有大量可以在市场上流通的股份，他们利用内幕信息牟利也变得更加方便、隐蔽，所以大

① 尤其对大盘股而言，行为人很难聚集巨额资金控制大盘股，但在小盘股中，以资金优势实施操纵的还有可能存在。

股东不但成为操纵证券市场的主体，还加入内幕交易的主体行列。三是内幕交易动机增强。第一，如前所述，全流通之后，大股东的利益与公司二级市场股价前所未有地紧密联系在一起，在此情况下，拥有天然信息优势，掌握并主导公司内幕信息的大股东利用内幕信息直接操纵市场或内幕交易的动机就会大大激发。第二，上市公司高管人员进行内幕交易的动机也会增强。全流通时代，越来越多的上市公司通过实施股权激励计划，客观上造成公司高管人员即大股东的代理人，自觉将其收入与公司股价挂钩，为了提升自身收益，违背诚信原则进行内幕交易的欲望较以往更加强烈。此外，我国证券市场进入全流通以来，市场空前繁荣，交易量和交易密度明显增加，在此情况下，实施内幕交易获利的机会更多，促使内幕人员实施内幕交易的整体动机增加。① 内幕交易呈现的上述三个特点，将客观上造成内幕交易犯罪在我国证券市场上不断呈高发态势。

但是，实际查处情况又是怎样呢？我国公安机关于2002年查处第一起内幕交易案即叶环保内幕交易案以来，至2006年只查处14起；② 2008年年初至2011年年底，证监会共获取内幕交易线索420件，列入立案调查的153件，这段时间内，全国法院审结的内幕交易、泄露内幕信息案件却只有21件。③ 可见，作为国际性难题，内幕交易难查处在我国同样存在。尽管我国证券市场内幕交易猖獗已是不争的事实，执法部门接到的举报线索也有增多趋势，为何查处数如此低下呢？排除内幕交易案发现难因素，取证难是最重要的原因，司法机关普遍反映按照传统刑事证据规则，固定内幕信

① 参见束景明：《全流通时代证券内幕交易监管面临的挑战与对策》，载《法制与经济》2008年第4期。

② 参见王紫雾：《最高人民法院颁布内幕交易司法解释》，载财新网（微博），http://finance. qq. com/a/20120522/006507htm，2012年5月23日访问。

③ 参见新华社电：《50起内幕交易涉案逾45亿元》，载《时代报》2011年12月28日A30版。

息传递过程的证据非常困难，请求立法机关迅速改变举证制度的呼吁不绝于耳。与此同时，随着我国司法机关打击内幕交易力度的加大，内幕交易的犯罪手段更趋隐蔽，已由股权分置改革前的内幕信息知情人直接用自己的账户买卖股票，转用其配偶、父母等亲友的账户来交易，现在则发展到将内幕信息泄露给他人，由他人来买卖股票。更有将内幕信息泄露给第二人后，第二人再泄露给第三人，由第三人进行交易，甚至传得更远。面对掌握内幕信息并处于绝对优势地位的、以大股东为代表的内幕人员的疯狂作案，司法机关如何积极履职，主动作为，切实维护证券市场“公平、公正、公开”原则，保护中小投资者的切身利益是摆在每个司法工作者面前的课题。本书将通过研究内幕信息与内幕交易之间的联系，也即行为人交易行为与内幕信息之间的因果关系，以及泄露内幕信息人与实行行为人的共犯关系，证明内幕交易罪的成立，以期对司法实践产生一定指导作用。

（三）上市公司虚假信息披露时有发生，作案手段不断翻新

信息披露的真实、准确、完整和及时对证券市场的健康发展至关重要。全流通时代要求上市公司的信息披露依据既定的信息披露准则和信息披露规则体系进行，但由于股价与大股东的利益紧密相连，高管人员因股权激励的作用也开始关注上市公司股价，“一股独大”在全流通背景下没有得到根本性改变，因此上市公司的信息披露不实问题难以在短时间内消除，主要表现在：[①] 一是利润操纵手法不断翻新。一些上市公司利用新《企业会计准则》的规定“创新”利润，如固定资产折旧年限的调整、无形资产研究阶段与开发阶段的划分、投资性房地产的转换、金融资产的重分类、债务重组和非货币性资产交换等；一些公司将不公平的关联交易“非关联化”，造成关联交易隐蔽化和间接化，实现大股东从上市公司

① 参见朱小平、柯明：《全流通时代上市公司虚假信息披露的新动向》，载《财务与会计》2008 年第 7 期。

转移利润。二是选择性披露更加复杂。在披露对象选择上，表现为在公开披露信息之前，先私下有选择地向机构研究员、证券分析师、新闻媒体等特定对象提前透露或泄露公司重大信息；在披露内容的选择上，表现为报喜不报忧或淡化忧。公司所披露的信息，既可能为了保持或抬高股价、变现套利而虚增或夸大对公司经营有利的利好信息，也可能为了打压股价、吸筹建仓而夸大对公司经营不利的利差信息，还可能基于管理层行权条件和行权价格等因素，对公司的资产、业绩、经营环境等作有选择和倾向性披露。三是印象管理更加普遍。印象管理是上市公司为了给广大投资者留下特定印象，对其所披露的文字陈述信息进行“包装”和操纵，试图控制信息使用者并影响其判断和决策。其惯用手法为操纵文字信息的可读性或自利性归因两种。

如果说上市公司披露虚假信息的动机在于大股东和高管人员出于确保自身利益考虑，那么会计师事务所、资产评估事务所、律师事务所等中介机构则是上市公司实施披露虚假信息不可或缺的帮手。如果上市公司披露虚假信息进而实施了操纵证券市场或者内幕交易，对于中介机构的行为如何看待；如果非上市公司为了上市聘请中介机构进行“包装”，在非上市公司构成欺诈发行股票罪，中介机构应如何定性，笔者将逐一展开论述。

（四）涉案人员众多，共同犯罪特征明显

证券从发行到上市再到交易，牵涉环节较多，涉及上市公司、证券公司、会计师事务所、律师事务所、证券交易所、证券登记结算公司等，需要具有证券、财务、法律等专门知识，而且各个环节环环相扣，缺一不可，因此造成证券犯罪单靠个人的力量很难完成，一般表现出团伙作案、结伙作案，共同犯罪特征非常明显。例如，一起欺诈发行证券案件，拟上市公司需要证券公司、会计师事务所、律师事务所的紧密配合，有时甚至需要买通监管层。一起操纵证券市场案，需有专门策划人员、筹集资金人员、专业下单人员、消息打探者、市场放风者以及证券公司从业人员、资金提供者等人的积极配合，有时还要求他人“锁仓”一段时间，有些人员甚至明知他人在从事操纵某只股票，大举资金入市“跟庄”。一起内幕交易案，直接实施交易的往往不是内幕知情人，内幕知情人通常借用他人账户，明示或暗示他人在合适时点进行交易。这些犯罪涉及面广，牵涉利益大，参与其中的每个人角色地位和所起作用各不相同，有的甚至因其工作关系决定必须参与其中，如证券公司从业人员主观上明知有人在从事操纵行为，仍为其提供下单服务，这些外观上无害、本身不具有犯罪性的行为，客观上对他人犯罪的实施起到了促进作用，能否统统归入帮助犯范畴，以及如何认定上述证券犯罪参与人的刑事责任，是笔者重点探讨的课题之一。

此外，近年来随着互联网技术的发展，证券领域还出现了“带头大哥777”王秀杰利用互联网从事非法证券投资咨询业务，北京、上海等地中介机构无视国家有关规定，通过随机拨打市民电话方式销售源于陕西、四川等地的非上市公司股权，有的甚至与非上市公司串通一气，狼狈为奸，大肆销售没有实际价值的股权。在非上市公司与中介机构成立共犯关系时，如何正确适用罪名，区分各自刑事责任，也是笔者研究的课题之一。

（五）犯罪被害人涉及面广且不特定，具有无意识性

目前，我国证券市场已普遍采用网上交易，投资者足不出户即可在沪、深两个交易所进行证券交易。但与世界发达国家相比，我国证券市场存在起步晚、制度不健全等缺陷，中小投资者人数却堪称世界第一。在我国特有的差序格局文化背景下，中小投资者好打听“内幕”，好“跟庄”，投机意识极强成为不争的事实。一旦获得一条所谓上市公司重组或庄家做庄的“内幕”信息，便如获至宝，不加分析地买进股票并向自己最要好的亲友传递，如此一传十，十传百，整个市场弥漫着各种各样的“消息”。所以，在与内幕信息知情人进行交易时，很难意识到自己与对方所知悉的信息大相径庭，即很难意识到自己被害。即使意识到了，想想反正受害的不是一个人，自认倒霉算了。另外，证券犯罪也不是针对特定人，

操纵证券市场的被害人为市场跟风者，内幕交易的被害人为从事相反交易的相对人，违规披露、不披露信息受到影响的绝对不是几个投资者。此外，市场上竟流传这么一种观点，被害人与加害人是利益共同体，如果证券市场没有“庄家”操纵市场，证券价格就不会大起大落，自己就不能利用波段操作获取差价，也就是说，“庄家”操纵对市场是有益的，证券市场不存在被害人。证券犯罪究竟有无被害人，如何认定此类人员及确定被害损失，将是本书所要涉及的话题。

（六）新型证券犯罪不断涌现，证券立法面临新挑战

我国证券市场长期存在大股东违法挪用、占用上市公司资金或者违法提供担保、违法关联交易等现象，上市公司沦为大股东的“担保器”、“提款机”。但1997年《刑法》对此行为未作规制，主要障碍在于这些行为的主体表现为单位，挪用资金罪和职务侵占罪均不能适用。为此，2006年《刑法修正案（六）》第9条在《刑法》第169条增加后一条，增设背信损害上市公司利益罪。这是我国首次对公司背信行为规定刑事责任。同时新增“背信运用受托资金罪”规制了多年来存在的证券公司挪用客户保证金现象。孰料此修正案出台不久，证券市场上基金经理人在使用公有资金买入、拉升某只股票之前，先用个人资金在低位买入该股票，待公有资金将股价拉升到高位后，个人仓位率先卖出的“老鼠仓”行为愈演愈烈。这种职务便利行为既非内幕交易，又疑似内幕交易，怎么办？《刑法修正案（七）》第2条第2款为此专门规定了利用未公开信息交易罪，长城基金管理公司久富证券投资基金经理韩刚成为第一个受领此罪的犯罪分子。与此同时，在全流通环境下，涉及我国证券发行、交易的环节将更加复杂化；我国证券交易品种已从原来较为单一的股票、债券扩展至权证、股指期货等金融衍生品，预计今后将不断增多；外国企业也可在中国上市，上市公司将以国有企业为主体演变成三资、民营、国企三足鼎立态势，由此带来并购重组和关联交易等新型证券犯罪问题，这些情况由于受先前立法

条件和证券市场等限制，立法者没有作更多考虑。这种头痛医头、脚痛医脚的没有系统性立法以及刑事先行、立法超前的做法饱受理论和实务界诟病。因此，系统研究证券范畴及其衍生品的运行规律，适当调整证券犯罪立法模式，以更好适应维护证券市场秩序和保障人权需要，将是立法机关必须面对的课题。此外，我国有的证券犯罪立法已明显不合时宜，如伪造、变造股票、公司、企业债券罪，在司法实践中已基本不可能发生；各类证券犯罪的刑罚配置没有按照社会危害性拉开档次；证券犯罪成本过低已被社会各界所关注，但现行刑法没有重视罚金刑在剥夺犯罪分子再犯能力上的作用，需要立法机关及时作出调整。笔者将通过研究我国证券犯罪立法存在的问题，提出相应合理化建议，以更好适应证券市场发展和世界证券犯罪立法趋势。

（七）行政处罚程序前置，犯罪惩治困难

据一位曾在证监会工作过的人士称，我国证券犯罪暗数相当大，证监会自 1993 年成立，至 1998 年才查处第一起证券犯罪案件，初步估计只有 1% 的案件被查处。即使被处行政处罚再移送公安机关查处的案件也少得可怜。1998 ~ 2004 年，证监会共查处了 600 多个证券违法案件，只有将不足 60 起案件移送给公安机关立案查处。[①] 不说证券犯罪本身暗数大，经证监会行政稽查程序进入公安机关刑事立案的，就又被过滤了一次，真正得到查处的证券犯罪就连 1% 都不到。证券犯罪在我国证券市场没理由不猖獗！查处证券犯罪首先遇到的问题是案源问题，其次才是查处时机问题。证券犯罪发现难是国际性难题，在我国也不例外。从公安机关办理的证券犯罪看，基本上来源于知情人向证监会举报或沪、深交易所的技术监控，由公安机关直接发现进而办理的证券犯罪案件基本为零。目前，我国证券犯罪案件的查处，一般先经证监会行政稽查，

① 参见王超：《德恒证券刑事法论坛第三十七讲——证券犯罪新视界》，载德恒律师事务所网，http://www.dhl.com.cn/article/more.jsp?，2011 年 10 月 5 日访问。

其中只有部分涉嫌犯罪的案件才会移送公安机关查处。在此过程中，证监会按照行政处罚要求开展调查取证。行政处罚证据比刑事证据要求低，但涉及的取证环节基本一致，这样便给犯罪分子留下了足够的喘息时机，待公安机关正式开展侦查时，有的犯罪分子已人走楼空，有的销毁、隐匿犯罪证据，有的则串通证人作伪证，错过了最好的收集证据和破案时机。查处证券犯罪遇到的第三个问题是行政认定严重困扰刑事执法。经证监会行政稽查移送公安机关查处的案件，在进入刑事诉讼程序阶段会由证监会出具对案件性质认定的行政认定意见。如果没有这纸行政认定意见，检察机关可能不起诉，人民法院可能不支持审理。照理说，司法机关完全可以根据《刑法》规定，按照犯罪构成要件独立进行法律适用，为何需要证监会的行政认定意见呢？行政认定意见在刑事责任认定中充当什么角色呢？没有行政认定意见的案件能否直接进行刑事责任认定呢？这些都是笔者所要试图解决的。

需要说明的是，本书虽名为证券犯罪问题研究，由于证券犯罪罪名多达二十种，一一研究则显得累赘。为此本书重点研究司法实务中发案较多、法律问题较为集中的操纵证券市场罪、内幕交易罪，对司法实务中发案不多的违规披露、不披露信息罪，欺诈发行股票、债券罪，擅自发行股票、债券罪，背信损害上市公司利益罪，编造并传播虚假信息罪，诱骗投资者买卖证券罪，非法经营罪等作侧重研究，而对其他证券犯罪则基本不作阐述。

第一章

证券犯罪概述

第一节　证券犯罪的概念和类型

一、证券概述

证券首先是民法的概念，但在民法中没有明确定义。一般认为，证券是表明权利存在的权利凭证，权利的发生、行使或者转移以全部或者部分占有、交付证券为要件。民法上将证券分为三大类：一是金券，记载一定金额，使用于特定用途，记载的权利与金券本身密不可分，如邮票便是适例；二是资格证券，表明持有人具有行使一定权利的资格，如车船票、行李票等；三是有价证券，以持有证券为行使权利的必要条件，证券上记载的权利即为持有人行使权利的内容，又可分为商品证券（如提单、仓单）、货币证券（如汇票、本票）、资本证券（如股票、债券）。① 通说认为，只有资本证券才能成为证券法和证券交易法上的对象，并成为证券刑事立法的调整对象。② 通说的说法能成立吗？国外和我国对证券法上

---

① 参见吴弘主编：《证券法教程》，北京大学出版社 2007 年版，第 1 页。

② 参见竹怀军：《证券犯罪若干问题初探》，载《韶关大学学报（社会科学版）》2000 年第 3 期；刘宪权著：《证券期货犯罪理论与实务》，商务印书馆 2005 年版，第 4 页；王晨著：《证券期货犯罪的认定与处理》，知识产权出版社 2008 年版，第 2 页。

的“证券”究竟是怎么规定的呢？证券犯罪中的“证券”能否与证券法中的“证券”画等号呢？现行有关证券犯罪的刑事立法有何缺陷呢？

（一）美国、日本和我国台湾地区的证券含义

美国在1933年《证券法》第2节（1）和1934年《证券交易法》第3节（a）（10）对证券作了基本一致的规定，认为证券是“指任何票据、股票、国库券、债券、无担保债券、任何利润分享协议的利息或参与证、从属信托证、公司设立前的证书或认股证、可转让股权、投资合同、表决权信托证、存股证、石油、天然气或其他矿藏权利的未分割的部分利益，任何证券、存款证、一组证券或指数（包括任何利益或基于价值所生利益）的任何卖出期权、买入期权、跨期买卖或优先权、在全国性证券交易所交易的与外汇相关的任何卖出期权、买入期权、买入卖出选择权或优先权、或者总而言之，通常称为‘证券’的任何利益或工具、或上述任何一种的利益证书或参与证书、或上述任何一种的暂时或临时证书、或接收、担保、认购或购买的授权或权利证书”。[①] 为确定某一投资工具是否为证券，投资者的感觉和期望是重要因素。美国司法上对证券定义主要从对“投资合同”的解释发展而来，认为“《证券法》目的上的投资合同是指一个合同、交易或计划，一个人据此（1）将他的钱投资，（2）投资于共同单位，并且（3）受引导有获利愿望，（4）利益全部来自发起人或第三人的努力”。[②]

日本1998年的《证券交易法》第2条对有价证券的定义以个别限定列举为原则，作了如下修订：（1）国债证券；（2）地方债证券；（3）法人根据特别法律发行的债券；（4）特定目的的公司

① 《美国注释法典》15 §77b（1）；转引自［美］托马斯·李·哈森著：《证券法》，张学安等译，中国政法大学出版社2003年版，第23～24页。

② ［美］托马斯·李·哈森著：《证券法》，张学安等译，中国政法大学出版社2003年版，第25页。

依据有关特定资产流动化法律规定发行的特定公司债券；（5）公司债券；（6）根据特别法律设立的法人发行的出资证券；（7）有关集体组织金融机构的优先出资法律规定的优先出资证券，或表示优先出资认购权的证书；（8）有关特定目的的公司根据特定资产流动化法律规定发行的优先出资证券；（9）股票或表示新股认购权的证券或证书；（10）有关证券投资信托及证券投资法人法律规定的证券投资信托或外国证券投资信托的受益证券；（11）有关证券投资信托以及证券投资法人法律规定的投资证券或外国投资证券；（12）贷款信托的受益证券；（13）法人为筹集必要的事业资金发行的期票中，大藏省省令规定者；（14）外国或外国法人发行的证券或证书中，具有（1）到（9）与（12）、（13）的证券或证书的性质者；（15）外国法人发行的证券或证书中，信托以经营银行业及其他金钱贷款为业者信托的贷款债权的信托受益权，或表示与此类似的权利的证券中，大藏省省令规定者；（16）表示（1）到（15）、（17）、（18）的证券或证书或被视为有价证券的权利的有价证券期权交易或有价证券店头期权交易的权利的证券、证书；（17）接受托管（1）到（16）的证券或证书者，在该证券或证书的发行国以外的国家发行的证券或证书中，表示接受该托管的有关证券或证书权利者；（18）（1）到（17）之外，斟酌流通性以及其他因素，为确保公益或保护投资者，认为有必要，政令规定的证券或证书。①

我国台湾“证券交易法”以美国1933年《证券法》和1934年《证券交易法》为蓝本，参酌日本1948年《证券交易法》，② 因而兼具两国法特色。台湾“证券交易法”第6条规定：“本法所称有价证券，指政府债券、公司股票、公司债券及经主管机关核定之

① 参见［日］河本一郎、大武泰南著：《证券交易法概论（第四版）》，侯水平译，法律出版社2001年版，第34～35页。

② 参见赖源河：《“证券交易法”之演进》，载《证券市场发展》1994年第22期。

其他有价证券（第一项）。新股认购权利证书、新股权利证书及前项各种有价证券之价款缴纳凭证或表明其权利之证书，视为有价证券（第二项）。前二项规定之有价证券，未印制表示其权利之实体有价证券者，亦视为有价证券（第三项）。”①

比较不难发现，各国和地区对证券定义均采取了审慎态度，未作明文规定，而是借助列举证券种类的方式作了回避。其中美国证券的范围最广，既包括股票、债券及其衍生品等资本证券，也包括票据等货币证券；证券的内涵富有弹性，外延具有开放性，能随着市场经济发展而由判例解释和立法补充使证券范围不断扩大；特别注重保护投资者利益。日本对证券范围的界定秉承大陆法系强调理论规范性的传统，将证券的外延限定于资本证券，排除了票据，相对比较清晰，但考虑到今后新的金融商品还会以各种各样的形式出现，在“原则”之外，作出了“斟酌流通性以及其他因素，为确保公益或保护投资者，认为有必要，政令规定的证券或证书”那样的规定。我国台湾地区则基本采取“有限列举，概括授权”的立法方式，证券范围最窄，既没有规定类似美国的“投资合同”，也没有类似日本将外国或外国法人发行的证券或证书纳入其中，但司法实务将华侨或外国人在台募集资金赴外投资所订立的投资契约直接认定为股票。② 这可能与美国证券市场发展较早，市场比较成熟，监管经验较足，赋予法院相当灵活的“造法”功能，可以适应证券发展实际态势迅速作出判决有关。而日本和我国台湾地区证券市场成熟程度相对较低，对证券的界定大体采取限定列举，对新出现的金融商品采取逐一酌定或是授权主管机关认定。此外，还可发现各国证券法或证券交易法的“证券”主要限定于资本证券，但也不尽然。

---

① 刘连煜著：《新证券交易法实例研习》，台湾元照出版公司 2011 年增订九版，第 35 页。

② 有人认为这种做法是采取扩张解释的立场，实属勉强。参见刘连煜著：《新证券交易法实例研习》，台湾元照出版公司 2011 年增订九版，第 41 页。

（二）我国证券的界定

我国《证券法》第2条规定："在中华人民共和国境内，股票、公司债券和国务院依法认定的其他证券的发行和交易，适用本法；本法未规定的，适用《中华人民共和国公司法》和其他法律、行政法规的规定。政府债券、证券投资基金份额的上市交易，适用本法；其他法律、行政法规另有规定的，适用其规定。证券衍生品种发行、交易的管理办法，由国务院依照本法的原则规定。"我国立法没有对证券下定义，对证券范围的界定采取了类似我国台湾地区的做法，即"有限列举，概括授权"。证券交易品种仅限于股票、债券、证券投资基金及其他衍生品，与美国、日本等发达国家相比，显得品种比较单一。对于证券创新品种的发行和交易，采取由政府主管部门依法认定的方式。这样做的好处是控制证券风险，确保证券市场稳定，不足之处也显而易见，即压制了交易所和证券公司的市场创新空间，体现了我国政府对金融创新的宏观动力偏重于社会稳定，忽视金融创新的市场特性。①

（三）证券犯罪中的"证券"

我国刑法并未对"证券"下定义，也没有作出如"内幕信息、知情人员的范围，依照法律、行政法规的规定确定"的援引式规定，相反，在一部刑法中对"证券"多次出现不同表述，有的称证券，有的称有价证券，有的则直接称股票、公司、企业债券，含义各不相同。例如，刑法第178条伪造、变造国家有价证券罪中的"证券"，是指国库券和国家发行的其他有价证券；第178条伪造、变造股票、公司、企业债券罪和第179条擅自发行股票、公司、企业债券罪的"证券"仅包含"股票、公司、企业债券"；第180条证券、期货内幕交易、泄露内幕信息罪，第181条编造并传播证券、期货交易虚假信息罪，诱骗投资者买卖证券、期货合约罪及第

---

① 参见郑顺炎：《证券市场不当行为的法律实证》，中国政法大学出版社2000年版，第168页。

182条操纵证券、期货市场罪的“证券”，没有明确具体含义。可见，刑法上的有价证券与证券的关系不明确，它的外延包含国库券，而不包括股票、公司、企业债券，与民法上的有价证券外延不一致，以至于出现因证券含义不明而影响刑法适用的问题。正如有学者指出内幕交易罪的“证券”概念如援引第179条擅自发行股票、公司、企业债券罪的“股票、公司、企业”，那么对于证券市场即将出现的证券期权等证券衍生品交易中的内幕交易将无法惩治，我国刑法将缺乏应有的应变能力，为此建议：一是在刑法中增加“证券的范围，根据法律、法规的规定确定”；二是采用日本立法模式，直接在证券法中规定犯罪构成和罚则，提出基于我国现行法律制度考虑，倾向于第一种做法。[①]

证券犯罪的“证券”范围到底该如何把握？笔者认为，刑法是其他法律的保障法，刑法具有补充性，也即刑法是证券法的保障法，是维护证券市场秩序、保护证券法益的最后一道防线。证券犯罪首先违反的是证券法律法规，它的违法性应该是行政违法性与刑事违法性的统一。因此，证券犯罪所涉及的“证券”应当在证券法中讨论，应与证券法的规定保持高度一致。基于此种论调及刑法条文的明确性考虑，在保持现行刑法不变的前提下，笔者建议在刑法中明确规定“证券的范围，根据法律、法规的规定确定”，以确保刑法适当的应变能力。同时，从刑法条文之间的协调以及刑法与民法概念基本保持一致，不致引起误会考虑，建议将刑法中的“有价证券”修改为“债券”。当然，笔者也不赞成有的学者将期货纳入证券范畴，进而成为证券刑法所保护的对象的观点[②]，原因在于证券是现货交易，与期货交易不可同日而语，而且目前立法采取明确区分证券犯罪与期货犯罪。因此，本书研究的证券犯罪不包

① 参见张小宁著：《证券内幕交易研究》，武汉大学2009年博士学位论文，第12～14页。

② 参见周建军：《证券刑法的基本问题》，载《政治与法律》2008年第10期。

括期货犯罪。

二、证券犯罪的概念

概念的科学界定是深入研究的基础，是一切逻辑推理与演绎的起点。“概念乃是解决法律问题所必需的和必不可少的工具。没有限定严格的专门概念，我们便不能清楚地和理性地思考法律问题。没有概念，我们便无法将我们对法律的思考转变为语言，也无法以一种可理解的方式把这些思考传达给他人。”① 因此，我们必须科学地给证券犯罪下定义。然而，综观各个国家和地区，在立法上均没有给出明确含义，这可能归因于“证券”概念的不确定性或证券犯罪属于类罪名，但中外理论界对其概念的争议从未停止过。

日本学者认为，“证券犯罪是指违反《证券交易法》的犯罪行为”。② 我国台湾地区学者则称，“与证券交易有关所涉及之犯罪，有广义与狭义之别，广义者指一切与证券交易有关而不论其犯罪之制定是否专属规范证券交易者，例如有价证券交易过程中发生窃取、侵占、抢夺，诈欺等犯罪，亦属之；狭义者系指其犯罪类型专为规范违反一定证券交易义务而制定者，亦即在证券交易中对于违反一定证券交易行为，采取以刑罚制裁者属之”③。不难发现，日本学者的定义与我国台湾地区学者的“狭义说”是一致的，即都认为证券犯罪是违反证券交易法律的行为。我国台湾地区学者的“广义说”还将一切发生在证券交易中，只要犯罪对象是证券的都认为属于证券犯罪，其优点是视野较为开阔，不足是违反罪名归类原则。

我国学术界对证券犯罪的定义可谓品种繁多，各具特色。一为

---

① ［美］E. 博登海默著：《法理学：法律哲学与法律方法》，邓正来译，中国政法大学出版社1999年版，第486页。

② ［日］芝原邦尔著：《经济刑法》，金光旭译，法律出版社2002年版，第50页。

③ 靳宗立：《我国证券交易法刑事规制之立法检讨》，载《特别企划（军法专刊）》2010年第4期。

简洁型。有的学者认为证券犯罪是刑法所规定的，侵犯证券法益的行为。[①] 有的学者则认为证券违法犯罪是指围绕有价证券的违法犯罪。[②] 二为客体列举型。证券犯罪，是指违反国家有关公司、证券管理法规，妨害证券发行管理秩序，破坏证券交易管理秩序，破坏证券机构管理秩序，扰乱证券交易市场秩序，妨害证券资金托管义务，妨害证券监督管理职责，数额较大或者情节、后果严重，依照《刑法》、《公司法》、《证券法》、《证券投资基金法》、《国库券条例》、《企业债券管理条例》的规定，应当受到刑事处罚的行为。[③] 三为主体列举型。证券犯罪，是指证券发行人、证券管理机构、证券监管机构、证券服务机构、投资基金管理公司、证券自律性机构以及其他组织，证券业从业、管理人员以及其他人员，违反证券法规从事证券的发行、交易、管理或其他相关活动，严重破坏证券市场的正常秩序，侵害证券投资者的合法权益，应受刑法处罚的行为。[④] 四为两说型。有的学者按照对证券管理秩序是否直接造成危害，分为典型的证券犯罪和非典型的证券犯罪。典型的证券犯罪，是指在证券的发行、交易、服务管理等活动中发生的、直接危害证券管理秩序的犯罪，如内幕交易、操纵市场、编造并传播证券交易虚假信息罪等；非典型的证券犯罪，是指间接危害证券管理秩序的犯罪，既包括证券市场上间接危害证券管理秩序的犯罪，也包括发生在证券市场之外但与证券有关并间接影响证券管理秩序的犯罪，如贿赂、盗窃、抢劫等犯罪。[⑤] 有的学者按照证券犯罪范围的广

---

① 周建军:《证券犯罪的基本问题》，载《政治与法律》2008 年第 10 期。

② 参见顾肖荣主编:《证券犯罪与证券违规违法》，中国检察出版社 1998 年版，第 13 页。

③ 参见李宇先、贺小电著:《证券犯罪的定罪与量刑（修订版）》，人民法院出版社 2009 年版，第 36 ~ 37 页。

④ 参见张光金、谢国庆:《证券犯罪争议》，载《现代法学》1998 年第 5 期。

⑤ 参见祝二军著:《证券犯罪刑事立法原理》，中国方正出版社 2000 年版，第 17 ~ 18 页。

狭，分为广义的证券犯罪和狭义的证券犯罪。前者指一切与证券有关的，包括证券活动中的一切侵犯公私财产，侵犯和破坏证券市场秩序的犯罪行为，如挪用、诈骗等。后者仅指证券发行、交易活动中的犯罪，即有关单位或个人违反证券管理法规，非法从事证券业务或相关活动，严重破坏证券市场秩序，损害证券投资者的合法权益和社会公共利益，情节严重的行为。① 五为适中型。证券犯罪，"是指违反证券法律、法规，故意实施非法的证券发行、交易活动，扰乱国家正常证券管理秩序和市场秩序，损害国家和证券投资者的合法权益，情节严重或者造成严重后果的行为"②。

司法实务部门也对证券犯罪的内涵作出界定，普遍认为证券犯罪是发生在证券市场领域内，违反证券法律法规，严重破坏证券市场的正常管理秩序，应受刑罚处罚的行为。③

笔者认为，简洁型定义过于简单，看不出证券犯罪区别于其他犯罪的显著特征，用"刑法所规定的，侵犯××法益"可套用任何罪名。将证券违法与犯罪放在一起规定，在早期人们对证券犯罪不了解时不失为好方法，但弊端是看不出证券违法与犯罪的区分，将行为确定为"围绕有价证券"，显得外延过大、不清晰。主体列举型和客体列举型分别从重视犯罪主体和犯罪客体角度对概念作了阐述，使人耳目一新，但是犯了外延不周全和列举烦琐的错误。在犯罪主体上，有的证券犯罪是特殊主体，如内幕交易罪、诱骗投资者买卖证券罪，有的是一般主体，如操纵证券市场罪，既有单位犯罪也有自然人犯罪，不一而足，放在一起规定反而让人误解。在犯

① 参见莫洪宪:《证券犯罪研究》，载《江西公安专科学校学报》1999 年第 1 期；祝二军著:《证券犯罪刑事立法原理》，中国方正出版社 2000 年版，第 18 页；马松建著:《证券期货犯罪研究》，郑州大学出版社 2003 年版，第 1 页。

② 顾雷著:《上市公司证券违规犯罪解析》，中国人民公安大学出版社 2009 年版，第 1 页。

③ 参见侯亚辉、李莹:《新型证券、期货犯罪若干问题》，载《国家检察官学院学报》2010 年第 1 期。

罪客体上，所列举的其实均可归结为证券市场秩序或证券市场管理秩序，没有必要一一列举，且所列举的客体也不是在一个层面上，上市公司的管理秩序和市场信息公开制度等也没有列入。两说型的优点很明显，区分了证券犯罪与发生在证券领域内的犯罪，但典型证券犯罪与非典型证券犯罪的划分缺陷也很突出，即“直接危害”与“间接危害”的表述不清，难道只要发生在证券领域与证券有关的如诈骗、盗窃等犯罪均“间接危害”证券管理秩序？广义的证券犯罪没有按照一类犯罪所侵犯的同类客体标准界定外延和内涵，难以与其他类别犯罪区别开来。比较理想的是适中型和司法实务部门下的定义，既指出了发生的环节，违反的法律法规，也指明了所侵犯的同类客体，基本实现了犯罪的形式定义与实质定义的统一。两者同样存在不足，即没有将“违反刑法”列入其中，司法实务部门的定义虽称“应受刑罚处罚”，似乎意味着已将违反刑法的意义涵盖入内，但笔者认为犯罪的本质特征是严重的社会危害性，法律特征是刑事违法性，应受刑罚惩罚性只是犯罪的后果，不是犯罪的基本特征，更不是犯罪的本质特征，在给犯罪下定义时不应体现。① 此外，两者对证券犯罪的同类客体是否包含“证券投资者的合法权益”的意见截然相反，孰对孰错笔者将在下节详细讨论，在此暂不展开。

综合考量以上定义，可以发现证券犯罪是一类犯罪的总称，发生在证券发行、交易及相关活动中，它是违反证券法律法规，危害证券市场管理秩序的法定犯。笔者赞成把握证券犯罪的概念必须坚持两个基本标准：一是从刑法规定的犯罪构成角度出发，即证券犯罪必须以证券和证券市场的管理秩序为侵害的客体或主要客体；二是必须正确把握证券犯罪的经济学特征，即证券犯罪是一种欺诈为

① 参见马克昌主编：《犯罪通论》，武汉大学出版社 2003 年版，第 15 ~ 28 页。

核心内容的滥用信息或资源优势的犯罪。[1] 因此，证券犯罪，是指有关单位和个人，违反证券法律法规从事证券的发行、交易及相关活动，严重破坏证券市场的正常秩序，应该承担刑事责任的行为。

三、证券犯罪的类型

证券犯罪的类型即证券犯罪的犯罪圈划定。世界各国对证券犯罪范围的设定大致分成三种：（1）繁密型。指立法者将危害证券管理秩序的行为尽可能规定为证券犯罪。美国是典型的集中型证券监管国家，其1933年《证券法》和1934年《证券交易法》规定，凡是违反该两法中任何条款的行为，均属于证券犯罪，即没有证券犯罪与证券违法之别。日本《证券交易法》也将绝大部分违反该法条款的行为升格为证券犯罪，行政违法只是该法中的一小部分。（2）稀疏型。指立法者将危害证券管理秩序的行为尽可能少地规定为证券犯罪。英国是世界上自律型证券监管国家的代表，一般证券市场行为尽量由自律性组织处理，法律规定为证券犯罪的很少。（3）适度型。根据立法适度原则，区别一般证券违法行为和证券犯罪行为，只有严重危害证券管理秩序的才规定为犯罪。有人认为我国1997年《刑法》便是适例。[2]

（一）美国、日本和我国台湾地区的证券犯罪种类

美国的证券犯罪立法特别注重对欺诈行为的规制，反欺诈条款在立法中占据了大量篇幅，规制范围几乎覆盖了证券交易的全部流程，比较典型的条款是1933年《证券法》第17节（a）和1934年《证券交易法》第10节b以及美国证券交易委员会据此制定的10b－5规则。主要证券犯罪有操纵市场的犯罪、虚假陈述的犯罪、

---

① 参见金泽刚：《打击证券犯罪的价值选择与现实思考》，载《江苏警官学院学报》2004年第4期。

② 参见祝二军著：《证券犯罪刑事立法原理》，中国方正出版社2000年版，第73～74页。

内幕交易的犯罪、欺诈客户的犯罪、非法从事证券交易的犯罪以及侵占财产的犯罪、挪用保证金的犯罪等。有人根据是否以 scienter①为要件，将证券犯罪分为：一是发生在交易过程中或与交易有直接关联的犯罪，即侵害金融交易秩序的犯罪，包括内幕交易、操纵市场、欺诈客户等犯罪；二是违背市场准入、市场监管规则等发生在交易领域之外或者与交易无直接关联的犯罪，即侵害金融管理秩序的犯罪。②

日本的证券犯罪，大体分为两种：一为有关证券公司开业的类型，如证券公司未经登记营业罪③；二为有关证券业务的类型，此为证券犯罪的重点。后者又可分为两类：第一类是侵害向投资者公开企业信息制度的犯罪，如提交虚假有价证券申报书罪、提交虚假有价证券报告书罪；第二类是在证券交易中进行不公正交易的犯罪，包括操纵价格罪、散布虚假信息罪、内幕交易罪、保证损失罪、补偿损失罪等。④ 此类为证券犯罪处罚的重点。

我国台湾地区对证券犯罪的刑事规制主要体现在“证券交易法”中的第 171 条至第 174 条、第 175 条及第 177 条及相关禁止性条款组成的附属“刑法”，其中第 171 条规定了有价证券诈欺罪、意图操纵交易价格通谋买卖罪、内线交易罪等 13 种犯罪，第 172 条规定了不违背特别贿赂罪和违背职务特别贿赂罪，第 173 条规定了违背职务特别行贿罪，第 174 条规定了公司募集发行有价证券申请资料记载不实罪、证券商申请许可资料记载不实罪等 14 种犯罪，

---

① 译为“欺诈”，要求行为人有欺诈、有故意、该行为必须发生在期货市场或期货交易中、行为人负严格举证责任。参见顾肖荣、张国炎著：《证券期货犯罪比较研究》，法律出版社 2003 年版，第 609 页。

② 参见曹廷生：《美国金融刑法中的 scienter 及对我国证券、期货犯罪立法的启示》，载《唯云 · 法制建设》2009 年第 12 期。

③ 类似于我国的非法经营罪。——笔者注

④ 参见［日］芝原邦尔著：《经济刑法》，金光旭译，法律出版社 2002 年版，第 50 页。

第175条规定了未经核准经营证券服务事业罪、未经申报募集或发行有价证券罪等26种犯罪，第177条规定了募集有价证券未依规定交付公开说明书罪、发行人未于法定限期交付股票或公司债券罪等15种犯罪，以上共计71种罪名。[①]

上述三个国家和地区的证券犯罪，都规定在证券法或证券交易法中。除共同规定操纵证券市场、内幕交易及虚假陈述犯罪外，还将一些财产犯罪如侵占、挪用及贿赂犯罪规定其中，可能考虑这些行为均属违反证券法律法规所规定义务。美国和日本虽然属于繁密型立法国家，但其证券犯罪种类并不多。我国台湾地区则围绕证券发行、交易的各个环节，设置了密密麻麻的证券犯罪，仅操纵证券市场罪就分拆成不履行交割罪、意图操纵交易价格通谋买卖有价证券罪、意图操纵交易价格连续买卖有价证券罪、意图造成有价证券市场活络表象连续买卖成交罪、意图影响有价证券交易价格散布流言或不实资料罪及其他操纵有价证券交易价格罪六个罪名。各国以及我国台湾地区有关证券犯罪的相关规定，都考虑了所在国家和地区的历史和实际情况，适应了惩治证券犯罪的需要。

（二）我国证券犯罪的类型

我国证券犯罪立法起步较晚，既借鉴了西方发达国家的立法经验，也结合本国历史上习惯于一本刑法的实际，采取将证券犯罪罪名和法定刑规定在刑法中，部分或全部构成要件规定在证券法规中的特殊附属刑法模式。因而我国既有操纵证券市场、内幕交易等各国普遍具有的传统证券犯罪，又结合本国实际将虚假陈述分拆成欺诈发行股票、债券罪、违规披露、不披露重要信息罪、编造并传播证券交易虚假信息罪、诱骗投资者买卖证券罪、提供虚假证明文件罪以及出具证明文件重大失实罪等罪种，还规定了其他国家不多见的背信损害上市公司利益罪等罪名。我国学者基本赞成狭义的证券

① 参见靳宗立：《我国证券交易法刑事规制之立法检讨》，载《特别企划（军法专刊）》2010年第4期。

犯罪定义①，有关证券犯罪的种类基本按照此定义的特征展开。

大多数学者对以下罪名列入证券犯罪基本无异议：《刑法》第160条欺诈发行股票、债券罪，第161条违规披露、不披露重要信息罪，第169条之一背信损害上市公司利益罪，第174条擅自设立金融机构罪，第178条伪造、变造股票、公司、企业债券罪，第179条擅自发行股票、公司、企业债券罪，第180条内幕交易、泄露内幕信息罪和利用未公开信息交易罪，第181条编造并传播证券交易虚假信息罪和诱骗投资者买卖证券罪，第182条操纵证券市场罪，第185条之一条背信运用受托财产罪。但对第158条虚报注册资本罪，第159条虚假出资、抽逃出资罪②，第174条伪造、变造、转让金融机构经营许可证、批准文件罪③，第178条伪造、变造国家有价证券罪④，第185条之一违法运用资金罪，第197条有价证券诈骗罪，第225条非法经营罪⑤，第229条提供虚假证明文件罪和出具证明文件重大失实罪⑥，第403条滥用管理证券职权罪等罪名看法不一。

笔者认为各位学者从不同角度理解证券犯罪当无不妥，但证券犯罪不是一切与证券和证券市场有关的犯罪，参照国外证券犯罪立

---

① 但各人表述稍有出入。——笔者注

② 罕有人认为虚报注册资本罪、虚假出资、抽逃出资罪属于证券犯罪，笔者只在郝银钟、王莉君主编的《证券违法与犯罪研究》中发现。

③ 有学者认为伪造、变造、转让金融机构经营许可证、批准文件罪，有价证券诈骗罪和滥用管理证券职权罪均属证券犯罪。参见王晨著：《证券期货犯罪的认定与处理》，知识产权出版社2008年版，第18页。有学者反对滥用管理证券职权罪系证券犯罪。参见张志超：《证券犯罪概念探析》，载《东南大学学报（哲学社会科学版）》2009年S2期。

④ 有学者认为伪造、变造国家有价证券罪属于证券犯罪。参见李宇先、贺小电著：《证券犯罪定罪与量刑（修订版）》，人民法院出版社2009年版，第2页。

⑤ 有学者认为非法经营罪属于证券犯罪。参见侯亚辉、李莹：《新型证券、期货犯罪若干问题》，载《国家检察官学院学报》2010年第1期。

⑥ 有学者未将这两个罪名列入证券犯罪。参见郭文龙：《证券期货市场犯罪动态梳理与立体研究》，载《证券市场导报》2010年05期。

法经验，在学理上划分证券犯罪范围必须坚持：一是侵犯同类客体的原则，证券犯罪必须严重危害证券市场（管理）秩序；二是行为违反证券法律法规，即违反《证券法》、《公司法》、《证券投资基金法》、《国库券条例》、《企业债券管理条例》等证券法律法规的禁止性条款，具有行政违法性的行为。由此，《刑法》第158条、第159条、第197条规定的犯罪不符合以上条件，应当从证券犯罪中剔除出去，应予保留伪造、变造、转让金融机构经营许可证、批准文件罪，违法运用资金罪，非法经营罪，提供虚假证明文件罪，出具证明文件重大失实罪，滥用管理证券职权罪。据此，我国证券犯罪共涉及13个条款20个罪名。

根据一定标准，将证券犯罪作不同分类，是透视和把握证券犯罪行为的微观结构和具体特征的有效方法，对于正确理解证券犯罪具有重大意义。从不同视角，可对各类证券犯罪作如下区分：

1. 欺诈型证券犯罪与非欺诈型证券犯罪

这是根据世界各国常发、多发及我国实际发案情况所作的区分。严格来说，各种证券犯罪都有欺诈成分，但此处所指欺诈型证券犯罪为世界各国所公认的操纵市场、内幕交易、虚假陈述、欺诈客户①等犯罪；后者如擅自设立金融机构罪、滥用管理证券职权罪。

2. 背信型证券犯罪与非背信型证券犯罪

依照是否违背对公司的忠实义务及他人的委托区分，前者如背信损害上市公司利益罪、背信运用受托财产罪、违法运用资金罪；后者如非法经营罪，欺诈发行股票、债券罪。

3. 发行市场中的证券犯罪与交易市场中的证券犯罪

按照证券犯罪发生的环节分类，前者如欺诈发行股票、债券罪，擅自发行股票、公司、企业债券罪；后者如操纵证券市场罪、内幕交易罪、编造并传播证券交易虚假信息罪、诱骗投资者买卖证

① 我国刑法体现为背信运用受托资金罪、诱骗投资者买卖证券罪等罪名。

券罪。[①]

4. 危害证券监管制度的证券犯罪、危害证券信息公开制度的证券犯罪、危害证券信息保密制度的证券犯罪及危害证券交易操作制度的证券犯罪

这是根据犯罪所侵害的证券管理制度内容不同所作的划分，如擅自发行股票、公司、企业债券罪危害证券监管制度；欺诈发行股票、债券罪和违规披露、不披露重要信息罪危害信息公开制度；内幕交易、泄露内幕信息罪及利用未公开信息交易罪危害证券信息保密制度；操纵证券市场罪、编造并传播证券交易虚假信息罪和诱骗投资者买卖证券罪危害的则是证券交易操作制度。[②]

此外，有学者还从犯罪主体、行为载体和行为人所利用的工具性资源角度分类，[③] 提出较有特色的见解，如根据犯罪主体不同，分为发行人实施的证券犯罪、投资者实施的证券犯罪、中介组织实施的证券犯罪等；根据行为载体不同，分为市场禁入型的证券犯罪、信息型证券犯罪和资金型证券犯罪；根据行为人所利用的工具性资源不同，分为权力型证券犯罪和金钱型证券犯罪。限于篇幅不再一一论述。

---

① 类似的根据侵犯投资者利益违规犯罪行为主要发生环节，分为证券的侵权发行、证券的侵权交易、内部人侵权、证券交易所侵权和中介机构侵权等行为。参见卢建平、李山河：《证券投资者利益刑法保护之立法完善》，载赵秉志主编：《刑事法治发展研究报告（2007—2008年卷）》，中国人民公安大学出版社2009年版。

② 参见王世洲：《论证券犯罪》，载《法学研究》1995年第5期。

③ 参见白建军：《证券犯罪的几个问题》，载《金融法苑》1999年第1期；白建军：《资源优势的滥用与证券犯罪》，载《法学》1996年第3期。

第二节　证券犯罪的法益和被害人

一、证券犯罪的法益

笔者对犯罪的本质持法益侵害说，即犯罪是对法所保护的生活利益的侵害或者威胁。有关法益的定义很多，日本学者木村龟二认为，“法益是指根据法律所保护的利益或价值”。[①] 法益大体上相当于国内刑法理论的犯罪客体。有关证券犯罪的侵害法益，日本学术界主要有五种观点：第一种，认为是投资者对证券市场的信赖；第二种，认为是证券市场的公正性、健全性和证券市场的秩序；第三种，认为是对上市公司股票交易的信用；[②] 第四种，认为是国民经济的运营与投资者保护；第五种，认为是投资者的保护。[③] 国内学者对证券犯罪的侵害客体也众说纷纭，也有五种主张，分别是：(1) 国家对股票市场管理的正常活动；[④] (2) 公私财产所有权和证券市场的正常管理秩序；[⑤] (3) 证券市场的正常管理秩序和投资

---

① ［日］木村龟二主编：《刑法学词典》，顾肖荣、郑树周等译，上海翻译出版公司1991年版，第100页。

② 以上三种观点参见［日］神山敏雄著：《日本的经济犯罪》，日本评论社1999年版，第58页；转引自顾肖荣、张国炎著：《证券期货犯罪比较研究》，法律出版社2003年版，第11页。

③ 第四种、第五种观点参见［日］神崎克郎著：《证券取引的法理》，商事法务研究会1987年版，第539页；转引自陈建旭著：《证券犯罪之规范理论与界限》，法律出版社2006年版，第182页。其实，类似的证券犯罪法益还有“证券流通的顺利性”、“证券市场中的自由公正竞争所形成的价格形成机能”、“证券交易（或者证券市场）的公正性以及一般投资者对其信赖”，等等。参见［日］今井猛嘉：《日本的证券犯罪》，载高铭暄、赵秉志主编：《中日经济犯罪比较研究》，法律出版社2005年版，第211页。

④ 参见林劲松：《股票犯罪研究论纲》，载《江海学刊》1993年第2期。

⑤ 参见韩南生：《股票发行与交易中的犯罪行为与法律制裁》，载《律师与法制》1994年第4期。

者的合法权益；[①]（4）证券市场的管理秩序；[②]（5）证券市场的规则（或原则）及证券市场秩序。[③] 国内学者基本认同第3种和第4种，但二者围绕“投资者的合法权益”是否应纳入证券犯罪的侵害客体争议不休。

一般来说，我们将法益理解为法所保护的利益，“法益是根据宪法的基本原则，由法所保护的、客观上可能受到侵害或者威胁的人的生活利益”[④]。如果将法益理解为法所保护的价值，法益概念就会精神化和模糊化。“法益就很容易抽象为伦理性或者规范性价值色彩浓厚的精神上的东西。过分强调利益的价值性、规范性，无论如何都会使法益概念精神化。”[⑤] 而这在法治国家需要绝对防止。作为法益的“人的生活利益”，不仅包括个人的生命、身体、自由、名誉、财产等利益，而且包括建立在保护个人的利益基础上可以还原为个人利益的国家利益与社会利益。日本学术界将“投资者对证券市场的依赖”、“证券市场的公正性、健全性”和“对上市公司股票交易的信用”作为证券犯罪的侵害法益，显得过于精神化和抽象化，很难还原为个人的利益，实际上很难把握。因此，这三种观点均不足取。对于第四种观点，有学者指出，这实际上将立法目的作为保护法益，即投入资金通过证券市场作出有效率分配，是一项重要的国家利益，确保这个利益来保障公正的证券交易制度不仅是投资者的期望，而且有助于“国民经济的适切运营”和“投资者的保护”。反对者则称，日本《证券交易法》第1条虽然

---

① 参见莫洪宪：《证券犯罪研究》，载《江西公安专科学校学报》1999年第1期；刘宪权著：《证券期货犯罪理论与实务》，商务印书馆2005年版，第61页。

② 参见李少平、金钟：《略论我国证券犯罪》，载《南京社会科学》1999年第5期。还有学者称“证券市场的正常管理秩序”，参见马松建著：《证券期货犯罪比较研究》，郑州大学出版社2002年版，第16页。

③ 参见顾肖荣、张国炎著：《证券犯罪比较研究》，法律出版社2003年版，第12页。

④ 参见张明楷著：《刑法学（第三版）》，法律出版社2007年版，第86页。

⑤ 黎宏著：《日本刑法精义（第二版）》，法律出版社2008年版，第31页。

明示了达成立法的前提条件，即确保“有价证券发行与买卖的公正”和“有价证券的顺利流通”，但从证券市场所具有的资本有效分配机能来看，“国民经济的适切运营”意味着对资本有效分配的重视。由此推论，《证券交易法》的首要目的在于市场机能的维持。即只有确保“有价证券发行与买卖的公正”与“有价证券的顺利流通”，“国民经济利益”与“投资者利益”的保障才能达成，因此，证券犯罪的保护法益应是证券市场机能。第五种观点认为“国民经济的适切运营”过于抽象，缺乏独立的保护意义，且是实现“投资者保护”的手段，故而主张证券犯罪的保护法益是“投资者的保护”。但反对者指出，证券市场原本基于上市公司募集资金及投资者资金投入的需要而形成。只有确保有价证券的大量流通和公正交易价格的形成，才能发挥证券市场最大效用，证券公司作为中介者为此发挥作用，证券市场绝非以投资者的经济利益为唯一保护对象。同时，证券市场的适切运营，受益的绝不是投资者一个群体，上市公司、中介机构乃至全体国民都获得利益。最后，该学者还述称，以证券市场机能作为证券犯罪的法益确实过于抽象，这是因为至今证券制度发展不足，想要理清所有证券市场上的经济利益是有难度的。[①] 笔者认为，从这个角度来说，“投资者的保护”不应成为证券犯罪的保护法益，将证券市场的机能作为保护法益似乎是合适的。

国内学术界第1种观点将证券犯罪的对象仅限于“股票市场”显然过窄，但其暗含“证券市场的管理秩序”之意，值得肯定。第2种将“公私财产所有权”与“证券市场的正常管理秩序”并列且前置，易使人误认为证券犯罪的主要客体是“公私财产所有权”，没有特殊性，难以与其他类别犯罪区别开来，但毕竟已意识到要将“证券市场的管理秩序”列为犯罪客体之一，犹可赞同。

① 参见陈建旭著：《证券犯罪之规范理论与界限》，法律出版社2006年版，第182～183页。

第5种观点有点特殊，在“证券市场的管理秩序”前加“证券市场的规则（或原则）”，不知论者所指含义。由此，以上五种观点的共同点在于均认同“证券市场的（管理）秩序”为证券犯罪的侵害客体。那么，“投资者的合法权益”应否成为证券犯罪的侵害客体？笔者持否定态度，理由如下：

一是正如前述否定日本学者“投资者的保护是证券犯罪的法益”所述，证券市场除保护投资者的利益之外，还保护包括中介机构、上市公司在内的证券市场参与者的利益，将“投资者的保护”作为证券犯罪的保护法益不能涵盖全貌。二是有些证券犯罪直接侵害了投资者的利益，如操纵证券市场罪，编造并传播虚假证券交易信息罪，诱骗投资者买卖证券罪等；有些证券犯罪则不侵害或间接侵害投资者的利益，如擅自设立金融机构罪，提供虚假证明文件罪与投资者的利益基本无关联，背信损害上市公司利益罪首先侵害的是上市公司的管理制度及其利益①，对投资者利益的侵害则非常间接。三是证券市场的（管理）秩序一旦得到维护，投资者的利益、上市公司以及其他市场参与主体的利益保护便顺理成章，“当代刑法所保护的普遍法益，最终都能够还原为个人法益，并没有超出传统法益论的初衷”，② 所以首先要保护证券市场的（管理）秩序。

综上所述，似乎“证券市场的机能”和“证券市场的（管理）秩序”均可成为证券犯罪的法益，那么何者更合适呢？先来考察两者的含义。所谓“机能”，即通常所说的作用或功能，也被认为包括任务、职能等目的的含义，经常与形态、构造作为密切相关的问题来考虑。③ “证券市场的机能”也即证券市场的作用或功能。

---

① 参见王作富主编：《刑法分则实务研究（第三版）》（上），中国方正出版社2006年版，第437页。

② 黎宏：《结果无价值论之展开》，载《法学研究》2008年第5期。

③ 参见百度百科，http://baike.baidu.com/view/739708.htp，2011年12月23日访问。

证券市场是融资者和投资者的桥梁，通过证券市场，企业可获得经营所需大量资金，社会公众则获得投资机会。证券市场是配置资源、调节资金投资的渠道，通过合理竞争，使得信誉良好、业绩可靠、前景可观的企业获得资金的追捧。证券市场又是企业转换经营机制，按照上市公司管理模式运营的催化剂。同时，证券市场还为融资者通过发行证券将经营风险转移和分散给投资者；投资者也可通过买卖证券和建立投资组合来转移和降低风险。一句话，证券市场具有筹集资金、配置资源、转换机制和分散风险等功能。[①] 当然证券市场还是国家实施宏观调控和维护市场秩序的平台，国家可借助证券市场进行公开市场业务操作，实施货币政策调控宏观经济，也可通过监管证券市场，及时反馈经济政策的优劣，观测经济趋势和问题，以至于证券市场被誉为金融市场的“晴雨表”。“秩序”，原意是指有条理、不混乱的情况，是“无序”的对立面。按照《辞海》的解释，“秩，常也；秩序，常度也，指人或事物所在的位置，含有整齐守规则之意”[②]。法理学上的秩序：“指在自然进程和社会进程中都存在着某种程度的一致性、连续性和确定性。”[③] 秩序作为人类生活的一部分，已被现代社会的刑法所加以保护。“过去，个人的生命、身体、自由、财产，国家或者社会的存在和构成方式，被作为重要法益，但是，随着时代的推移，名誉和宗教感情等观念上或者说是精神上的利益，以及公共秩序和安全、国家秩序、环境、福利、经济秩序等抽象、普遍的利益，也被列入到法益的范畴当中来了。”[④] 的确，作为法益，应尽可能是具体可见的

---

① 参见周正庆主编：《证券市场导论》，中国金融出版社 1998 年版，第 22～26 页。

② 参见百度百科，http://baike.baidu.com/view/3102.htp，2011 年 12 月 23 日访问。

③ ［美］E. 博登海默著：《法理学：法律哲学和法律方法》，邓正来译，中国政法大学出版社 1999 年版，第 219 页。

④ 黎宏著：《日本刑法精义（第二版）》，法律出版社 2008 年版，第 27 页。

东西，交易安全或者一定场合下的公众安全感之类的利益，在多数情况下可以还原为个人的生活利益，使各个犯罪构成要件的解释变得明确。但是由于证券市场瞬息万变，短时间内有巨额资金在交易，如果因为存在欺诈行为将逐笔交易还原为一个个诈骗罪，则既不可能也不易把握证券犯罪的全貌。因此，日本学者提出对证券犯罪的法益“应当考察和证券市场这种完备的、独立的领域相应的犯罪类型，即使对法益的理解，多少有些抽象，对犯罪性质的理解，有危险化的倾向，也是不得已的事情”①。据此推论，“证券市场的（管理）秩序”虽然抽象，却可以名正言顺地列入法益范畴。如果证券市场的（管理）秩序得以维护，证券市场的四大功能（或机能）就可以得到确认，在此意义上说，保护“证券市场的（管理）秩序”是实现“证券市场的机能”的手段，其表述比起后者更加明确、具体，相对容易把握②，也不易被扣上侵犯人权的帽子，“秩序使人们具有预测可能性，给人们带来了安全感”③。再说，“证券市场的（管理）秩序”比起“证券市场的机能”，更加符合中国人的表述习惯。我国台湾地区学者也认为证券犯罪的保护法益“在于维护自由、公平、公开的证券市场”，④ 其意与证券市场的（管理）秩序相近。因此，在我国，证券犯罪的法益或犯罪客体应该是证券市场的（管理）秩序。

——也许有人提出，既然证券犯罪有独立的犯罪客体，为何在刑法中不设专章规定？证券犯罪作为类罪名，为何分散规定在刑法分则第三章（破坏社会主义市场经济秩序罪）中的第三节（妨害

---

① ［日］今井猛嘉：《日本的证券犯罪》，载高铭暄、赵秉志主编：《中日经济犯罪比较研究》，法律出版社2005年版，第211页。

② 按照上文意思，“证券市场的机能”包括“有价证券发行与买卖的公正”与“有价证券的顺利流通”，在我国却另有含义，即筹集资金等四大功能。

③ 张明楷著：《法益初论》，中国政法大学出版社2003年版，第172页。

④ 张天一：《论证券交易法上散布流言或不实资料操纵价格罪》，载《中原财经法学》2008年第6期。

对公司、企业的管理秩序罪）、第四节（破坏金融管理秩序罪）、第八节（扰乱市场秩序罪）以及第九章（渎职罪）中？这与有学者建议将分散在各章节中的证券犯罪分离出来，在刑法中设专章的说法如出一辙。证券市场的（管理）秩序发生于证券领域，而证券领域参与主体多，涉及资金、信息、证券等方方面面，牵涉各种各样的社会关系，因此，证券市场的（管理）秩序从不同角度分类有不同秩序。例如，按照市场参与主体划分，可以分为上市公司管理秩序、证券公司管理秩序、中介机构管理秩序、投资者管理秩序、监管机构管理秩序等，侵犯这些管理秩序对应的犯罪有背信损害上市公司利益罪、背信运用受托资产罪、提供虚假证明文件罪、编造并传播虚假证券交易信息罪以及滥用管理公司、证券职权罪。按照证券从产生到市场流通以及监管角度划分，可分为侵犯证券自身管理秩序的犯罪，如伪造、变造股票、公司、企业债券罪；侵犯证券市场主体及其业务管理秩序的犯罪，如擅自设立金融机构罪；侵犯证券发行秩序的犯罪，如欺诈、发行股票、债券罪；侵犯证券交易秩序的犯罪，如操纵证券市场罪；侵犯证券监管秩序的犯罪，如滥用管理公司、证券职权罪。[①]

有学者认为滥用管理公司、证券职权罪不应列入证券犯罪范畴。理由有二，一是证券犯罪发生在证券发行、交易中，而该罪发生在证券监管中；二是该罪侵害的客体为国家机关正常的管理活动，而不是证券管理秩序。[②] 笔者认为，证券犯罪主要发生在证券发行和交易中，也发生在相关活动中。本罪是指证券管理机构的工作人员对不符合条件的股票、债券发行、上市申请予以批准或登

① 参见祝二军著：《证券犯罪刑事立法原理》，中国方正出版社2000年版，第75～104页。

② 参见张志超：《证券犯罪概念探析》，载《东南大学学报（社会科学版）》2009年S2期。

记，致使公共财产、国家和人民利益遭受重大损失的行为，[①] 发生于证券上市、发行的审批环节，既可视为发行环节，也可视为监管环节，况且监管行为贯穿于证券的发行、交易及相关事后活动。证券监管秩序既是国家机关正常的管理活动，当然也是证券市场管理秩序的重要组成部分，而且《证券法》第228条明确规定了证券监管人员的法律责任，具有行政违法性的前提条件，因此本罪应当列入证券犯罪范畴。

还有学者根据证券管理秩序的内容，将证券犯罪分成危害证券监管秩序、危害证券信息公开秩序、危害证券信息保密秩序、危害证券交易操纵秩序的证券犯罪，[②] 限于篇幅不再展开。从中可以发现，操纵证券市场罪、内幕交易罪、编造并传播虚假证券交易信息罪等罪名的犯罪客体比较特殊，可以说是一种典型的证券犯罪，集中规定于金融管理秩序中；而欺诈发行股票、债券罪和提供虚假证明文件罪等罪名则不为证券领域所独有，在其他领域也会发生，换言之，证券犯罪的法益可以包含欺诈发行股票、债券罪和提供虚假证明文件罪的法益，根据我国立法习惯和立法历史分别规定在妨害公司、企业的管理秩序罪和扰乱市场秩序罪中。如果将所有涉及侵犯证券市场管理秩序的犯罪放在一起规定，则破坏金融管理秩序罪显得过于庞大，而妨害对公司、企业的管理秩序罪、扰乱市场秩序罪和渎职罪就显得不完整，且有前后矛盾之嫌。国外立法也鲜有将证券犯罪单独规定的，相反大多作为附属刑法规定在有关证券法中。因此，证券犯罪分散规定于各章节中是刑事立法的考虑，并不影响其类罪名的成立。

——违反《证券法》的行政违法行为是否必须在《刑法》中

---

① 参见王作富主编：《刑法分则实务研究》（第三版），中国方正出版社2007年版，第1947页。

② 此句的“秩序”原为“制度”，笔者认为替换为“秩序”不影响原意，且表述更清楚。参见白建军：《证券犯罪与新刑法》，载《中国法学》1998年第3期。

有相应罪名？国内学术界经常有人提出从编织证券犯罪法网，完善《证券法》与《刑法》之间的立法衔接考虑，对《证券法》[①]已规定行政责任并追究刑法责任的条款如非法承销等行为，由于刑法没有规定为犯罪，使《证券法》与《刑法》之间出现空当，为此建议参考国外证券市场发达国家增设类似非法承销证券罪、短线交易罪、信用交易罪和欺诈客户罪等罪名，并从犯罪构成、犯罪形态和司法认定等方面进行有益探索。[②] 不可否认，学者们的初衷和出发点是好的，但不可忽视法益概念的历史性和新增法益的必要性。法益在不同时期有不同解释，有的危害行为所侵害的法益过去值得刑法保护，但随着社会的发展，所保护的法益不存在了，行为已合法化，如投机倒把罪便是适例，反之亦然。“立法者从各种利益中，根据利益的价值，保护的必要性，侵害法益的发生频率，危害程度等将其添加为保护对象。”[③] 日本《证券交易法》立法时只规定了操纵证券市场罪，没有意识到内幕交易与投资损失补偿行为对证券市场的危害性，没有加以禁止、处罚。但随着证券市场实际运作经验积累，一般投资者逐渐理解需要证券立法的保护，也即内幕交易和损失补偿行为超出了社会的容许范围，这样日本才先后将这两种行为入罪。我国也是如此，1979 年《刑法》只规定了伪造、变造有价证券罪一种证券犯罪。[④] 后来随着 1990 年、1991 年沪深证券交易所的相继开张，国内证券违法违规盛行，社会各界要求刑事手段介入证券市场的愿望非常迫切，立法机关才于 1995 年以单行刑法形式增加规定了欺诈发行股票、债券等证券犯罪。1997 年，在《证券法》尚未颁布实施时又率先在新刑法中增加规定操纵证券市场罪、内幕交易罪在内的证券犯罪。《刑法修正案（六）》对《刑

---

① 指 1998 年我国第一部《证券法》。

② 参见顾雷著：《证券市场新型犯罪识别与赔偿途径》，中国民主出版社 2004 年版，第 154 ~312 页。

③ 黎宏著：《日本刑法精义（第二版）》，法律出版社 2008 年版，第 32 页。

④ 当时我国没有现代意义上的证券市场，有学者认为这是一种超前立法。

法》第160条进行了修订，将罪名更改为违规披露、不披露重要信息罪，只是将《证券法》第193条中“未按照规定披露信息”和“所披露的信息有虚假记载”两种行为入罪，而没有将余下的“误导性陈述”和“重大遗漏”两种行为入刑，是因为立法者认为后两种行为尚在社会允许的范围内，社会危害性没有前两种行为严重，目前可以不列为刑事规制对象，因而不能据此认为立法者有疏漏。可见，证券犯罪的立法需要立法者和社会大众对证券市场及其违法违规行为有个逐步理解、深化过程。例如，要增设非法承销证券罪等罪名，必须考虑这些行为在国内证券市场中实际发生的概率、普遍意义以及有无现成罪名可以规制，不能因为国外规定有这些证券犯罪，国内立法必须补上，最重要的还是先考虑法益保护的需要以及法益的具体内涵。再说，不将所有违反《证券法》法律责任的行为规定为犯罪，正好构建起我国证券刑事、行政、民事责任相统一的完整的法律体系。

二、证券犯罪的被害人

正如前文所述，有的证券市场的投资者在受害之后不认为自己是被害人，有的投资者在受害之后不愿报案，证券犯罪的被侵害对象表现出极大的无意识性和不特定性。证券犯罪到底有无被害人？被害人是谁？法益主体与被害人是否具有同一性？下文将作简要阐述。

国内学术界围绕被害人的概念和外延以及主体等问题进行了激烈争议。一般认为，被害人既有广义和狭义的“二分法”，又有广义、中义和狭义的“三分法”。广义被害人，是指因任何原因而遭受伤害、损失或陷入困境的人，包括犯罪被害人、自然灾害的受害人、意外事故的被害人、疾病被害人以及其他各种被害人。中义被害人即犯罪被害人。狭义被害人仅指刑事被害人。[①] 笔者所研究的仅为狭义被害人即刑事被害人。通说认为，"刑法学科中的被害人，不能笼统地包括所有由于犯罪行为的影响而间接地遭受物质或精神损害的人，也不能包括由于犯罪行为而抽象地遭受侵害的国家和社会，而只能包括由于犯罪行为直接侵害具体权利并由此直接承受物质损失或精神损害的人和单位。"[②] 被害人真的不能是国家和社会吗？理由是什么？

否定论认为，刑事被害人受到侵害的，必须是一种具体的权利，而不能为抽象的国家权力或社会公共利益。因为任何犯罪作为孤立的个人反抗现行统治秩序最极端的表现，必然侵害到国家的统治权或社会的公共利益，如果据此认为国家或社会是被害人，就会造成所有犯罪国家和社会都成为被害人，这样显然不利于刑事被害人的研究。该论者还指出危害国家公共安全罪与某些破坏社会公共秩序罪，由于没有具体个人和单位的具体权利受到侵害，便可以认为这些犯罪没有被害人。[③] 肯定论则从刑法学角度否定无被害人犯罪概念入手展开论述，认为一切犯罪都有被害人，国家和社会组织都可成为被害人。从犯罪本质来说，任何犯罪都是危害社会的行为，此处的"社会"是广义上的含义，包括国家、社会和个人。从犯罪客体看，通说称犯罪客体是我国刑法所保护而为犯罪行为所侵犯的社会关系。社会关系是人们在共同生产、生活中形成的人与人之间的关系，而社会关系的主体是国家、社会组织和个人，不存在无国家、社会组织和个人参与的社会关系，没有社会关系则没有犯罪客体，没有犯罪客体也就没有犯罪。另外，无被害人犯罪是对

---

① 参见赵国玲主编：《中国犯罪被害人研究综述》，中国检察出版社2009年版，第2页。

② 高铭暄、张杰：《刑法学视野中被害人问题探讨》，载《中国刑事法杂志》2006年第1期。

③ 高铭暄、张杰：《刑法学视野中被害人问题探讨》，载《中国刑事法杂志》2006年第1期。

刑法中特定犯罪的误解。因为有些犯罪具有隐蔽性，其被害是在犯罪之后一段时间内才显现出来，让人误解没有被害人，有些犯罪具有形态上的特殊性，如贩毒，毒品的危害由吸毒人员以及潜在的吸毒人员承受，其被害人应是社会公众而不是没有被害人。①

笔者认为，否定论所称刑事被害人是“犯罪行为直接侵害具体权利并由此直接承受物质损失或精神损害的人和单位”的说法基本能维持，但否认国家和社会成为被害人的理由有斟酌余地。因为不是任何犯罪都可以侵害到国家的统治权和社会公共利益，如故意伤害罪只是侵犯了他人的健康权利，不涉及国家的统治权和社会公共利益；相反，危害国家公共安全罪中的放火罪侵犯的是公共安全，就有可能直接造成人身伤亡而产生被害人。肯定论的论述角度独特，认可国家和社会可以被害，值得称道，但其将“危害社会”中的“社会”简单地表述成“国家、社会和个人”，显得过于笼统，“危害社会”应该是法益的侵害或者威胁的意思。另外，我国刑法理论认为，社会危害性是行为对我国的社会主义社会关系实际造成的损害或者可能造成的损害，论者将社会关系受到侵犯等同于社会关系的主体受到侵犯，有偷换概念之嫌。

笔者进而认为，并非任何犯罪都有被害人，确实存在无被害人犯罪，如各国公认的卖淫、赌博、高利贷、吸毒、自杀、堕胎等行为，大都属于侵害社会法益的犯罪，一些国家将其中的自杀、堕胎等作了非犯罪化处理，但也留下一些所谓的“无被害人犯罪”，如赌博，限于篇幅，不再展开。而国家和社会可以成为被害人，在一个行为同时使个人和单位法益受到侵害时，国家和社会被害人应转化为具体的个人和单位，“因为犯罪受到法益侵害的人称作被害

① 参见郝如建：《无被害人犯罪辨析》，载《探索与争鸣（理论月刊）》2007 年第 5 期。

人"①。有学者根据法益主体的不同，将犯罪分成对国家法益的犯罪、对社会法益的犯罪与对个人法益的犯罪。其中国家法益是以国家作为法律人格者所拥有的公法益；社会法益是以社会整体作为法律人格者所拥有的社会共同生活之公共利益；个人法益是由自然人所拥有，并由刑法加以保护的重要生活利益。② 可见，法益具有法益主体、法益客体，国家法益和社会法益的主体便是国家和社会。既然如此，法益受到侵害，作为法益主体的国家和社会自然成为被害人。一般来说，对个人法益的犯罪的保护法益和行为客体具有一致性，即犯罪行为所指向的具体的人或物的主体即法益主体，此时的被害人即指法益持有人，如故意伤害的行为客体就是被害人。但对国家法益的犯罪和对社会法益的犯罪来说，则不完全如此。早期的法益仅限于与个人有关的具体的、现实的利益，如生命、身体、健康、财产、自由等。随着社会的发展，一些抽象的名誉、秩序、宗教感情等与人有关的利益也被列为法益的内容。"国家和社会公共秩序，在作为保护个人的上述利益的必要手段的前提之下，也能成为法益。"③ "只有当某种社会利益与个人利益具有同质的关系、能够分解成个人法益、是促进人类发展的条件且具有重要价值和保护必要时，才能成为刑法所保护的社会法益"④。因此，国家法益和社会法益的存在，都与人的利益紧密相关，最终都可以还原为个人法益，维护社会法益和国家法益，实质上保护了个人法益。但是社会法益和国家法益不是个人法益的简单叠加，它具有独立性，不能为个人所独享，每个个人却能从中受益，个人法益寓于社会法益和国家法益中。作为个人法益，有对应的行为客体，国家法益和社

---

① ［日］木村龟二主编：《刑法学词典》，顾肖荣、郑树周等译校，上海翻译出版公司1991年版，第102页。

② 参见林山田著：《刑法特论》（上册），台湾三民书局1978年版，第8页以下；转引自张明楷著：《法益初论》，中国政法大学出版社2003年版，第240页。

③ 黎宏：《结果无价值论之展开》，载《法学研究》2008年第5期。

④ 张明楷著：《法益初论》，中国政法大学出版社2003年版，第243页。

会法益作为个人法益的集合体，却没有相应的行为客体。侵犯国家法益和社会法益的行为，不以特定个人为直接的行为客体，却在侵犯过程中放任了对个人法益的侵害，此时个人法益的行为客体便自然成为它的行为客体，个人便成为被害人。

证券犯罪作为一种行政犯，它的保护法益是证券市场的（管理）秩序，是一种社会法益。保护证券市场的（管理）秩序不是目的，目的在于保护包括投资者利益在内的其他市场参与主体的利益。换言之，这种社会法益可以还原为个人法益。每个投资者可以从健全的证券市场秩序中获得利益，但也要按照既定市场规则进行投资。如果每个投资者及其他市场参与主体都按照规则运行，则不存在证券犯罪。证券犯罪就是这种不按规则运行的投机分子，破坏了证券市场的（管理）秩序，它的利益是基于其他投资者的“贡献”，投资者便自觉或不自觉转化为它的行为客体，成为被害人。我国证券市场上名噪一时的德隆系操纵市场案，唐万新等人控制下的德隆系操纵合金投资、新疆屯河和湘火炬三只股票即所谓“老三股”，动用资金678亿余元，非法获利98亿余元，三只股票复权股价最高涨幅分别为984%、1941%及1736%，后由于资金链断裂，在2004年4月13日开始崩盘，三只股票连续跌停，近200亿元市值在十余个交易日内灰飞烟灭，不明真相的投资者在高位套牢，损失惨重。[①] 德隆系的行为无疑极大地破坏了证券市场秩序，广大投资者成为操纵证券市场罪的最直接被害人。

综观近几年我国证券犯罪的状况，比起普通刑事犯来说，这种犯罪的被害人具有以下特征：一是偶遇性。证券犯罪以获取非法利益为目的，侵害证券市场的（管理）秩序，使得社会上不特定多数投资者成为被害人，从投资者角度来说，也是偶然进入特定时空成为被害人。二是不确定性。证券市场中投资者众多，任何一个投

① 参见凌华薇等：《枭雄唐万新》，载《财经》2006年第1期；牟敦国：《德隆主案即将开庭　唐万新量刑成悬念》，载《上海证券报》2005年12月19日A3版。

资者都有可能钻入证券犯罪分子事先设好的“圈套”，有的钻进去出来了，有的则越陷越深，不能自拔，损失惨重，且互不知情。三是受动性。由于现代证券市场采用电子化交易，证券犯罪的被害人没有机会与行为人面对面，受害之后基本上处于被动承受状态，根本没有与行为人互动的机会。可见，不管愿不愿意承认自己是被害人，证券犯罪具有被害人是不争的事实。但由于证券犯罪的种类较多，并非每一种证券犯罪都有被害人，如擅自设立金融机构罪就是没有被害人的适例。各类证券犯罪的被害人情形比较复杂，一一展开论述势必占篇幅较大，笔者认为认定证券犯罪的被害人可以从被害性、实体性和直接性三方面考虑。被害性，是指投资于证券市场或者其他证券市场参与主体的既定合法权利或权力遭受证券犯罪的侵害；实体性，是指具有一定的组织形态具有人格特征，享有权利或权力能够独立承担义务的单位和个人；直接性，是指所遭受的侵害是直接和具体侵害，不能是间接的和抽象的。例如，背信损害上市公司利益罪，侵犯的客体是我国对上市公司的管理制度和上市公司的利益，上市公司无疑遭到了损失，也间接损害了作为上市公司股东的广大投资者利益，但不能认为广大投资者是被害人，被害人只能是上市公司。

第三节　证券犯罪认定与解释的基本立场

证券犯罪作为一种行政犯，是伴随着证券市场的发展而出现的新型经济犯罪。对于证券犯罪的认定与解释，既不能脱离传统刑法理论，又要紧密结合证券市场的特点，使之符合罪刑法定原则，在协调保护法益机能和保障人权机能中发挥积极作用。笔者认为，认定与解释证券犯罪应坚持刑法谦抑主义、行为无价值以及形式解释和实质解释相统一。

一、刑法谦抑原则

谦抑原则是近代刑法的根本原则。刑法的谦抑性，包含刑法的补充性、不完整性和宽容性。首先，刑法只有在其他手段如民事、行政、习惯、道德等不充分的时候，才能以补充的形式被适用，体现刑法的补充性。“只有在通过其他的法律不能进行充分的保护时，才应认可刑法中的法益保护。把基于这种关系的性质称为刑法的第二次性质或者补充性质。”① 其次，刑法并非处罚对一切法益的所有形态的侵害，只是特别选出以违法的形态侵害值得着重保护的重要法益的行为，从而表现出受保护法益的不完整性。最后，即使犯了罪，只要认为不是迫不得已的情况，就应当重视宽容精神而慎重处罚，表现出刑法的宽容的一面。

第一，体现在适用法律中，要严格控制证券刑法规范的法律渊源。如果刑法规范要求参照“依照法律、行政法规的规定”执行，则所依据的法规最低层次为国务院的行政法规；如果刑法规范中有“违反国家规定”的表述，则援引的法规层次为国务院的行政法规、行政措施、决定和命令以上法律性文件；如果刑法规范中有“违反规定”的表述，则援引的法律位阶不如前两种情况高，需要具体情况具体分析。

我国刑事立法采取大一统的刑法典模式，有关证券犯罪规定在一部刑法中，有的证券犯罪立法以完全刑法规范出现，有的则以空白刑法规范出现。空白刑法规范，是指刑罚法规中仅规定罪名、法律后果与部分犯罪构成要件，而将属于禁止内容的犯罪构成要件，规定于其他法律或者授权行政规章或命令作为补充规范的一种刑罚法规。其中规定补充要件的法律、授权行政规章、命令或决定，则

---

① ［日］大塚仁著：《刑法概说（总论）》（第三版），冯军译，中国人民大学出版社 2003 年版，第 23 页。

称为补充规范。[①] 例如，内幕交易罪对于如何界定“内幕信息”，何为“内幕信息知情人员”，刑法明确要求“依照法律、行政法规的规定”，具体来说就是援引《证券法》第 74 条、第 75 条等规定。内幕交易罪就是一个空白刑法规范的适例，《证券法》有关规定即为补充规范。但是，《证券法》第 74 条和第 75 条在列举了具体事项后，分别后缀了“国务院证券监督管理机构规定的其他人”、“国务院证券监督管理机构认定的对证券交易价格有显著影响的其他重要信息”的兜底条款，也即意味着在补充刑法规范时是否需要第二次援引，如果需要，限定在哪个层面的规范性文件上比较合适？

笔者的意见是需要，并限定在证监会制定的部门规章、决定、命令等规范性文件以上为妥。因为刑法讲究稳定性，行政法崇尚灵活性，我国目前对于行政犯的规定既体现了刑法的稳定，又发挥了行政法的灵活。随着证券市场的不断发展，“内幕信息”和“内幕信息知情人员”势必不止于目前《证券法》所规定的几种类型，当新的类型出现时，证监会将根据《证券法》的授权制订新的部门规章、决定和命令以及其他规范性文件。但罪刑法定原则要求刑法规范具有明确性，无论是刑法的规范还是援引证券法规的规范必须明确、具体，必须考虑所援引规范的法律位阶，否则侵犯国民预测可能性，有违刑法人权保障机能，这也是刑法谦抑性的体现。

我国《立法法》规定，全国人民代表大会制订和修改刑事基本法律，全国人民代表大会常务委员会在全国人大闭会期间制定法律、部分补充和修改全国人大制定的法律；全国人大及其常委会可以授权国务院根据实际需要，对其中的部分事项先制定行政法规；涉及犯罪和刑罚的事项只能由法律规定。《证券法》由全国人大常

① 参见黄明儒：《论行政刑法与罪刑法定主义的关系》，载戴玉忠、刘明祥主编：《犯罪与行政违法行为的界限及惩罚机制的协调》，北京大学出版社 2008 年版，第 30 页。

委会制订，与《刑法》具有同一法律效力，作为刑法规范应无异议，问题在于国务院制订的行政法规、行政措施、决定、命令和国务院有关部委制订的行政规章、地方人大和政府制订的地方性法规和规章可否成为刑法的补充规范？笔者认为，国务院制订的行政法规肯定可以，部门规章和决定、命令等规范性文件则要视具体情况而定。首先，国务院制订行政法规是宪法和立法法赋予的职权，所制订的行政规范是依照宪法和法律规定，体现全国人民群众意志。其次，刑法典明文规定行政法规能够成为证券犯罪刑法规范中的补充规范，其相关内容已被立法机关纳入相关刑法规范中。再次，部门规章和决定、命令等规范性文件作为执行法律或者国务院的行政法规、决定、命令的规范性文件，制订程序较为严格，如果其内容是根据《证券法》的授权并体现《证券法》的精神，则其规范可以成为刑法的补充规范。例如，"内幕信息的知情人"的认定，可以援引《证券法》、国务院《禁止证券欺诈暂行条例》、《股票发行与交易管理暂行办法》以及证监会《上市公司信息披露管理办法》、《关于规范上市公司信息披露及相关各方行为的通知》等规定的条款，因为这些法律规范要么属于《证券法》授权制订，要么为《证券法》所认可。需要说明的是，部委制订的用于内部执法参考的法律文件由于不对外公布，不符合刑法的明确性原则，不能作为刑法的补充规范，如证监会制订的《证券市场内幕交易行为认定指引》。最后，地方人大和政府制订的地方性法规和规章只是根据地方行政区域的具体情况和实际需要而制订，不具备刑法规范所应具有的国民预测可能性。民族自治地方制订的自治条例和单行条例，由于须报请全国人大常委会批准后生效，一般情况下也在该地方成为刑法的补充性规范，但考虑到我国证券市场的统一性，所执行和制订的法律规范也应具有统一性，自治条例和单行条例由于局限于部分地区，因而不能成为证券刑法规范的补充规范。

综上，如果遇有不在《证券法》所明确列举的"内幕信息"和"内幕信息知情人员"列举范围之列，证监会新认定的"内幕信息”和“内幕信息知情人员”只能依据证监会根据《证券法》授权制订的部门规章、决定和命令等规范性文件以上位阶法律规范来补充内幕交易、泄露内幕信息罪的构成要件。换言之，只有证监会制定的规章和决定、命令等规范性文件以上级别的法规和规范性文件才有可能成为内幕交易罪的补充规范。

此外，有的证券犯罪有“违反国家规定”的表述，所援引的法规应为全国人民代表大会及其常务委员会制定的法律和决定，国务院制定的行政法规、规定的行政措施、发布的决定和命令，《刑法》第96条对此已有明确规定。利用未公开信息交易罪的“违反规定”，不同于上述“违反国家规定”，从文义解释角度说，既可以是“国家规定”，如国家有关法律、行政法规及同一法律位阶的规范性文件，也可以不是“国家规定”，如部门规章、决定和命令乃至地方性法规和行业规定，还可以包括金融机构内部制订的有关规章制度[①]。但值得注意的是，如果所援引的法律规范过低，便有违反国民预测可能性之嫌。

第二，体现在执行法律中，应当遵从行政优先，行政手段用尽原则。刑法是证券法的保障法，证券犯罪作为行政犯，具有行政违法性和刑事违法性，其违法性体现在违反证券法律法规，行政处罚处于第一层面，只有在情节严重时才转入刑事处罚。换言之，对于违法行为，能用证券法律法规处罚的要优先用，尽量用，决不轻易动用刑事手段，只有在行政手段不足以应付时才引入刑法的介入。即使达到了证券犯罪追诉条件，但已事过境迁，被害人的利益通过民事、行政等手段得到保障，社会危害性很小时，也不要轻易使用刑罚手段。只有在行为的社会危害性超过了行政处罚范围，证券市

① 参见马克昌主编：《经济犯罪新论》，武汉大学出版社1998年版，第278页。

场的“公开、公平、公正”① 原则遭到极大破坏，用尽了一切行政手段尚不足以恢复被侵害的社会关系，才诉诸刑律。

第三，体现在证券犯罪立法中，对于违反证券市场秩序的行为，能用证券法律法规调整的，应尽量使用这些行政法规调整，而不能借口风险社会，维护证券市场需要动辄修改刑法增加罪名，要知道动用刑法是昂贵的。有学者从控制证券犯罪角度考虑，建议将证券犯罪的情节犯、结果犯修改为行为犯；② 也有学者建议将证券犯罪的保护法益关口前移。这样做似乎严密了刑事法网，其结果却大大挤压了证券法的行政处罚空间。建议者显然未考虑到我国法律体系有别于大陆法系国家之处，即我国在刑法中规定犯罪，在行政法中规定行政违法，完全不同于其他国家将证券犯罪和证券违法规定在一部证券法中，甚至不区分证券违法和证券犯罪而统称证券犯罪。因此，在我国作为犯罪化处理的行为，一般要考虑当罚性和要罚性要件，即首先有重大的法益被侵害，值得动用刑罚保护的行为，其次根据当罚的法益侵害及其危险，为了保护社会采取刑罚是不可或缺的场合。③

“老鼠仓”问题曾一直在我国证券市场遭受非议和诟病。2008年，中国证监会查处了第一起基金从业人员的“老鼠仓”案。2006年3月，上投摩根研究员兼阿尔法基金的基金经理助理唐建，利用执行职务便利，在向有关基金二级股票池和阿尔法基金推荐买入“新疆众和”股票前，使用自己控制的证券账户先行买入，之

---

① “三公”原则被认为是贯穿证券市场运行过程的基本原则。建立公开、公平、公正的市场环境，保证所有市场参与者都能按照市场经济的规则，在相互尊重对方利益的基础上进行投融资活动，是证券市场规范化的一个基本要求，也是保障投资者合法权益的前提和基础。——笔者注。

② 参见王晓东主编：《当代金融犯罪防治对策研究》，山东人民出版社2006年版，第153页。

③ 参见［日］山中敬一著：《刑法总论》，成文堂2008年版，第52页；转引自马克昌：《危险社会与刑法谦抑原则》，载《人民检察》2010年第3期。

后连续买卖该股，并多次利用职权查询阿尔法基金投资“新疆众和”情况，共计获利100余万元。[①]“老鼠仓”是否需要入罪，在理论界和实务界产生了很大反响，讨论结果认为此种行为社会危害性严重，直接侵害了所在基金公司和投资基民的利益，违背了公司职员对公司应有的忠诚义务，且在证券市场上比较普遍，应该动用刑法规制。但由于在现行刑法中无对应罪名，立法机关遂于2009年《刑法修正案（七）》中以“利用未公开信息交易罪”作了规定。

二、行为无价值

结果无价值和行为无价值是德、日刑法学中就如何判断行为的违法性时所使用的一对概念。前者认为，违法性的根据在于行为造成了法益侵害或者危险结果，即结果恶是违法性的根据。后者认为，行为本身恶、行为人的内心恶才是违法性的根据，又可分为强调行为的目的、故意、过失和行为样态、义务违反决定行为的违法性，法益侵害及其危险对违法性没有实质意义的一元的行为无价值，以及侧重结果无价值或侧重行为无价值的二元的行为无价值。结果无价值和行为无价值的对立，集中体现在：（1）在违法性的判断上，是否需考虑行为人的主观因素？（2）在违法性的判断标准上，是仅考虑结果还是需考虑其他因素？（3）在违法性的判断时间上，是事前判断还是事后判断？（4）在刑法任务的阐述上，是保护法益还是维持社会伦理秩序？[②]在共同犯罪领域，两者之间的对立也始终贯穿其中。结果无价值坚持客观主义立场，在违法性上以“法益侵害”为基础，以法益侵害或威胁的“结果”为中心判断违法性，坚持法官事后判断，保护法益是刑法的首要任务。这

---

① 参见中国证监会行政处罚委员会编：《证券行政处罚案例判解》（第1辑），法律出版社2009年版，第237页。

② 参见黎宏：《结果无价值之展开》，载《法学研究》2008年第5期。

种认识表现在共犯处罚根据上采因果共犯论的修正惹起说，在共犯的成立条件上采纳共犯从属性说，在共犯本质上采（部分）犯罪共同说。[①] 行为无价值坚持主观主义立场，认为违法性的本质是“规范违反”，犯罪行为只是犯罪个人危险性的表征，“在违法性问题上，不仅要考虑行为是否侵害了法益（结果无价值），而且还应当考虑其是否偏离了社会相当性的要求（行为无价值）”[②]，在判断违法性时，应当以行为时为基准，即事前判断更加妥当，刑法的任务在于保护社会伦理秩序。这种认识反映在共犯处罚根据上采纳责任共犯论、不法共犯论以及因果共犯论中的纯粹惹起说和混合惹起说，在共犯的成立条件上采共犯独立性说，在共犯本质中采行为共同说。[③]

笔者认为，从学术发展渊源来说，行为无价值亲近主观主义，[④] 而主观主义因其理论根基的缺陷、人权保障的缺失、处罚范围的宽泛而逐步退出刑法学领域。但在现代刑法理论上，行为无价值与结果无价值之争不再表现为主观主义和客观主义之争，而是发生于客观主义内部的争论。特别是 20 世纪 90 年代以后，行为无价值与结果无价值已呈现相互融合的趋势。就刑法的任务而言，行为无价值也明确主张刑法的任务是“保护法益”；就违法性的判断标

① 参见阎二鹏：《共犯论中的行为无价值与结果无价值》，载《刑事法评论》（第 21 卷）2007 年第 2 期，中国政法大学出版社 2007 年版，第 111 页。但也有学者认为，德国的通说是二元的行为无价值论，而恰恰在共犯处罚根据论上通说也是修正惹起说，而日本也是有相当多的结果无价值论者持混合惹起说立场，说明修正惹起说与结果无价值论、混合惹起说与二元的行为无价值不是一一对应的关系。参见陈洪兵著：《中立行为的帮助》，法律出版社 2010 年版，第 44 页。

② 黎宏：《结果无价值之展开》，载《法学研究》2008 年第 5 期。

③ 参见阎二鹏：《共犯论中的行为无价值与结果无价值》，载《刑事法评论》（第 21 卷）2007 年第 2 期，中国政法大学出版社 2007 年版，第 110 页。

④ 主要指一元的行为无价值，主流的二元的行为无价值也要求结果无价值，其与结果无价值的争论仍然是客观主义内部的争论。参见张明楷：《行为无价值的疑问——兼与周光权教授商榷》，载《中国社会科学》2009 年第 1 期。

准而言，结果无价值也认为，法益侵害说并不是主张“任何细微的法益侵害都违法”，而是只有在国民立场看来值得处罚的法益侵害才是违法的，如果这种国民立场就是“道义秩序”、“社会相当性”的话，结果无价值与行为无价值之间就没有什么差别；就违法性的判断时间而言，结果无价值也认为，无论怎么重视结果无价值，还是要重视“行为时的危险判断”。但无论怎样融合，两者在有关刑法规范的性质、违法性的判断基础、刑法适用理念上无法取得调和。[①] 笔者在本书研究中，主张行为无价值，其理由如下：

一是责任主义要求判断行为责任的时点为行为时。“所谓责任主义，指就行为人的行为，以责任能力与故意或过失为要件只在可能非难行为人的场合，承认该行为人的责任的原则。”[②] 行为人只对自己所实施的故意或过失行为负刑事责任，而对他人的行为或者不具有故意、过失的行为不负责任，也即意味着责任为个人责任和主观责任。“行为与责任同时存在”，要求判断行为人有无责任的时点应在行为时。行为无价值指出，既然以故意、过失为主的主观因素对判断行为是否违法具有影响，在判断违法性时就应以行为时为基准。这一观点与责任主义的主观责任和个人责任不谋而合。

二是刑罚的目的在于预防犯罪，而预防犯罪要求站在行为时，将刑法规定视为行为规范。将刑法规定理解为行为规范还是裁判规范，可以说是行为无价值与结果无价值的分水岭。行为无价值认为，刑法是行为规范，是针对普通人的禁止、命令规定，是全体国民的“行动指南”，它指导一般人在日常生活中应当如何安排自己的行为。如果将刑法理解为裁判规范，以法官等专业人士的判断作为基准，那么一般人因不具有法官的专业水准，难以理解刑法规定，将难以起到应有的预防作用。

---

① 参见黎宏：《结果无价值论之展开》，载《法学研究》2008 年第 5 期。

② 马克昌著：《比较刑法原理——外国刑法总论》，武汉大学出版社 2003 年版，第 427 页。

三是行为无价值不会扩大处罚范围。也许有人担心，坚持行为无价值，可能会扩大刑法处罚范围。笔者认为，这种担心是多余的。一方面，行为无价值符合我国司法实践做法。在我国，虽然对预备犯、未遂犯原则上要处罚，但根据我国主客观相统一的刑法理论，只有具有法益侵害性的行为才是可罚的，行为在没有造成法益侵害或者威胁的情况下，不必处罚。此外，我国司法解释经常出现“多次实施”、“数额达到……”等表明行为特征的规定，都是行为无价值在司法实践中的具体体现。另一方面，随着我国社会主义市场经济向纵深方向发展，出现了许多经济不法行为，经济的全球化也带来了人们对金融体系安全的担忧，为了消除人们这种不安和紧张，我国刑法与世界各国一样，出现“刑法干预的普遍化”和“刑法干预的早期化”现象，将经济领域历来被视为抽象、普遍的法益纳入刑法保护范围，在刑法中规定了大量的经济犯罪，其中便有许多具有行为无价值特征的行为犯和抽象危险犯，有关这方面内容将在第三章中讨论。由此看来，相对于结果无价值而言，行为无价值无须侵害结果出现即可对某一行为实施处罚，使得法益保护得到提前，更加注重保护法益。

三、形式解释和实质解释相统一

当前我国刑法学界并没有出现如刑法史上的古典学派和近代学派的学派之争，却在刑法解释中形成了与德日刑法学的形式的犯罪论与实质的犯罪论意义不同的形式解释论与实质解释论的学派之争。日本学者大谷实和前田雅英分别是形式的犯罪论和实质的犯罪论的代表。大谷实认为：“承认构成要件的独立机能，以社会的一般观念为基础，将构成要件进行类型性地把握的犯罪论，通常被称为形式的犯罪论……与此相对的就是实质的犯罪论。实质的犯罪论对形式的犯罪论进行批判，认为作为形式的犯罪论的中心的犯罪的定型或类型的内容不明，因此，在形式的犯罪论中，追求保障人权保护国民利益的处罚范围难以适当划定，主张在刑罚法规的解释特别是构成要件的解释上，应当从处罚的合理性和必要性出发的观点，换句话说，应当从当罚性这一实质的观点出发来进行。"[①] 两者的区别在于：[②]

第一，刑法首先是行为规范还是裁判规范。形式的犯罪论认为，刑法的目的在于通过告知国民什么样的行为是犯罪，什么样的行为不是犯罪来规制国民的行动，从而维持社会秩序，因此，刑法规范在成为裁判规范之前，首先应当是规制国民行动的行为规范。实质的犯罪论认为，刑法是行为规范，但更应当是以法官为对象的裁判规范，即不外乎是为了导入实质的当罚性判断的规范。

第二，在进行处罚的必要性或合理性的实质判断之前，是否需要形式判断。形式的犯罪论认为，从保障人权出发，行为的禁止或命令应当通过构成要件，以普通国民能够理解的形式明确规定，只有违反这种禁止或命令的人才应受到处罚，因此，违背国民预测能力的处罚是不允许的，对构成要件的解释也要从具有通常判断能力的一般人是否能够得出该种结论的角度，进行形式的判断。只要是难以划入这种类型的行为，无论具有多大的处罚合理性和必要性，也不能作为犯罪处理。以处罚的合理性、必要性为基准的实质的判断，只有在符合构成要件之后，在违法性和责任阶段个别、具体进行。而实质的犯罪论认为，罪刑法定原则中的明确性原则或刑法的严格解释原则并不重要，应当从处罚的必要性和合理性的立场出发，对刑罚法规或构成要件进行实质性的解释。可见，形式的犯罪论强调对构成要件符合性先行形式判断，再进行违法性的实质判断；而实质的犯罪论主张将构成要件符合性的形式判断与违法性的实质判断结合起来。"其实，形式的犯罪论与实质的犯罪论所涉及的主要是构成要件与违法性之间的关系：是将构成要件与违法性相

---

① ［日］大谷实著：《刑法总论》，黎宏译，法律出版社 2003 年版，第 73 页。

② 参见［日］大谷实著：《刑法总论》，黎宏译，法律出版社 2003 年版，第 73～74 页。

分离，在构成要件中作形式判断，在违法性中作实质判断，从而主张构成要件的行为类型；在构成要件中就作处罚必要性的实质性判断，从而主张构成犯罪的违法行为类型说。”①

我国刑法实质的解释论肇始于1991年张明楷教授的《犯罪论原则》中提出的“实质解释”，2002年出版的《刑法基本立场》提出了“实质解释论”，并对实质解释论进行较为系统的阐释，提升了实质解释论的理论高度。此理论得到了一批法学学者的支持和响应，刘艳红教授的《走向实质解释的刑法学——刑法方法论的发端、发展与发达》就是其中的典型代表，苏彩霞教授的《实质上刑法解释论之确立与展开》进一步丰富了实质解释论的内涵。作为实质解释论的对立面，形式解释论晚于实质解释论出现。形式解释最早由阮齐林教授在《新刑法提出的新课题》一文中提出，随后由梁根林教授在《罪刑法定视域中的刑法适用解释》中将形式解释上升到“论”的高度，陈兴良教授则对形式解释论进行了系统研究。邓子滨博士著的《中国实质刑法观批判》和李立众、吴学斌博士主编的《刑法新思潮——张明楷教授学术观点探究》，进一步将形式解释论和实质解释论的对峙展现出来。目前，我国基本形成了以张明楷教授为代表的实质解释派和陈兴良教授为代表的形式解释派。近年来，陈兴良教授和张明楷教授分别写出多篇极具分量的文章支持己方观点，让国内学者大饱眼福。

针对形式解释论与实质解释论的区别，有学者指出：“形式解释论主张忠诚于罪状的核心意义，有时候甚至仅仅是自己熟悉的法条的含义。实质解释论主张以犯罪本质为指导，来解释刑法规定的构成要件。对于实质上值得科处刑罚但又缺乏形式规定的行为，实质解释论主张在不违反民主主义与预测可能性的前提下，对刑法作扩张解释。当刑法条文可能包含了不值得科处刑罚的时候，通过实质解释论，将单纯符合刑法文字但实质上不值得刑罚处罚的行为排

① 陈兴良：《形式解释论的再宣示》，载《中国法学》2010年第4期。

除在犯罪之外。”[①] 对此，形式解释论者指出，对于刑法条文可能包含的不值得科处刑罚的行为，通过实质解释予以出罪，是形式解释论的应有之义。于是，形式解释论与实质解释论之间的分歧集中在能否通过实质判断将实质上值得科处刑罚但又缺乏形式规定的行为入罪？形式解释论对此持明确否定态度，实质解释论则持肯定态度。[②] 这一分歧，涉及对罪刑法定原则和处罚范围是否扩大的理解。

实际上，形式解释论与实质解释论都强调罪刑法定原则。形式解释论曾指责实质解释论违背罪刑法定原则，是对其内在精神的破坏。对此，实质解释论分析称：“实质解释论屡受批判的主要原因是实质解释论可能会违背罪刑法定。这是对实质解释论的一种误读。凡是解释，不管是形式解释还是实质解释，都是以文本为依据，否则就说不上是一种解释。实质解释论也是坚持罪刑法定主义的。只不过实质解释论眼里的罪刑法定，不仅具有形式侧面，而且具有实质侧面。刑法在适用过程中，不仅仅能实现形式主义，还必须实现实质主义。”[③] 但两者对罪刑法定原则的形式侧面和实质侧面理解不同。日本学者一般认为罪刑法定原则有六个派生原则：（1）刑法不溯及既往；（2）排除习惯法原则；（3）禁止类推原则；（4）禁止绝对不定期刑；（5）刑法明确性原则；（6）刑法内容适当原则。前四个原则是罪刑法定原则的形式侧面，后两个原则为罪刑法定原则的实质侧面。[④] 实质解释论认为：“诚然，形式侧面与实质侧面确实存在两个方面的冲突：一是成文法的局限性决定

① 李立众、吴学斌主编：《刑法新思潮——张明楷教授学术观点探究》，北京大学出版社 2008 年版，第 67 页。

② 参见陈兴良：《形式解释论的再宣示》，载《中国法学》2010 年第 4 期。

③ 李立众、吴学斌主编：《刑法新思潮——张明楷教授学术观点探究》，北京大学出版社 2008 年版，第 67 页。

④ 参见［日］大塚仁著：《刑法概说（总论）》（第三版），冯军译，中国人民大学出版社 2007 年版，第 70 ~ 71 页。

了刑法不可能对所有犯罪作出毫无遗漏的规定，即存在实质上值得科处刑罚，但缺乏形式规定的行为；二是成文法的特点决定了刑法条文可能包含了不值得科处刑罚的行为，即存在符合刑法的文字表述，实质上却不值得处罚的行为。对于这两个方面的冲突，不可能仅通过强调形式侧面，或者仅通过强调实质侧面来克服，只有最大限度地同时满足形式侧面与实质侧面的要求，才能使冲突减少到最低限度。”[①] 言下之意，罪刑法定原则形式侧面的缺陷需要通过罪刑法定原则的实质侧面加以补救，即刑法不可能对所有犯罪作出毫无遗漏的规定，对于那些没有刑法的形式规定但具有处罚必要性的行为，需要通过实质侧面予以入罪；刑法虽规定为犯罪但没有处罚必要性，需要通过罪刑法定的实质侧面予以出罪。对此，形式解释论反驳道，“刑法不可能对所有犯罪作出毫无遗漏的规定根本不是罪刑法定原则形式侧面的缺陷。如果说这是一种缺陷的话，应该是成文法的缺陷或者局限。罪刑法定原则是在成文法的这一局限的基础上，不得已而作出的一种价值选择：即使牺牲实质性合理性也要坚守形式合理性，对于法无明文规定的行为，无论具有何种社会危害性都将其排除在犯罪的法定范围之处”，“罪刑法定原则的形式侧面与实质侧面之间的冲突并不存在，完全是一种主观臆造，因为罪刑法定原则的形式侧面旨在限制司法权，防止司法擅断。因此，罪刑法定原则形式侧面的对立面是司法的恣意；而罪刑法定原则的实质侧面旨在限制立法权，避免立法专横。因此，罪刑法定原则实质侧面的对立面是立法的妄为”。[②] 换言之，罪刑法定原则的形式侧面与实质侧面具有各自的功能，两者不具有同等价值，根本不存在价值上的高低之分。对罪刑法定原则形式侧面进行了补救的所谓处罚必要性，根本不是罪刑法定原则实质侧面的应有之义。

在处罚范围上，形式解释论和实质解释论都曾互相指责对方扩

① 张明楷著：《罪刑法定与刑法解释》，北京大学出版社2009年版，第68页。

② 陈兴良：《形式解释论的再宣示》，载《中国法学》2010年第4期。

大处罚范围，但两者得出的结论基本相同。作为实质解释论的代表张明楷教授明确指出："其一，就绝大多数案件而言，形式解释论与实质解释论得出的结论相同。其二，就某些案件而言，形式解释论会得出不构成犯罪的结论，而实质解释论会得出构成犯罪的结论；就另一些案件而言，可能相反。"①

笔者认为，日本之所以产生形式的犯罪论和实质的犯罪论的对峙，有其深刻的历史背景，即日本实行构成要件符合性、违法性、有责性三阶层刑法理论体系，对构成要件进行形式解释还是实质解释，就会形成形式的犯罪论和实质的犯罪论。两种犯罪论是在构成要件下展开讨论的。而在我国，行为符合犯罪构成是承担刑事责任的唯一根据。我国的犯罪构成是主观和客观相统一的平面结构，明显区别于日本的位阶结构。对于犯罪构成的解释，我国向来主张形式解释和实质解释相统一原则，没有日本刑法意义上的形式解释与实质解释之分。因此，在我国的犯罪构成下讨论形式解释和实质解释意义不大，形式解释论和实质解释论的争议至今未能形成学术主流。综观我国学者有关形式解释论和实质解释论的争议，基本上建立在德日刑法三阶层理论基础上讨论我国刑法理论。如果不对日本刑法的构成要件和中国刑法的犯罪构成作明确划分，这种争议容易让人产生混淆。

我国之所以形成形式解释论与实质解释论之争，缘于讨论处罚范围。在司法实践中，存在虽有刑法规定却无处罚必要性和虽无刑法规定却有处罚必要性两种情形，对此如何处理，站在不同立场会得出不同结论。形式解释论与实质解释论虽然对峙，但对处罚范围基本得出相同结论，两者都需要实质判断，只是在解释的立场和方法上存在差异。"实质主义刑法观与形式主义刑法观两者没有清晰的前沿阵地，反而是你中有我、我中有你，因而有些解释、有些主张和结论性见解可能是双方所共有的，只是强调的侧面和重点各有

① 张明楷：《实质解释论的再提倡》，载《中国法学》2010 年第 4 期。

差别，部分内容难舍难分，难于辨析。”① 形式解释论并非不要实质判断，“至少是主张形式解释论的我，并不反对实质判断，更不反对通过处罚必要性的实质判断，将那些缺乏处罚必要性的行为予以出罪。形式解释论与实质解释论的根本区分仅仅在于：在对刑法进行解释的时候，是否先进行形式判断，然后再进行实质判断”。②

在我国，应该坚持形式解释和实质解释相统一原则。“法无明文规定不为罪”是罪刑法定原则的最真实写照，对一个行为是否构成犯罪，首先必须坚持形式解释，观察是否有相应刑法规定。一个行为如果不为刑法所规定，即使具有严重社会危害性，也不能将其解释为犯罪，否则有违罪刑法定原则。但是，成文法的局限性也很明显。法律语言的模糊性和多义性，以及核心语义与可能语义边界的难以把握性，造成不同的人会有不同理解。同时，法律规定之后，在一个时期将不做修改，但社会是不断变化的，如何以不变的法律条文应对千变万化的社会现象，是法律解释必须面对的挑战。因此，必须坚持刑法的实质解释。在证券犯罪中，尤其要注意坚持形式解释和实质解释相结合。我国实行违法和犯罪二元论体系，证券犯罪与证券违法分别规定在刑法和证券法中，两者在法律条文规定上可能完全相同，如果不从社会危害性角度，只作简单的形式解释，将不能合理区分违法和犯罪，对此必须从法益侵害角度作实质解释。

① 邓子滨著：《中国实质刑法观批判》，法律出版社2009年版，第78页。

② 陈兴良：《形式解释论的再宣示》，载《中国法学》2010年第4期。

第二章

证券犯罪的行政认定与刑事认定的衔接

证券犯罪具有行政违法性与刑事违法性的双重违法性，在对证券犯罪进行刑事追诉时要进行行政违法性认定和刑事违法性认定。中国证监会依法对全国证券市场实行统一监督管理，也是对证券违法犯罪案件认定行政违法性和追究行政责任的执法主体，绝大部分证券犯罪案件经由证监会行政稽查后移送公安机关立案侦查，但大量证券犯罪案件由证监会“以罚代刑”，未能进入司法程序。公安机关所办理的证券犯罪案件，需要证监会出具行政认定方能进入刑事诉讼。行政认定出现在刑事认定中的原因是什么，它发挥了什么作用，证监会的行政认定是否必须成为司法机关①开展刑事认定的前置程序，如何加强行政认定和刑事认定的有机衔接，这些问题涉及解释和认定证券犯罪的基本立场，在司法实践中争议较大，有必要设专章进行讨论。

① 包括公安机关、检察机关、法院机关。——笔者注

第一节　行政认定出现在刑事认定中的原因和作用

一、行政认定的概念和种类

（一）行政认定的概念

按照《现代汉语词典》的解释，认定是指：①确定地认为；②明确承认；③确定。[①] 行政法理论认为，行政认定行为，也叫行政确认行为，主要有三种定义：其一，指行政机关对个人、组织的法律地位或权利义务进行甄别，给予确定或否定并予宣告的行为；其二，指对尚未确定是否存在的法律关系确认其存在与否的行为，定位为一种准行政行为，其自身并不产生直接法律效果，只是对产生法律效果的行政行为有直接的影响；其三，指确定特定事实或关系存在的行为，与通知行为、受理行为、证明行为等准行政行为一样，无论是否产生法律效果，都只是根据法律规定，而不是根据行为人的意思表示，即不以效果意思为其构成要素，而是由于观念表示或其他精神作用的表现而成立的行政作用。[②]

以上三种定义尽管表述方式不尽一致，但均认可行政认定行为具有：一是行政性质，都认为行政认定行为是行政机关运用行政权作出的行为，而不是普通民事行为或事实行为。二是客观性。区别于行政许可、行政强制、行政处罚等“创设性”、“主观性”行政行为，行政认定行为是对事实、地位、权利义务关系等客观存在的现象进行确认，具有客观性。三种定义的区别也很明显：（1）行

① 参见中国社会科学院语言研究所词典编辑室编：《现代汉语词典》，商务印书馆2005年版，第1150页。

② 参见杨小君：《关于行政认定行为的法律思考》，载《行政法学研究》1999年第1期。

为性质不同。第一种定义认为行政认定是一种行政行为，第二种和第三种定义均认为是一种准行政行为。（2）法律效果不同。第一种定义未指出能否产生直接法律效果，第二种和第三种定义认为产生间接的法律效果，即行政认定是依观念而非根据意思表示内容生效，其认定的内容只是下步行政行为产生法律效果的基础，本身不直接产生法律效果，因而往往被当成作出行政行为的一个过程。（3）存在价值不同。第一种定义未涉及此问题，第二种定义却暗含行政认定非独立存在之意，第三种定义则明确指出行政认定的非独立性，称这是基于法律效果的间接性，行政认定行为处于辅助、基础地位，本身没有独立存在的价值，它的存在只是为紧随的其他行政行为服务。鉴于最高人民法院《关于规范行政案件案由的通知》（法发〔2004〕2号）已明确将行政确认列为具体行政行为，笔者不打算对行政认定的属性再展开论证，仅在具体行政行为范围内讨论，即行政认定自然都会产生法律效果，在法律上均具有独立性。因此，行政法上的行政认定行为可以概括为行政执法机关依法对行政相对方的法律地位、法律关系和法律事实等进行甄别，给予确定、认可、证明并予以宣告的具体行政行为。

（二）行政认定的种类

在行政法理论中，行政认定按照不同标准分类，可以分成不同类型。

1. 根据行政认定的对象不同，分为五种类型

其一，对行为的认定。主要有两种情形：一是对违法行为的认定，即通过对事实的调查，反映和根据法律规定标准的运用，来认定某一行为是否属于违法行为。例如，证监会行政稽查部门对相关单位或个人的行为是否违反《证券法》有关规定作出认定。二是对事故行为的认定。例如，公安交通警察部门对交通事故出具交通事故认定书的行为。其二，对物的认定。例如，质量监督部门对假冒伪劣商品的鉴定。其三，对权利的认定。例如，国家土地管理部门对土地性质的认定和土地使用权的确认。其四，对法律地位的认

定。例如，税务部门对企业纳税人地位类别的区分认定。其五，对某种资格与某种能力的认定。例如，证监会行政稽查部门对内幕人员的认定。①

2. 根据行政认定对他种行为的关系，分为附属性的行政认定和独立的行政认定

前者是指存在于一个具体行政行为内的认定部分，是该具体行政行为中对于权利义务、行为、关系等认定的那部分内容，它伴随于具体行政行为，是具体行政行为作出的基础。例如，自然资源所有权、使用权发生争议，当事人申请解决，主管机关必须在确认权属关系后方能进行裁决，这个确权行为即为附属性行政认定；后者指不依赖于他种行政行为而独立存在的行政行为，既不是他种行政行为的前提，也不是他种行政行为的补充，而是自己发生归属于自己的法律效果的行为。例如，公安机关出具的户籍登记证明。

3. 根据行为动因的不同，分为依申请的行政认定和依职权的行政认定

前者指行政相对方向行政主体提出申请，行政主体被动作出的行为，如拟上市公司向证监会提出发行股票申请，证监会的批准行为；后者指无须行政相对方提出申请，行政主体在其职权范围内主动实施的行为，如审计机关对被审计单位出具的审计意见书。

以上系行政法理论上的行政认定分类，但笔者所称的行政认定，包括但不限于上述类型，还包括司法实践经常发生的、明含或者暗含行政认定事项的行政处罚、行政鉴定、移送函及认定函四类行为，其中行政处罚和行政鉴定包括行政法上的行政认定事项，是一种具体行政行为；而移送函和认定函则是行政执法与刑事司法衔接中的特有文书，属于行政执法机关与司法机关之间的相互协作行为，不对外宣告也不送达行政相对人，因而不符合具体行政行为成

① 参见杨小君著：《我国行政诉讼范围理论研究》，西安交通大学出版社 1998 年版，第 185 ~ 190 页。

立所需的条件[①]，系不可诉行为，其内容中亦含有行政认定事项。总之，在所有行政认定中，有的是具体行政行为，有的是抽象行政行为，有的具有可诉性，有的不具有可诉性。如果说，行政法理论上的行政认定侧重于客观判断、事实判断，这四类行为则偏重于主观判断、价值判断。鉴于行政法理论上的行政认定在司法实践中争议不太，下文将主要围绕这四类行为展开讨论。

行政处罚，是指行政主体对违反行政管理秩序尚未触犯刑法而又依法应当受到处罚的行政相对人所给予的一种法律制裁。在作出行政处罚前，行政主体需对行政相对人违反行政规范的行为予以确认，因而可以被认为包含违法事实认定和行政违法性认定的特殊行政认定行为。例如，从2001年至2011年，证监会对违反证券法律法规的行为作出了446个行政处罚决定，[②] 每个行政处罚中都载有行为人的违法事实内容。

行政鉴定分两种情形，一种是指在行政诉讼中，行政执法机关或行政执法机关委托的鉴定组织对行政程序中的专门性问题进行检验、鉴别和评定的活动；另一种是指在刑事诉讼中，司法机关委托有资质、符合法律规定的行政执法机关就侦查中的专业性问题作出的技术性鉴定，在刑事诉讼中可以作为鉴定结论使用。中共中央办公厅、国务院办公厅《关于行政执法与刑事司法衔接工作的意见》(中办发〔2011〕8号）规定，“公安机关立案后依法提请行政执法机关作出检验、鉴定、认定等协助的，行政执法机关应当予以协助”，指的就是后一种情况。

移送函，是指行政执法机关在行政执法中发现，案件已涉嫌犯罪但未作出行政处罚，直接移送公安机关或者人民检察院立案侦查

① 行政法理论认为，具体行政行为成立的条件有三：一是主体资格适格；二是意思表示明确；三是送达行政相对人。——笔者注

② 参见中国证券监督管理委员会网站，http://www.csrc.gov.cn/pub/newsite/，2012年1月14日访问。

而出具的函件，其中涵盖了行政执法机关对案件事实的认定和行为具有行政违法性的认定。目前证监会对于涉嫌证券犯罪的案件，通常通过移送函的形式移送公安部立案侦查，移送函相当于下文所称《涉嫌犯罪案件移送书》。

认定函，是指公安机关依照职权发现犯罪线索，立案侦查获得刑事证据后，要求行政执法机关就涉案行为是否具有行政违法性或者认定专业性问题而出具的公文文书。前者如公安机关立案侦查操纵证券市场案，提供案件事实和证据，要求证监会对涉案行为违反证券法有关禁止性规定出具认定意见；后者如公安机关在立案侦查内幕交易案中，要求证监会对涉案人员是否内幕信息知情人或者相关信息是否系内幕信息出具意见①。

上述四类行为表现各异，但都涉及案件事实和行政违法性问题，有的甚至涉及行政责任问题，且发生在行政执法和刑事司法衔接过程中，可以统称为刑事认定中的行政认定。刑事认定，是指司法机关依据刑法规范，对行为是否符合犯罪构成要件所作的判断和确认。

本书所称行政认定，是指行政执法机关依法对行政相对方的法律地位、法律关系和法律事实等进行甄别，给予确定、认可、证明或应司法机关要求对行政相对方的行政违法性和专门性问题进行确认的行政行为。

二、行政认定出现在刑事认定中的历史回顾

近年来，随着公安机关办理经济犯罪案件的增多，行政认定逐步进入刑事诉讼领域。据了解，最早出现这种现象的是在偷税犯罪案件中，税务机关出具的行政处罚决定书或者偷税数额和偷税比例的行政认定意见是偷税犯罪案件进入刑事诉讼的必要条件，但这种

---

① 例如，证监会为广发证券董正青等人内幕交易案出具的《关于董德伟等人涉嫌经济犯罪案件有关问题的认定函》（证监函〔2008〕111 号）。

做法仅是一种“司法惯例”，而没有法律依据。国务院于1998年7月13日发布的《非法金融机构和非法金融业务活动取缔办法》（国务院令　第247号）被认为是我国最早规定行政执法机关①为刑事案件出具行政认定的法律文件，该办法第9条规定：“对非法金融机构、非法吸收公众存款或者变相吸收公众存款以及非法集资，中国人民银行一经发现，应当立即调查、核实；经初步认定后，应当及时提请公安机关依法立案侦查。”成为司法机关在办理非法吸收公众存款和非法集资等犯罪案件中要求中国人民银行出具行政认定意见的重要法律依据②。此后，各地公安机关凡遇办理此类案件就提请中国人民银行以及2003年新成立的中国银监会出具行政认定意见，如果未能取得这纸行政认定，案件将面临检察院不捕、不诉，法院不审的风险。为此，行政主管部门曾一度人满为患。2007年国务院批复银监会《关于同意建立处置非法集资部际联席会议制度的批复》（国函〔2007〕4号），同意由银监会牵头，会同国家发改委、公安部、监察部等17个部委组成部际联席会议，对非法集资案件性质的行政认定分成三个层次掌握：（1）事实清楚、证据确凿、政策界限清晰的，授权省级人民政府组织当地银监、公安及行业主管或监管等部门进行认定；（2）跨区域的重大案件，在事实清楚、证据确凿的前提下，因法律界限不清楚的，由省级人民政府提出初步意见报部际联席会议组织认定；（3）公安机关立案侦查，事实清楚、证据确凿的可直接进入刑事诉讼。这种做法分流了案件，在一定程度上缓解了银监会的工作压力。尽管这种非法集资犯罪案件的行政认定权可以下放到省级政府，在特殊情

---

① 文中所称行政执法机关，是指依照法律、法规或者规章的规定，对破坏社会主义市场经济秩序、妨害社会管理秩序以及其他违法行为具有行政处罚权的行政机关，以及法律、法规授权的具有管理公共事务职能、在法定授权范围内实施行政处罚的组织，不包括公安机关、监察机关。——笔者注

② 2003年，认定非法吸收公众存款和非法集资的职能因中国人民银行机构改革，被中国银监会所承继。

况下没有行政认定也可进入刑事诉讼，但司法实践往往仍然要求这纸行政认定。

同时，在办理证券犯罪、侵犯知识产权犯罪、涉税犯罪以及非法经营犯罪等其他经济犯罪领域相继发现检察机关要求公安机关取得行政执法机关的行政认定后方才启动下一个刑事诉讼程序，于是公安机关在启动侦查程序获取相关证据的同时，不得不为行政认定四处奔波。但有的行政执法机关认为出具行政认定有法律风险，[①]怠于出具或者出具了保留性的意见，致使一些案件无法进入下一个刑事诉讼环节。[②] 在此情况下，寻找相关法律依据是最重要的。2001年7月9日，国务院发布了《行政执法机关移送涉嫌犯罪案件的规定》（国务院令　第310号）；同年12月，最高人民检察院制订了《人民检察院办理行政执法机关移送涉嫌犯罪案件的规定》；2004年3月，最高人民检察院、全国整顿和规范市场经济秩序领导小组办公室（以下简称“全国整规办”）和公安部联合发布了《关于加强行政执法机关与公安机关、人民检察院工作联系的意见》（高检会〔2004〕1号）；2006年1月，最高人民检察院、全国整规办、公安部和监察部下发了《关于在行政执法中及时移送涉嫌犯罪案件的意见》（高检会〔2006〕2号）等文件，其中均提到行政执法机关在查办案件中，对符合刑事追诉标准、涉嫌犯罪的案件，应制作《涉嫌犯罪案件移送书》，附同涉嫌犯罪案件调查

① 主要是对这种行政认定是否系具体行政行为，是否具有可诉性没有把握。——笔者注

② 例如，某市公安局受理甲公司涉嫌非法经营犯罪一案，侦查后认为该公司采取非法传销的手段，涉嫌非法经营罪，并对相关负责人采取刑事拘留措施。在提请检察机关批捕时，检察机关要求公安机关必须获得工商行政机关认定该行为系非法传销的行政认定，方可考虑批捕。然而，工商行政机关出具了一份不确定构成非法传销的认定意见。对此，公安机关不得不对已经采取刑事拘留的犯罪嫌疑人变更强制措施。该案后经被害人上访，公安机关与检察机关充分沟通，勉强同意在工商行政机关出具不确定性的行政认定的情况下，根据公安机关获取的证据，对犯罪嫌疑人作出批捕的决定，然而此时犯罪嫌疑人均已逃跑。

报告、涉案物品清单、检验报告或者鉴定结果以及其他涉嫌犯罪的材料，移送公安机关或者检察机关立案侦查，暗含了行政执法机关的先行行政认定权。而2006年3月证监会和公安部会签的《关于在打击证券期货违法犯罪案件中加强执法协作的通知》（证监发〔2006〕17号），2008年1月，证监会会同最高人民法院、最高人民检察院、公安部联合发出的《关于整治非法证券活动有关问题的通知》（证监发〔2008〕1号），2011年2月，中共中央办公厅、国务院办公厅下发的《关于加强行政执法和刑事司法衔接工作的意见》（中办发〔2011〕8号），2011年4月，最高人民法院、最高人民检察院、公安部、证监会的《关于办理证券期货违法犯罪案件工作若干问题的意见》（证监发〔2011〕30号）等规范性文件，则明确提出公安机关可以就立案后涉及问题提请行政执法机关检验、鉴定及认定，行政执法机关在移送涉嫌犯罪案件中应当出具相关行政认定。相关部委和地方政府则结合国务院《行政执法机关移送涉嫌犯罪案件的规定》等文件纷纷出台适合管辖领域和地区所需的规定、通知等文件，其中也提到行政执法机关出具行政认定事宜。例如，2008年9月，国土资源部、最高人民检察院、公安部联合发文《关于国土资源行政主管部门移送涉嫌国土资源犯罪案件的若干意见》，规定国土资源行政主管部门在向公安机关移送涉嫌国土资源犯罪案件时，应出具矿产资源破坏价值和耕地资源破坏程度的鉴定结论。2011年12月，中国人民银行、公安部、工商总局、银监会、证监会下发《关于加强黄金交易所或从事黄金交易平台管理的通知》（银发〔2011〕301号），要求移送公安机关依法查处的涉嫌非法经营黄金案件，由人民银行系统出具相关行政认定意见。2004年8月，上海市整顿和规范市场经济秩序领导小组会同市监察局、市工商局、市质量技术监督局、市食品药品监督管理局、市公安局、市检察院等14家单位，制定了《关于建立行政执法与刑事司法相衔接工作机制的办法》，其中也有类似要求。

要求在刑事诉讼中出具行政执法机关的行政认定书似乎已成司法惯例，但司法机关对此并非没有不同声音。最高人民法院明确表示了自己的态度：一是行政认定并非刑事认定的前置程序；二是司法机关仍应根据刑法规范定罪量刑；三是审判机关可以对行政认定进行审查。最高人民法院于2011年8月下发的《关于非法集资刑事案件性质认定问题的通知》（法〔2011〕262号）规定："……一、行政部门对于非法集资的性质认定，不是非法集资案件进入刑事程序的必经程序。行政部门未对非法集资作出性质认定的，不影响非法集资刑事案件的审判。二、人民法院应当依照刑法和《最高人民法院关于审理非法集资刑事案件具体应用法律若干问题的解释》等有关规定认定案件事实的性质，并认定相关行为是否构成犯罪。三、对于案情复杂、性质认定疑难的案件，人民法院可以在有关部门关于是否符合行业技术标准的行政认定意见的基础上，根据案件事实和法律规定作出性质认定……"遗憾的是，此规定仅限于非法集资犯罪案件。

在司法实践中，对于办理证券犯罪案件是否需要行政执法机关的行政认定，又有不同主张。肯定者认为，证券犯罪是一种既违反证券法，又违反刑法的行政犯罪，按照行政犯罪有关"前提法定性，刑事法定量"的说法，其前提为证券行政法律法规，证券行政责任为前提责任，认定犯罪需要以行政违法认定为前提，否则除却行政违法的认定，刑事违法"皮之不存，毛将焉附"?[①] 否定者反称，证券犯罪是一种行政犯罪，但无须以证券监管部门的行政处罚为前提，只要行为人的行为符合犯罪的构成要件，就应当追究其刑事责任。[②] 言下之意，证券监督管理部门的行政认定不能充当刑事追诉的必备条件，公安机关也可根据实际情况不经证券监督管理

① 参见刘宇宙：《遏制证券犯罪路径探寻》，载《兰州学刊》2009年第3期。

② 参见汪保康、邱庆峰：《试论我国遏制证券犯罪的司法介入》，载《南京政治学院学报》2010年第3期。

部门行政稽查直接开展刑事侦查。折中者则提出，在办理证券犯罪案件中是否需要作出违法行为行政认定的问题应具体问题具体分析，不可搞一刀切。如果相关法律法规明确规定且争议不大的事项，无须作出行政认定，可由司法机关直接根据法律法规作出认定；如果相关法律法规没有明确规定或属于专业性较强的事宜，那么一般需要作出行政认定，并以此作为认定犯罪的重要依据。①

在此，笔者暂不对上述观点展开评述。毫无疑问，刑事诉讼中出现行政执法机关的行政认定已是司法实践的通常做法。这种将行政认定作为刑事认定前置程序的做法无异于把司法机关的刑事认定权异化为行政执法机关的行政认定权，无意中使司法权受到了行政权的干涉和侵入，国家权力分配和制约机制受到了损害，更为甚者，成为少数受利益驱动的行政执法机关及其执法人员“以罚代刑”的借口，危害不可谓不严重。行政认定的实质是什么，出现在刑事认定中的原因何在，具体发挥什么作用，难道司法机关按照犯罪的构成要件认定犯罪还需另行考虑行政执法机关的行政认定吗？下文将逐一分析。

三、行政认定出现在刑事认定中的原因

既然行政认定出现在刑事认定中是不争的事实，甚至成为刑事认定的前置程序，其原因何在？笔者认为，可以从立法层面、执法层面和监督层面进行分析。

（一）证券刑法规范依附性的特点决定了行政认定先行于刑事认定

如前所述，证券犯罪是违反证券法律法规，严重破坏证券市场秩序的行为。首先，它违反证券法律法规，是一种证券违法行为，具有行政违法性。其次，其社会危害性即危害证券市场秩序的

① 参见侯亚辉、李莹：《新型证券、期货犯罪若干问题》，载《国家检察官学院学报》2010年第2期。

“量”超过了国家行政手段调控的范围，即在行政违法性的基础上需要动用刑罚手段，具备刑事违法性。我国自1997年全面修订刑法以来，刑法采取“大一统”加“依附型”的立法模式，行政犯的大部分基本罪状和法定刑规定在刑法中，在相关行政法规中不设独立的罪名和法定刑，只在行政罚则中对刑事责任做宣告式的表述，即“构成犯罪的，依照有关法律规定追究刑事责任”。① 与其他行政犯一样，证券犯罪的构成要件不完全由刑法本身所规定，需要证券法律法规填充，这也是由证券刑法的补充性所决定的。有学者甚至提出“行政刑法规范都是空白刑法规范”。② 这种犯罪成立对行政规范的依附性被我国台湾地区学者称为刑法的行政从属性或行政法对刑法的规范效应。③ 同时，行政犯被认为服从国家行政目的而制定的犯罪，本身不具备反社会性。“刑事犯、自然犯并不等待构成要件的设定，其行为本身是反社会的，这就是其构成要件的内容。与此相对应的法定犯、行政犯行为本身不具备反社会性，但其构成要件的内容为国家行政或政策目的出发制定的法律所不允许。”④

空白刑法规范被认为能较好地保持刑法的前瞻性、相对稳定性和严密刑事法网，具有包容性和开放性特征，同时又不违反罪刑法定原则⑤而在1997年刑法中大量存在。其表现形式有二：一种是完全空白刑法规范，是指刑法分则条文对具体的犯罪构成客观要件本身未作任何表述，而仅指出援引的法律、法规或制度。例如，

---

① 参见张绍谦：《试论行政犯中行政法规与刑事法规的关系——从著作权犯罪的“复制发行”说起》，载《政治与法律》2011年第8期。

② 张明楷著：《刑法的基础观念》，中国检察出版社1995年版，第321页。

③ 许宗力：《行政法对民、刑法的规范效应》，载中国大学生在线，http://www.univs.cn/newweb/univs/znufe/law/2004-10-15/327530。

④ ［日］木村龟二著：《新刑法读本》，法文社1959年全订新版，第215页；转引自金泽刚、黄明儒：《日本有关行政犯性质的学说及其评析》，载《政治与法律》2004年第6期。

⑤ 当然也有学者认为空白刑法规范违反罪刑法定原则，会带来扩罪的可能性。

《刑法》第185条第4款规定的违法运用资金罪："……证券投资基金管理公司，违反国家规定运用资金的，对其直接负责的主管人员和其他直接责任人员，依照前款的规定处罚。"其中的"国家规定"是指刑法第96条所指示的法律规范，对应的是《证券投资基金法》第58条、第59条、第90条。另一种是不完全空白刑法规范，是指刑法分则条文对具体的犯罪构成客观要件作出类型化表述，但仍需参照其他有关法律法规才能予以确定。例如，《刑法》第225条规定的非法经营罪，"违反国家规定，有下列非法经营行为之一，扰乱市场秩序，情节严重的……（三）未经国家有关主管部门批准非法经营证券、期货、保险业务的……"对应的证券规范有《证券法》第197条、第231条。根据我国刑法规定，证券犯罪除空白刑法规范外，还有完全刑法规范，如《刑法》第182条规定的操纵证券、期货市场罪，"有下列情形之一，操纵证券、期货市场，情节严重的，处五年以下有期徒刑或者拘役，并处或者单处罚金……"对应的是《证券法》第77条、第203条和第231条及《期货交易管理条例》第43条、第74条和第83条，其行为方式完全照搬《证券法》第77条和《期货交易管理条例》第74条。由此可见，认定证券犯罪的依据不仅限于刑法条文的规定，有关具体形态必须依附于有关证券规范，从我国刑法具体规定来看，"行政刑法规范都是空白刑法规范"的说法对于1979年刑法规定而言可能是正确的，相对于现行刑法就未必妥当了。

审视我国证券刑事立法，既有完全刑法规范，又有完全空白刑法规范，还有不完全空白刑法规范。对于完全空白刑法规范和不完全刑法规范而言，补充证券规范才能成为完整意义上的犯罪构成要件，自不待言，结果却在刑事立法上为证券规范的介入打开了大门。因为这些证券规范同时又是证券监督管理部门行政执法的依据，司法机关和证券监督管理部门在解释和认定某个行为是否构成证券犯罪往往有种先入为主的做法，即先看此行为是否违反证券规范，然后才进行刑事判断。对于完全刑法规范而言，既然刑法已作完整规定，为何还要证券监督管理部门来认定呢？笔者认为，这是由行政犯用语的同一性、刑法违法性判断的依附性以及证券犯罪的专业性特点所决定的。其一，我国刑事立法对犯罪概念采用“定性+定量”的立法模式，只有严重违反行政法规，社会危害性达到一定严重程度的行为才可能被刑法规定为犯罪，因此行政犯与同类型行政违法行为的区别，主要表现在行为社会危害性的“量”上区别，是社会危害性的“量变”导致了“质变”，致使同一违法行为由行政领域进入刑事领域，所谓“出行入刑”，但两者在违反行政规范的“质”上是一致的。因此，刑法在规定行政犯构成要件时，对同一种事实采用和行政规范相同的用语，以保持行政违法行为与同类型刑事犯罪之间质的一致性。

其二，行政犯均由行政违法转化而来，其刑事违法性的基础是行政违法性。如果一个行为在行政法领域被认为合法，即使能够被具体的刑法条文的解释所包含，至多被认为有形式违法性，但由于缺乏实质社会危害性而不被认为是犯罪，因此行政犯中对刑事违法性的判断在一定程度上依附于行政法规。[①] 例如，许多国家都设有平准基金。这种基金通常是指政府通过特定的机构以法定的方式建立的基金，通过对某个具体市场的逆向操作，降低非理性的市场剧烈波动，以达到稳定该市场的目的，包括外汇平准基金、国债平准基金、粮食平准基本、股市平准基金等。这种基金通过对证券市场的逆向操作，在股市非理性暴跌、股票投资价值凸显时买进；在股市泡沫泛滥、市场投机气氛狂热时卖出的方式，熨平股市非理性波动，达到稳定证券市场的目的。典型的例子是1998年我国香港特区政府对国际金融炒家的一场成功阻击战。1998年8月，索罗斯等一批国际炒家发动冲击香港联系汇率和香港股市的“立体式”袭击。一方面索罗斯联合其他财力雄厚的“大鳄”指挥旗下基金

① 参见张绍谦：《试论行政犯中行政法规与刑事法规的关系——从著作权犯罪的“复制发行”说起》，载《政治与法律》2011年第8期。

大手沽售港元，三度冲击在港奉行多年的联系汇率，港元兑美元汇率从高位迅速下降。同时，至1998年8月14日，恒生指数已下挫至近6500点，是当时近5年的新低，港府决定干预股市及期指市场，动用了1180亿港元的外汇基金购买香港股票，炒家不断抛空股票，港府则力接沽盘。经过14日的“火拼”，港府终成功击退炒家：8月28日恒指以7829点收市，成交额达790亿港元，创出单日成交纪录的历史性新高。随后，香港财政司立即注册成立了外汇基金投资有限公司，负责管理“入市”行动中购买的股票。到2001年为止的32个月中，香港政府当时动用的外汇基金已经尽数回笼，同时还赚回1100多亿港元。2002年，外汇基金通过盈富基金，将手中的港股平稳地转入香港市民手中，顺利完成了“救市”的历史使命。我国至今并未设立股市平准基金，但在数次股市低迷时由社保基金、保险资金等俗称“国家队”的大额资金入市“托市”。这些资金在某种程度上起到了平准基金稳定证券市场的作用。这些资金之所以“托市”成功，主要依靠影响证券交易价格，吸引人气，使股市朝着政府监管层所意愿的方向发展。这种人为影响证券交易价格的行为，在一般情况下是不允许的，但在股市非理性波动中起到了稳定市场作用，这在行政法领域是允许的。从严格意义上说，这种资金进场后，根据自己对行情的判断，连续买卖某只甚至某几只股票，势必使股价不能真实反映市场供求关系，因而在形式上符合操纵证券市场罪的构成要件。但是，由于这种行为非但没有破坏证券市场的管理秩序，反而给证券市场秩序带来益处，因而实质上是有益的行为，当然不能认为是犯罪。

其三，行政犯用语的同一性，行政管理的专业性特征决定了行政执法机关及其工作人员是这方面的专家，一般认为他们作出的解释比较符合法律规定原意。例如，操纵证券市场罪所列举的三种情形，都非常专业，通常要借助一定的市场分析和数据统计才能得出正确结论，这无疑需要先行行政认定。

（二）证券行政执法与刑事司法现状决定了行政认定出现在刑事认定中

一方面，行政执法具有主动性，其发动行政程序一般早于刑事程序，使得一些涉嫌犯罪的案件首先进入行政执法视线。同时，行政执法多为部门执法，常常涉及部门利益，一些涉嫌犯罪的案件就在行政执法环节中被消化了，“以罚代刑”的现象难免屡禁不止。证券监督管理部门处于证券市场监管的第一线，通过其自身监管工作和接受群众举报，证券违法犯罪线索自然而然在第一时间获得。获取线索之后，他们就根据证券规范进行调查、定性、处罚，只将部分涉嫌犯罪的案件移送公安机关立案侦查，对许多已构成犯罪的案件直接以行政处罚了事。2005 年，北京大学白建军教授带领他的学术团队完成上海证券交易所题为《证券违法违规惩戒实效及制度成本研究》的课题，收集了证监会所做出的全部“行政处罚决定”、“通报批评”、“整改通知书”以及沪深交易所作出的全部“公开谴责”等文件，并对所涉及主体进行统计，得到 600 多个案例样本。经过研究分析，竟然得出一半以上行政案件已达到刑事犯罪，却没有证据显示这些案件中的大部分被送上法庭的结论。① 无独有偶，2005 年 9 月 7 日，《上海证券报》一篇题为《证监会行政执法工作成绩显著》的报道，称证监会自成立以来 13 年间共公布了 438 个行政处罚决定，移送司法机关立案查处的仅 86 件，直接印证了白教授的说法。行政执法程序早于刑事司法程序启动的客观现状以及行政执法的靠前性和广泛性，直接导致行政认定早于刑事认定，客观上对刑事认定造成很大影响，对司法机关的潜移默化作用也就在所难免。

另一方面，司法机关工作人员知识储备不足造成刑事办案过分

---

① 参见吴小亮：《证券犯罪惩戒研究：暗数是被发现案件的 1 至 4 倍》，载《财经》杂志 2005 年 6 月 30 日，http://finance. sina. com. cn/stock/stocktalk/20050630/14271744985. shtml，2012 年 1 月 15 日访问。

依赖行政执法机关的行政认定。一些刑事司法人员对刑事法律烂熟于心，对证券法律法规却处于一知半解甚至不理解状态，对行政犯的行政违法和社会危害性认识不清，底气不足。面对专业性很强的证券犯罪一筹莫展，担心按照自由心证认定的事实和证据出错，忧虑仅按照犯罪四个构成要件而不考虑行政违法方面进行定性发生差错受到追究，于是不管刑法怎么规定，不管事实和证据怎么充分，只要遇到此类案件，一律要求证券监督管理部门出具行政认定，或者过分相信行政处罚中认定的事实和引用的法律规范，将刑事司法判断权自动让位于行政管理权。“在当前的证券犯罪案件司法实践中，司法机关自主性地对内幕交易罪刑事违法性问题进行论证与分析的能动性作用受到了明显的限制。并且，该种限制并非源于外部性力量的压制，而是司法机关面对证券专业性问题主动采取‘司法克制’的态度，转而依托专业性行政部门的力量判断内幕交易罪的刑事违法性。”①

（三）证券行政执法监督力度不足造成行政权过于膨胀

尽管《行政处罚法》第 7 条第 2 款规定：“违法行为构成犯罪，应当依法追究刑事责任，不得以行政处罚代替刑事处罚。”国务院颁布的《行政执法机关移送涉嫌犯罪案件的规定》第 11 条第 1 款规定：“行政执法机关对应当向公安机关移送的涉嫌犯罪案件，不得以行政处罚代替移送。”第 14 条规定：“行政执法机关移送涉嫌犯罪案件，应当接受人民检察院和监察机关依法实施的监督。”主动要求接受人民检察院监督，其他涉及行政执法与刑事司法衔接的法律文件中均有类似表述。刑法也规定了徇私舞弊不移交刑事案件罪等防止行政执法机关产生渎职行为，似乎行政执法已受到法律的全程监督。但由于上述国务院和有关部委的规范性文件位阶不高，法律监督可操作性不强，检察机关对行政执法机关的执法信息

① 谢杰：《内幕交易罪若干疑难问题的实践认定》，载《吉林公安高等专科学校学报》2011 年第 5 期。

并不掌握，监督手段有限，监督措施无法落实以及行政执法机关接受监督意识不强等，致使行政执法机关的执法行为处于法律监督缺位，不断出于部门利益或者个人利益，将一些明显涉嫌犯罪的案件作行政处罚，客观上造成行政权不断膨胀。正如有学者一针见血所指出的："行政机关在依法移送涉罪案件上的恣意与检察机关法律监督权的缺位，是衔接机制关键问题的一体两面。"[①]

四、行政认定在刑事认定中的作用

在司法实践中，公安机关、检察机关、法院对于刑事诉讼中是否需要行政认定以及行政认定所起的作用，看法并不一致。公安机关认为，根据我国刑事诉讼法规定，查清犯罪事实，全面收集犯罪证据，确保犯罪嫌疑人到案是其法定职责，检察机关、法院要求其在刑事侦查中提请行政执法机关出具行政认定于法无据。但是，公安机关对一些明显涉嫌犯罪的案件如非法占用农用地案件，坚持由国家土地主管部门向其移送方才办理，即行政执法机关要有明确行政认定意见，侦查程序才会启动。[②] 检察机关对于行政执法机关的行政认定，也形成了三种观点：（1）认为不需要行政认定，应由司法机关根据案件的事实和证据作出判断；（2）认为需要行政认定，并且是认定证券犯罪的重要证据；（3）认为需要行政认定，但是仅将行政认定作为刑事认定参考。[③] 因此，大多数检察机关极力主张不能缺少行政执法机关的行政认定，否则不予批捕、起诉；少数则持保留态度，即使公安机关提供了行政执法机关的行政认定，仍然按照自己所认定的事实和证据进行刑事诉讼。人民法院对于证监会出具的行政认定，又有三种不同做法：第一种，将证监会

---

① 刘远：《行政执法与刑事司法衔接机制研究》，载《法学论坛》2009 年第 1 期。

② 参见王崇青：《行政认定不应成为行政犯认定的前置程序》，载《中国刑事法杂志》2011 年第 6 期。

③ 参见侯亚辉、李莹：《新型证券、期货犯罪若干问题》，载《国家检察官学院学报》2010 年第 2 期。

的行政认定函和移送函作为书证对待，承认其证据效力。例如，天山纺织内幕交易案，直接认可证监会认定的凯迪投资公司重组天山纺织的内幕信息价格敏感期及相关内幕信息知情人。[①] 第二种，将行政认定作为有证据能力的证据纳入调查、质证、认证的庭审过程。例如，广发证券内幕交易案，人民法院通过庭审，采信了证监会认定的内幕信息形成时间和交易数额，而不采信检察机关认定的内幕信息时间和交易数额。[②] 这个判例同时印证了检察机关对证监会的行政认定确有持不同意见的情形。第三种，将行政认定定位为公文书证。例如，中国第一起法人内幕交易犯罪案——上海祖龙内幕交易案，法院认为“证监会出具的《认定函》从形式上看属于公文书证，具备证据能力，依法可以采信作为定案的依据”，但对内幕信息、价格敏感期作了独立解释，认为证监会对内幕信息的认定“具有事实和法律依据”，对价格敏感期的认定“具有事实依据”。[③]

由此可见，行政认定在刑事诉讼的侦查、起诉、审判三个阶段都有涉及，认为需要的占大多数，公安机关、检察机关、法院均认为行政认定在刑事诉讼中是必要的，且发挥了一定作用，但各家对行政认定的角色定位认识不一。公安机关把行政认定当成能否进入下一刑事诉讼环节的重要砝码，想方设法取得它；检察机关把它作为案件定性或刑事认定的前提；人民法院则将其作为一种（公文）书证，列入庭审质证，作为定案依据。三家似乎均认为行政认定在辅助认定犯罪事实、确定行政违法性中发挥了积极作用。

有学者从刑事诉讼法角度，将行政认定在刑事认定中所发挥的作用分成三种情形：第一类是将行政认定作为犯罪的构成要素。有

---

① 参见新疆乌鲁木齐市中级人民法院（2011）乌中刑二庭初第2号刑事判决书。

② 参见广东广州市天河区人民法院（2008）天法刑初字第689号刑事判决书。

③ 参见福建省厦门市中级人民法院（2009）厦刑初字第109号刑事判决书。当然，辩护人经常抛出的一种可能辩护理由是，证监会出具的认定函不属于我国刑事诉讼法规定的8种证据之一，证据形式不合法，不能作为定案依据。

的直接规定于刑法中，如《刑法》第201条第4款规定的“有第一款行为，经税务机关依法下达追缴通知后，补缴应纳税款，缴纳滞纳金，已受行政处罚的，不予追究刑事责任；但是，五年内因逃避缴纳税款受过刑事处罚或者被税务机关给予二次以上行政处罚的除外。”[①] 此处的“行政处罚”便是适例；有的间接反映在司法解释中，如根据最高人民法院2000年11月《关于审理交通肇事刑事案件具体应用法律若干问题的解释》规定，肇事者对交通事故负主要责任或全部责任成为交通肇事罪的前提，表明交通事故责任认定是确定交通肇事罪构成的基本条件。第二类是将行政认定作为量刑情节。例如，最高人民法院《关于审理扰乱电信市场管理秩序案件具体应用法律若干问题的解释》第3条规定，经营数额或者造成电信资费损失数额接近非法经营行为“情节特别严重”的数额起点，并且“两年内因非法经营国际电信业务或者涉及中国港澳台电信业务行为受过行政处罚两次以上的”，可以认定为“情节特别严重”，此处的“行政处罚”就指这种情况。第三类是行政认定对定罪量刑不起决定作用，但对案件具体事实、情节和数额认定起辅助作用，如法人的注册登记、税收核定登记等。[②]

笔者认为，其一，上述从刑事诉讼角度的分类很有新意，值得肯定。但该学者将论述中的行政认定定位为行政主体在职权范围内依法对行政客体做出的认定，体现为行政处罚、责任认定等行政文书，称行政认定本质上属于具体行政行为，[③] 显然只在行政法领域讨论行政认定问题，而未包括如前所述的行政移送函和认定函，外

① 原文为“……因偷税被税务机关给予二次行政处罚又偷税的，处三年以下有期徒刑或者拘役……”因《刑法修正案（七）》对此条文已作大面积修改，在不影响论者原意的情况下，特以修正后的刑法条文展开讨论。

② 参见帅海祥、王朋：《刑事诉讼中正确对待行政认定事实》，载周骏如主编：《检察实践与理论》，学林出版社2008年版，第460~461页。

③ 参见帅海祥、王朋：《刑事诉讼中正确对待行政认定事实》，载周骏如主编：《检察实践与理论》，学林出版社2008年版，第460页。

延不周全，这种分类是有缺陷的。其二，将“行政处罚”和“交通事故责任”作为犯罪的构成要素的做法有误。一是“犯罪的构成要素”提法不妥。我国刑法理论认为，犯罪构成是决定某一行为成立犯罪所必需的一切客观要件和主观要件的有机统一的整体，[1] 客观要件和主观要件分别由许多单个构成要件组成。该学者所指“犯罪的构成要素”大概就是这些单个构成要件。单个构成要件在我国刑法中应称为“犯罪的构成要件内容”，在大陆法系国家称为“构成要件要素”，而没有介于中间的“犯罪的构成要素”之说。二是“行政处罚”实际为“处罚阻却事由”。对于原名“偷税罪”现名“逃税罪”的《刑法》第201条来说，逃税罪的犯罪构成已由该条第1款作出规定，该条第4款从我国刑法理论上说，系犯罪后的一种补救行为，对犯罪成立与否不产生影响。按照参与修订刑法的学者说法，对偷税罪的大面积修改主要基于“打击逃税犯罪，维护税收征管秩序，保证国家税收收入，促使纳税义务人依法积极履行纳税义务”[2] 需要，由此可以推断第4款应是出于刑事政策考虑，是对够罪而不处罚的特殊规定，以确保国家税收收入，“第4款规定的只是处罚阻却事由，而不是构成要件的内容”[3]。该学者又举例将“交通事故责任”作为交通肇事罪的构成要件内容同样不妥。犯罪构成内容一般由刑法及其所指引的行政规范规定，而司法解释是为了限制处罚范围所附加的定罪条件，不能充当行政犯的构成要件要素[4]。前述司法解释有越权之嫌，在学术界已经饱受“实际上修改了交通肇事罪的成立条件，将交通肇事罪的客观方面作了修正”的非议[5]。因此，将行政认定作为“犯罪

---

① 参见马克昌主编:《犯罪通论》，武汉大学出版社2003年版，第69页。

② 黄太云:《偷税罪重大修改的背景及解雇》，载《中国税务》2009年第4期。

③ 张明楷:《逃税罪的处罚阻却事由》，载《法学论坛》2011年第8期。

④ 参见张明楷:《行政违反加重犯初探》，载《中国法学》2007年第6期。

⑤ 参见王良顺:《交通事故责任和交通肇事罪的认定》，载《甘肃政法学院学报》2009年第11期。

的构成要素”不妥。其三，将行政认定作为量刑情节及对案件事实认定起辅助作用的提法基本能维持。司法解释不能超出刑法条文来阐释犯罪构成，但它可以根据社会和经济发展实际规定适应量刑需要的情节标准。“一个法官绝不可以改变法律织物的编织材料，但是他可以，也应该把皱折熨平。”① 量刑情节大概就属于“法律织物的皱折”，因而可以由司法解释作出规定。司法解释对非法经营电信业务数额或者造成损失数非常接近“情节特别严重”的数额起点，以“两年内因非法经营国际电信业务或者涉及中国港澳台电信业务行为受过行政处罚两次以上的”作为补充量刑，表明这类行为的社会危害程度，其实质是对这类行为的行政违法性和刑事违法性程度的确认。此外，行政认定对案件具体事实起辅助认定作用，已被司法实践所证明。

综合上述实务部门和学术界的观点，行政认定在刑事诉讼中起到了行政违法性认定和辅助认定犯罪事实作用。但笔者认为，对于行政认定在刑事认定中到底起何作用，应先从司法实践中各类行政认定所实际包含的内容入手剖析，进而探究所起的作用为妥。行政处罚，是在认定违法事实的基础上，进一步认定违法行为所违反的法律规范即行政违法性，最后确认行为人应当承担的行政责任，既有事实判断，又有价值判断，认定的是“违法事实 + 行政违法性 + 行政责任”；行政鉴定，主要是对刑事侦查中的专门性问题进行的技术性鉴定，是在事实判断基础上作出的价值判断，大体证明违法事实的某一方面，也可以算是认定“违法犯罪事实”；移送函，既载有违法犯罪事实，又指明所触犯的刑事法律和行政法律法规，兼具行政违法性和刑事违法性判断，因此认定的是“违法犯罪事实 + 行政违法性 + 刑事违法性”；认定函，主要基于司法机关委托的事项出具，既可能就违法犯罪事实的某一方面作出认定，也

① ［英］丹宁勋爵著：《法律的训诫》，龚祥瑞等译，群众出版社 1985 年版，第 10 页。

可能对某一行为违反行政法规或违反刑事法律作出判断，其认定内容包括“违法犯罪事实 + 行政违法性 + 刑事违法性”；其他行政法上的行政认定，基本上对违法事实的某一部分作出确认，实际认定内容为“违法事实”。据此，可以发现“行政违法性”和“违法事实”是各类行政认定的主要事项；“刑事违法性”和“犯罪事实”认定只在移送函和认定函中有所涉及，考虑到行政执法机关非刑事司法主体，其所做的结论至多称作“法律推定”，不具有权威性，因此对此两项不予考虑；“行政责任”也只在行政处罚中提及，不具有普遍意义，何况有的犯罪是在没有行政责任的前提下便直接追究刑事责任的，也即有的行政犯不以行政法中规定要追究刑事责任为前提，如背信损害上市公司利益罪，在《证券法》和《公司法》等证券法律法规中均无相应行政罚则规定。

行文至此，大体可以得出这样的结论：行政认定在刑事认定中发挥了认定“行政违法性”和“违法事实”的作用。如果认为“违法事实”的认定是为认定“行政违法性”服务的，那么基本上可以说，行政认定的实质是“行政违法性”认定。因此，从刑法学角度说，行政认定是对行政违法性的认定；从刑事诉讼角度说，行政认定是辅助认定犯罪事实和为法院量刑提供参考。

第二节　行政认定并非刑事认定的前置程序

正如上节所述，行政认定为刑事认定发挥了认定行政违法性和违法事实作用，其实质是行政违法性认定。刑事认定作为司法机关认定行为是否符合犯罪构成要件的司法活动，其前提势必要对犯罪事实进行确认，在此基础上再考察行为的刑事违法性，最后追究行为人的刑事责任，其核心应是刑事违法性认定和刑事责任认定。但由于刑事责任是刑事违法性的必然后果，刑事违法性又是在确认具有犯罪事实基础上作出的，因此，刑事认定的实质是刑事违法性认定，行政认定与刑事认定的关系就演变成行政违法性认定与刑事违法性认定的关系。对于行政犯而言，“行政违法性是第一层次判断，刑事违法性是第二层次判断。第二层次判断依赖于第一层次的判断，但是经过第一层次判断而得出的肯定结论，并不能直接推导出第二层次的结论”①。换言之，行政违法性判断是刑事违法性判断的基础，刑事违法性判断要以行政违法性判断为前提，但不能直接代替后者。通过行政执法机关认定的违法行为不能直接成为司法机关认定刑事犯罪的依据，司法机关有可能认为是犯罪，也有可能不认为是犯罪，表现出司法机关独立的审查权、判断权。

一、行政权与司法权价值取向和运行机理的区别

行政认定的实质是行政违法性认定，其背后是行政权；刑事认定的实质是刑事违法性认定，支撑其运行的是司法权。行政权以管理为本质内容，是管理权；司法权以判断为本质内容，是判断权。② 两者在价值目标、运行方式、性质功能、稳定程度等方面明显不同，因而行政认定与刑事认定是两种完全不同性质的权力运行结果。

（一）行政权与司法权追求的价值目标不同，决定行政认定不能直接作为刑事认定依据

行政权以如何更好地管理社会公共事务为目标，在专门研究行政权如何运作的行政管理学从政治学分离之初，就是将效率作为权力运作的基本准则，③ 它的价值取向是“效率、秩序与公正”，强调在追求效率、秩序的同时，兼顾公正等其他价值目标。由于行政

---

① 时延安：《行政处罚权与刑罚权的纠葛及其厘清》，载《东方法学》2008 年第 4 期。

② 参见孙笑侠：《司法权的本质是判断权——司法权与行政权的十大区别》，载《法学》1998 年第 8 期。

③ 参见［美］伍德罗·威尔逊：《行政学研究》，载《国外政治学》1988 年第 1 期；转引自任翔：《行政权与司法权的关系解读——以司法权介入行政领域的界限为视角》，载《法制与经济》2008 年第 5 期。

主体所管辖的行政事务具有多变性、复杂性、广泛性，涉及经济、文化、教育、科技等社会事务的方方面面，需要行政主体迅速作出处置并立即执行，否则不利于保护社会公共利益和其他公民、法人或者其他组织的合法权益。因此，行政权的效率、秩序是第一位的，但不能据此说公正就不重要或可以不要，而是说在追求效率和秩序的过程中，尽量达到并接近于公正。司法权追求的目标价值是“公正与效率”，主张在追求公正的同时，兼顾效率，公正始终是司法机关第一位的基本价值。它通过个案审理，保护个体的权益以实现社会的公平正义。它的核心价值在于程序的正当性、个人享有的权利和法律的平等保护。因此它非常重视法律上的规范性和逻辑上的严密性，法官始终处于中立地位，以至于程序显得烦琐并且低效，对裁判可能造成的社会效果和由此引发的制度成本无暇顾及，与行政权所倡导的效率价值始终处于一种剑拔弩张的紧张状态。正如有学者所说，“行政权注重权力结果的实质性，但司法权更注重权力过程的形式性”①。

由于行政权的“效率、秩序”价值与司法权的“公正”价值之间的冲突，造成行政执法机关认定行政违法和司法机关认定刑事犯罪的做法截然不同。行政违法的判断，基本上属于客观判断，只要行为人客观上违反了行政法规，就构成行政违法，而不必过问主观上是否有过错，除非法律另有规定的情况。② 但在行政犯罪的判断上，就必须坚持主客观相统一原则，按照犯罪的构成要件逐一判断，行为人违反行政法规的行为部分只能作为客观方面的内容把握。因此，如果简单将行政执法机关的行政认定代替行政犯罪认定，通常会扩大处罚范围，并有行政权干涉司法权之嫌。

行为符合犯罪构成是行为人承担刑事责任的唯一根据。犯罪构

① 孙笑侠：《司法权的本质是判断权——司法权与行政权的十大区别》，载《法学》1998 年第 8 期。

② 参见罗豪才主编：《行政法学》，北京大学出版社 2001 年版，第 219 页。

成是一系列客观要件和主观要件的有机统一的整体，要求司法人员在充分占有客观事实和证据的基础上，充分考量行为人对自己危害社会的行为及其危害结果所持的心理态度即犯罪的主观方面，通常需要结合具体犯罪事实和犯罪人主观方面加以综合评判。认定行政犯罪主观方面是一项比较复杂而细致的工作。如果行为人不知道犯罪构成要件内容论述的概念本身，但知道相关形状、机能、效果和社会危害性时，有可能被认定为故意犯罪；但即使行为人认识到自己行为具有社会危害性，如果合理相信自己的行为并不被行政刑法所禁止时，就有可能不被认为是犯罪。[①] 不考察行为人的主观故意而直接根据客观要件定罪，就会陷入客观归罪的泥潭。行政执法注重行政效率，只要行为客观上违反了行政法规，即推定行为人主观上有过错，主观因素基本不影响其定性，而这种做法在刑法司法领域是严格禁止的。因此，刑事认定直接以行政认定为依据，就会忽视犯罪主观方面判断，进而对刑事违法性的认定造成偏差。例如，单从《刑法》第 180 条规定看，条文没有规定泄露内幕信息罪的主观方面，但从实际造成内幕信息被泄露的结果来看，既有可能基于行为人故意泄露，也有可能基于过失泄露，学术界为此争论不休。根据《刑法》第 15 条第 2 款“过失犯罪，法律有规定的才负刑事责任”的规定，泄露内幕信息罪的主观方面显然是故意，应当将过失泄露内幕信息的行为排除出处罚范围。但是作为证券违法行为来说，就完全不是这么回事，只要行为人客观上有泄露内幕信息行为，不管行为人主观上出于故意还是过失，一律被认为违反证券法有关规定，证监会都要对他进行行政处罚。如果证监会认为这种泄露行为情节比较严重，就有可能作出行政认定以移送函的形式移送公安机关立案侦查，在此情况下，公安机关如果不作实质审查，直接将证监会行政认定作为刑事违法性认定，就有可能将过失泄露内幕信息罪的行为也列为刑事侦查对象，白白浪费了侦查

① 参见张明楷：《行政违反加重犯初探》，载《中国法学》2007 年第 6 期。

资源。

（二）行政权与司法权的运行方式不同，造成行政认定重实际效果而刑事认定重形式规定

行政权涉及社会生活的方方面面，基于及时、高效实施行政管理需要，在各个国家的许多领域都呈扩张趋势，它的运行具有主动性。司法权的运行则是被动的，遵循不告不理原则，“只有在请示它的时候，或用法律的术语说，只有在审理案件的时候，它才采取行动……如果它主动出面以法律的检查者自居，那它就有越权之嫌”，①这是基于司法公正性的最高价值追求和司法中立的需要。司法权的被动性要求法院在当事人未提起诉讼时，不能借口保护当事人的合法权益主动启动诉讼程序。但一旦被启动，在诉讼中则不一定总是消极、被动。

行政权的主动性和扩张性造成有些未被行政法规包含的事项，出于行政管理考虑而纳入行政处罚范畴；而司法权尤其是刑事权，严格遵守罪刑法定原则，讲究谦抑性，对于新出现的具有严重社会危害性的行为，通过刑法解释不能涵盖在刑法用语的“射程”以内，可能侵犯国民预测可能性的，则不能作为犯罪处理。例如，证券市场新出现的操纵市场行为，证监会可能以其内部指引②认定其行政违法性，并给予行政处罚，而司法机关就不能仅凭证监会的行政违法性而认定其涉嫌犯罪，必须按照证券刑法规定出入其罪。

（三）行政权与司法权的性质功能不同，要求行政认定必须接受刑事司法审查

行政权是一种管理权，由行政主体按照既定的行政原则和方式，以自己的单方意志对行政相对人作出行政行为，要求行政行为

---

① ［法］夏尔·阿列克西·德·托克维尔著：《论美国的民主》，董国良译，商务印书馆1997年版，第110～111页。

② 例如，2007年3月27日证监会印发的《证券市场操纵行为认定指引（试行）》、《证券市场内幕交易行为认定指引（试行）》以及2011年4月29日出台的《信息披露违法行为行政责任认定规则》。——笔者注

一经作出，为了行政的权威和效率预设其效力，使之具有相对稳定性，即使有不同意见，任何主体都要首先服从它，非依法不得撤销和变更，即所谓“公定力、确定力和拘束力”。行政主体在作出行政行为时，本身系一方当事人，作出决定时带有明显的主观倾向性；司法权是一种判断权，法官依照预设的法律规则和程序，对双方当事人之间的争议进行审理，作出具有确定力、执行力的裁判，并以权威性、终局性方式解决争议。它要求法官在处理争议时保持中立，超然待物，不偏不倚，居中裁判，以实现公正。行政权的功能在于通过行政管理，促使行政相对人自觉遵守行政法规，维护行政秩序，从而达到保护国家利益和社会公共利益的目的；而司法权的功能在于通过审判，或者确认当事人之间的法律地位、权利义务和法律事实，或者强制违反义务一方承担不利法律后果；同时，它还对行政权实施监督和制约，防止行政主体借口维护国家利益滥用职权侵犯公民个人权利，以平衡个人利益和国家利益之间的冲突，在此意义上说，司法权是一种权力对另一种权力的制约。

证监会作出的行政认定，无论是直接的行政处罚决定，还是间接进入刑事司法程序的移送函或认定函，出发点都是维护证券市场需要，保护包括中小投资者在内的市场参与主体的合法权益，充分体现国家管理证券市场功能。但由于它的高效性和主动性，难免在作出行政认定时偏重考虑国家和社会公共利益，侵犯个体利益。因此，对于行政处罚等具体行政行为，国家赋予司法机关以司法审查权，通过行政诉讼途径予以救济，以有效监督行政权；对于体现行政意志的移送函和行政认定函，如果出现在刑事诉讼中作为刑事证据使用，同样应该按照刑事诉讼证据要求进行审查。换言之，证监会的行政认定虽是司法机关刑事违法性认定的基础，但必须接受刑事司法权的审查。

（四）行政权和司法权的稳定程度不同，要求行政认定依据的行政法规及时作出调整而刑事认定依据的刑法必须坚守稳定

行政权在发展与变化的社会情势中具有应变性，司法权则具有

稳定性。在社会情势发生变迁时，行政主体必须适应变化需要，不断调整行政政策、增减行政机构、任免行政人员以及行政手段，从而增强行政管理实效。而司法权的保持中立性和判断独立性特点，要求司法标准、司法体制、司法态度、司法程序等保持相对稳定，不被经常变更。① 学术界就行政规范发生变更，而相应行政刑法规范并未作出修改时，如何适用行政刑法规范发表不同看法，正好表明行政法规随着行政需要而不断发生变化，刑法则需保持相对稳定性，为了使刑法适应不断变化的行政管理需要，可以通过解释手段予以补充、完善。

证券市场是一个新兴市场，它的生命力在于创新，创新性是证券市场赖以生存和发展的基础。证券法律法规在维护证券市场健康发展中起了很重要作用，必须随着证券创新品种的推出不断作出调整。证券执法体制和机制也应作相应安排。一句话，证券规范可以随时根据证券市场实际修改。而刑法具有稳定性，不能如证券规范那样频繁修改，刑事司法制度也要保持相对稳定。问题在于证券规范作出修改而刑法未作相应修改时，证券刑法规范将作如何解释，是否具有追溯力？这是一个值得研究的问题，应区分证券刑法规范的完全刑法规范、不完全空白规范和完全空白规范三种情况分别论述，限于篇幅不再展开。

二、证券刑法规范的相对独立性和刑事违法性判断的独立性

前文已谈到证券刑法规范具有依附性，依附于相关行政法规，但证券刑法规范还具有独立性的一面。我国学术界对行政刑法的归属有不同认识，有的认为行政刑法属于行政法的范畴，是指国家为维护社会秩序、保证国家行政管理职能的实现而制定的有关行政惩

---

① 参见孙笑侠：《司法权的本质是判断权——司法权与行政权的十大区别》，载《法学》1998 年第 8 期。

戒的行政法律规范的总称。[①] 有的认为行政刑法属于刑事法律范围，原因是我国的行政刑法规范分散规定在刑法、单行刑法与行政法律的刑事责任条款中，受刑法原理支配，对行政犯罪适用刑事诉讼程序。[②] 有的却认为行政刑法是刑法与行政法交叉的一门独立学科，理由有：（1）行政犯罪具有行政违法性和刑事违法性，承担行政责任和刑事责任；（2）行政刑法规范虽分散于刑法、单行刑法和行政法律中，但既不同于一般的行政法律规范，也不同于一般的罪行规范；（3）行政犯罪所引起的刑事责任由司法机关适用刑事诉讼程序予以追究，而对其所引起的行政责任由行政机关适用行政程序予以裁决；（4）在指导原理上，既要受刑法原理指导，又要受行政法原理支配。[③]

笔者倾向于行政刑法归入刑法范畴的观点。在我国，行政法规既不规定罪名，也不规定法定刑，判断某一行为是否构成行政犯罪的依据是刑法而不是行政法规。行政法规虽然规定了行政犯构成要件的一部分或大部分，主要对应的是犯罪客观方面[④]，“表明这些犯罪的客观要件的重要事实”[⑤]，在填补行政犯的构成要件中起了非常重要的作用，但这种规定需要借助刑法条文的具体援引。同时，行政犯与行政违法行为是一种量变引起质变的关系，行政犯的刑事违法性认定要以行政违法性认定为前提，依据行政法规，行政法规成为行政犯认定的基础，但行政犯的最终属性仍是刑事法律领域。

---

① 参见卢建平：《论行政刑法的性质》，载杨敦先、曹子丹主编：《改革开放与刑法发展》，中国检察出版社1993年版，第113页。

② 参见张明楷著：《刑法的基础观念》，中国检察出版社1995年版，第308页。

③ 参见刘艳红、周佑勇著：《行政刑法的一般理论》，北京大学出版社2008年版，第14～27页。

④ 当然也包括犯罪主体，如对内幕人员的确定。

⑤ 王世洲著：《从比较刑法到功能刑法》，长安出版社2003年版，第243页；转引自王世洲、刘孝敏：《论刑法中违法性的概念与体系性功能》，载《中国刑事法杂志》2008年03期。

既然如此，行政刑法规范在依附于行政规范的同时，应该具有独立性、专业性，即使两者用语完全相同。“刑法作为唯一规制犯罪与刑罚的部门法，具有独立的规制对象和范围，刑法对犯罪行为的设置必然处于相对于其他法律而言的特定宗旨，具有独立的评价观念和机制。在经济犯罪的规范解释中，务必注重对经济犯罪规范进行刑法价值上的独立判断，否则不仅可能背离刑法的特定目的，而且更易导致刑法独立性的丧失。”① 由于刑法与行政法的目的、价值取向和规制对象完全不同，行政犯的刑事违法性判断应区别于行政违法性判断，注重刑法价值上的独立判断。

我国《刑法》第180条规定的证券、期货内幕交易罪、泄露内幕信息罪，从刑法条文看，没有规定“利用内幕信息”，《证券法》第202条的法律责任中也作如此规定，但《证券法》第73条规定：“禁止证券交易内幕信息的知情人和非法获取内幕信息的人利用内幕信息从事证券交易活动。”这就涉及附属行政刑法规范是以行政法上的禁止性规范为准，还是以行政法中的行政罚则为准。国内学术界对成立本罪是否要求行为人必须在事实上“利用内幕信息”也存在不同意见。

否定论认为，如果主张本罪成立须以对内幕信息的利用为前提，将给司法机关指控犯罪带来极大困难，因为很难证明行为人的哪笔交易是利用内幕信息，哪笔交易又没有利用。在很多情况下，只要行为人不说利用内幕信息，就会使指控搁浅，因此我国刑法没有要求行为人必须在事实上利用内幕信息。② 肯定论提出反对意见，第一，我国《证券法》第73条和《期货交易管理暂行条例》第61条等法律法规明确表明“利用内幕信息”的内容；第二，从

① 肖中华：《经济犯罪的规范解释刍议》，载顾肖荣：《经济刑法（第四辑）》，上海人民出版社2006年版，第4页。

② 参见赵秉志主编：《破坏金融管理秩序犯罪疑难问题司法对策》，吉林人民出版社2000年版，第205页。

内幕交易行为的本质来说，“利用内幕信息”也是其固有含义；第三，实体法上对构成要件的要求和程序法上对构成要件的证明，是两个不同层面上的问题，以证明上的困难为由，不能成为否认“利用内幕信息”这一要件的理由；第四，刑法条文采取了暗含式的立法技术，虽然条文没有明确规定，但其表述方法本身已经包含了“利用内幕信息”之意。[①]

笔者赞成肯定论的观点，并补充三点重要理由：

其一，行政法的目的在于促进政府行政职能的履行，效率优先原则为其价值取向，只要行为人是内幕人员，又在内幕信息公布之前交易，不管行为人有无“利用内幕信息”，都可进行行政处罚；而刑法的目的在于保护法益和保障人权，讲究谦抑原则，要求遵循罪刑法定原则，依照文义解释、历史解释、体系解释、目的解释的顺序解释法条，当理解了内幕交易的目的在于禁止内幕人员事先得知内幕信息进行交易，侵犯了市场交易主体公平取得信息权之后，就会得出本罪应该要求行为人具有“利用内幕信息”这一构成要件。因为在事实上和逻辑上都存在这么一种情况，行为人虽然知悉内幕信息，但并没有利用它来交易，而是按照事先制订的交易计划、交易习惯或者对市场的判断分析进行交易，就不存在侵犯信息公平取得权的问题，从实质解释的观点说，这种行为不值得处罚，“成文法的特点决定了刑法条文可能包含了不值得处罚的行为，即存在符合刑法的文字表述，实质上却不值得处罚的行为”[②]。对于刑法没有规定“利用内幕信息”这一要件，但在解释中主张实际“利用内幕信息”作为内幕交易罪的构成要件内容，也应符合刑法

① 参见程皓：《内幕交易、泄露内幕信息罪若干问题研究》，载《法学评论》2006年第4期。

② 参见张明楷著：《罪刑法定与刑法解释》，北京大学出版社2009年版，第68页。

规范目的界限的解释论[①]。

其二，行政犯的成立是以行为具有行政违法性为基础，而不是以承担行政责任为条件，“在涉嫌行政性犯罪案件的认定中，对于危害行为是否具有行政违法性，不应要求所适用的行政法律的具体条文有‘依法追究刑事责任’的表述”[②]，即使行政法中没有规定行为人的行政责任条款，但只要行政法中有明确禁止性条款，那么该条款就可能成为规定行政犯的依据。从刑法理论上说，由于某些法益特别重大，规定行政责任不足以恢复业已遭受破坏的社会关系，立法者从保护法益角度直接规定了刑事责任；从刑法规定看，我国现行刑法除规定承担行政责任的行政犯外，还规定一些不承担行政责任的行政犯，如《刑法》第 177 条第 4 款的窃取、收买、非法提供信用卡信息罪。在解释内幕交易罪是否以“利用内幕信息”为必要，显然应以《证券法》第 73 条、《期货交易管理暂行条例》第 61 条规定的禁止性条款为依据，而不应参照《证券法》第 202 条。

其三，既然行政法规的禁止性条款要求行为人“利用内幕信息”，如果刑法解释不要求“利用内幕信息”，将一些没有实际“利用内幕信息”进行交易的行为纳入刑罚，必然扩大处罚范围，累及无辜。

三、刑事违法性认定与行政违法性认定的区别

我国刑法理论认为，刑事违法性是行为的严重社会危害性在刑事法律上的表现，是指行为违反刑法规范或行为符合刑法规定的犯罪构成。[③] 相应地，行政违法性，是指行为违反行政法规范。两者

---

① 参见阴家华、谢杰、罗秉：《内幕交易罪应以实际利用内幕信息为必要》，载《人民法院报》2009 年 4 月 1 日第 006 版。

② 时延安：《行政处罚权与刑罚权的纠葛及厘清》，载《东方法学》2008 年第 4 期。

③ 参见马克昌主编：《犯罪通论》，武汉大学出版社 2003 年版，第 26 页。

分属行政法领域和刑事法领域，表现出不同的法律特征：一是认定主体不同。刑事违法性由司法机关认定，行政违法性一般由行政执法机关认定。二是认定依据不同。刑事违法性的认定依据是刑法和相关行政法规，而行政违法性依据行政法规，包括国家立法机关制定的行政法律，国务院颁发的行政规章、通知、决定和命令等规范性文件以及有关部委规定的部门规章、命令和决定等规范性文件乃至于地方性法规和规范性文件。三是承担的法律后果不同。刑事违法性一旦得以确定，行为人将被认为构成犯罪承担刑事制裁法律后果，行政违法性的认定，将导致行政处罚后果。四是遵循的证据规则不同。刑事违法性认定的基础是刑事证据，行政违法认定的基础为行政证据。而刑事证据和行政证据的证明规则和证明要求的不同是直接引起刑事违法性认定和行政违法性认定产生差异的主要因素。

刑事证据的证据规格和证据要求是所有诉讼中最严格的，行政证据比起民事证据要求高，但与刑事证据相比简直不可同日而语。两者的区别在于：（1）证明对象不同。刑事证据的证明对象为犯罪事实，司法机关既要收集犯罪的客观行为证据，又要收集行为人的主观方面证据，包括行为动机、目的及对危害行为和结果所持的心理状态等，而行政证据主要为证明行政相对人违反行政法规的事实，注重客观违法行为及后果。（2）证明要求不同。刑事证据的证明要求已由《刑事诉讼法》第 195 条作出规定，即“案件事实清楚，证据确凿、充分”，而《行政处罚法》第 33 条对行政证据的要求是“违法事实确凿并有法定依据”，显然前者的证明要求高，更强调客观真实，必须经过合法性、客观性和关联性判断，而后者更注重法律真实，在一定情况下可以推定事实作为定案依据。（3）审查方式不同。刑事证据的收集主体是公安和检察，认定主体是法院，最终能否作为定案依据需要通过严格的刑事诉讼程序，经过法庭调查、质证、认证，而行政证据的收集和认定主体均为行政执法机关，很少给予行政相对人合理抗辩机会，而且经常基于行政效率考虑，需要对有些具体行政行为当场作出决定，根本不可能像法官办案一样经过较长时间审查。因此，集“运动员”和“裁判员”于一身的行政执法机关对行政证据的审查欠缺公开、透明，难以确保客观、公正，而经过居于中立立场的法官审查的刑事证据因其具有较好的公开性和透明度，案件处理就会相对公正、公平。当然两者还有取证主体等方面的不同，限于篇幅不再展开。

基于上述差异，刑事违法性判断必须坚持独立判断，必须对行政执行机关判断的行政违法性及其赖以作出的行政证据进行审查。问题在于，行政违法性判断是否属于行政执法机关的“专利”，司法机关是否可以根据相关行政规范直接作出？笔者认为，行政违法性判断不是行政执法机关的“专利”，司法机关可以根据行政规范直接作出，当然在特殊情况下需要借助行政执法机关的专业判断，但仍要坚持实质审查。理由有二：

一是司法人员是法律的专家，行政执法人员是行政的专家。毋庸置疑，司法机关的职业化程度远比行政执法机关高，司法人员的法律素质也普遍比行政执法人员高。虽然行政执法提倡“依法治国”，行政执法人员提倡学法、懂法，但与可以称得上法律专家的司法工作者比起来，相去甚远。职业法律工作者不但要懂得法律规则和法律程序，还要通晓法理，要对法律中出现的漏洞和空隙进行解释，试想，要不是专业人员何以做到？刑事司法人员深谙刑事法律不容置疑，对一些行政法规需要有个熟悉过程也不奇怪，但随着近年来处理各类行政犯罪案件的增多，许多刑事司法人员已成长为行政法规的专家，对一些刑法和行政法规明确援引的条文已了如指掌，如对“内幕信息”、“内幕人员”范围的认定，完全可以根据已掌握的事实和证据，结合证券规范予以认定，再要求证监会出具行政认定函就是多余了。另外，行政执法机关处于行政执法的第一线，长期与行政违法行为打交道，对行政管理中存在的问题和行政执法尺寸的把握能做到心中有数，尤其涉及一些专业性问题，依靠行政执法机关出具行政鉴定可以更好地解决行政违法性问题。由此可见，是否需要行政认定，应具体问题具体分析。

二是司法实践暴露行政认定存在诸多问题。据笔者调查，目前，除行政执法机关对公安机关要求其出具行政认定函颇有意见外，其提供的行政认定函主要存在三方面问题：其一是行政认定函基本上是结论性的语句，至多简要复述公安机关提供的案由，就直接指明行为的违法性质，中间没有认定理由和认定过程的阐述。其二是行政认定函仅依据公安机关提供的事实和证据出具，行政执法机关没有对全案进行评判，语言模棱两可，经常有“如果……”之类的假设语，有时结尾还会附上一句“以上意见，仅供参考”之类的活话。换言之，行政认定函的结论是建立在公安机关提供的事实和证据及行政执法机关的假设基础上，如果有误，也不能由行政执法机关承担不利后果。其三是有的行政认定函所引用的法律规范的位阶不高，作为行政执法依据尚可，但是，要作为刑事处罚则需要审慎了；有的行政认定函则完全相反，直接引用刑事法律条款称某某行为涉嫌犯罪。概而言之，一些行政认定函实际上没有真正起到认定行政违法性的作用，行政执法机关对出具行政认定函也持谨慎态度，留有余地。在此情况下，行政认定函的必要性值得推敲，司法机关直接根据行政法规认定行政违法性显得更为重要。

因此笔者认为，行政违法性判断不是行政执法机关的“专利”，行政执法机关出具的行政认定在刑事诉讼中并非必不可少，司法机关完全可以根据实际情况进行行政违法性判断和刑事违法性判断。对于一些案情简单明了、性质比较直观、多发频发的案件，司法机关首先要甩掉思想上的包袱，不能过分迷信行政执法机关的判断能力而不相信自己的判断水平，大胆依据刑法和相关行政法规进行行政违法性和刑事违法性认定；对于一些案情复杂重大、涉及行政管理专业性较强、日常发案不多的案件，则商请行政执法机关适时出具行政认定，为开展刑事违法性认定提供强有力支撑。但对此行政认定，需要结合其他证据材料综合评判。

总之，由于行政权和司法权在价值目标取向、性质功能和运行机理不同，刑事认定与行政认定存在重大差异。在对证券犯罪进行刑事认定时，需要发挥刑法价值上的独立判断，既可依据证监会出具的行政认定开展刑事违法性判断，也可充分发挥主观能动性，直接依据刑法和援引的行政法规进行刑事认定，决不能不分具体情况简单地受限于证监会的行政认定。换言之，证监会的行政认定不应成为证券犯罪刑事司法的前置程序。

第三节　完善行政认定与刑事认定衔接的法律进路

前两节介绍了行政认定出现在刑事认定中的原因、作用以及行政认定与刑事认定之间的关系与冲突，尽管国务院《行政执法机关移送涉嫌犯罪案件的规定》等文件作出了加强行政执法与刑事司法相衔接的制度性安排，行政执法机关与刑事司法机关也用实际行动作出了回应，但从实际效果看并不理想，行政认定与刑事认定之间的衔接仍存在不少问题，主要表现在：一是行政执法程序在前，行政执法机关“以罚代刑”现象严重；二是行政认定进入刑事诉讼领域，应否以及如何接受刑事审查；三是检察监督职能在监督行政执法中应该如何发挥；等等。它们有的属于认定问题，有的属于执行问题，有的属于规定问题，有的则属于体制问题，这些问题从根本上说是制度问题，如果直接从制度层面入手剖析，势必需要较大篇幅论证。本节只从公安、检察、法院三家机关日常工作角度，谈谈如何加强与行政执法机关的通力协作，不断完善行政认定与刑事认定的衔接。

一、加强公安机关与行政执法机关的沟通与互动

近年来，行政违法犯罪案件随着我国市场经济向纵深发展不断增多，行政执法机关查处的案件也呈递增态势，但移送公安机关立案侦查的案件不太理想，有的案件不了了之，行政执法与刑事司法

的衔接中存在实际发生多、查处少，行政处理多、移送司法机关追究刑事责任少，查处一般犯罪分子多、追究幕后操纵主犯和职务犯罪分子少，判缓刑多、判实刑少的“四多四少”现象①，行政执法机关“以罚代刑”问题比较突出，“先行后刑”的做法比较普遍。有人对行政执法机关不移送案件的情况进行调查，发现有三种情形：一是行政执法机关无法判断违法行为是否构成犯罪，但又需要及时对行为人追究行政责任，而先行适用了行政执法程序；二是行政执法机关定性错误，将犯罪案件作为一般行政违法案件而对行为人追究行政责任；三是行政执法机关明知违法行为已经构成犯罪，而故意作为一般行政违法行为对行为人先行予以处理。② 而所移送的案件也表现为三种情况：

第一，积极移送案件，但刑事成案率不高。例如，某市公安机关对移送案件进行立案侦查占整个移送案件的50%左右。③ 行政执法机关重行政取证程序，所调取的证据材料往往无法满足刑事证据要求，对公安机关不断要求补充完善证据的做法产生不满，待公安机关介入调查时则时过境迁，人走楼空，造成符合刑事立案标准的案件比例不高，客观上压制了行政执法机关移送案件的积极性。

第二，消极移送案件，移送“硬骨头”案件居多。行政执法机关往往受部门利益影响，能够消化处理的尽量以行政处罚消化，有时甚至多次对已明显达到追究刑事责任标准的行为采取行政处罚，犯而再罚，就是不移送。而所移送的案件往往为疑难复杂、利用行政手段不能获取证据的“硬骨头”。

---

① 参见《行政处理多追究刑责少　打击经济犯罪“四多四少”》，载中新网电2005年7月14日，http://news.cn.yahoo.com/050714/72/2dm5r.html，2012年1月26日访问。

② 参见郭华：《行政执法与刑事司法衔接机制的立法问题研究——以公安机关的经济犯罪侦查为中心》，载《犯罪研究》2009年第1期。

③ 参见王敏远、郭华：《行政执法与刑事司法衔接问题实证研究》，载《国家检察官学院学报》2009年第1期。

第三，行政处罚后移送，证据转换有困难。司法实践发现大量行政执法机关移送的案件发生在行政处罚后，公安机关接手案件时面临两个问题：一是经过行政处罚程序，已引起行为人和证人高度警觉，有的甚至订立攻守同盟，相关证据被隐匿乃至销毁；二是行政执法机关调取的证据不符合刑事证据规格要求，有的证据如不转换将面临取不到的困难，直接转换又存在法律上的障碍。

上述行政执法机关移送案件和不移送案件的情况在证监会的行政执法与公安部的刑事司法衔接中均有不同程度存在，在某种程序上削弱了证券犯罪的刑事惩治力度，对证券市场的健康有序发展极为不利，亟待在法律层面和工作层面予以完善。

首先，侦查关口适当“前移”，行政执法与刑事司法并肩作战。目前，证监会与公安部已建立了良好的协作关系，公安部已向证监会专门派驻证券犯罪侦查局，并在全国分设三个直属分局策应侦查工作，双方也建立了案件会商制度，行政执法与刑事司法信息通报制度，但是仍不能较好杜绝“以罚代刑”现象的发生以及行政移送案件刑事成案率不高等问题。笔者认为，适当将公安机关侦查程序“前移”，可望有效解决行政执法与刑事司法就案件定性、移送等问题。一是证券监督管理部门在查办案件中，发现有可能涉嫌证券犯罪的重大案件，经简要研判后邀请公安机关提前介入，共同商议取证策略和取证重点，达成对行政违法性的共识，以提高行政移送案件的刑事成案率。二是公安机关要根据《关于在行政执法中及时移送涉嫌犯罪案件的意见》（高检发〔2006〕2号）、《关于在打击证券期货违法犯罪中加强执法协作的通知》（证监发〔2006〕17号）、《关于加强行政执法与刑事司法衔接工作的意见》（中办发〔2011〕8号）以及《关于办理证券期货违法犯罪案件工作若干问题的意见》（证监发〔2011〕30号）等文件有关应证券监管机构要求对重大、疑难、复杂案件的定性、证据固定和保全等提出建设性意见，必要时派员参与证券违法案件调查。三是公安机关如获悉经过证券监督管理部门行政处罚的案件涉嫌犯罪，可以主动要求行政执法机关将案件移送公安机关立案侦查，以解决证券监督管理部门的“定性错误”和“无法定性”问题，进一步严密行政执法与刑事司法的法网。证券监督管理部门应积极予以理解和支持。四是公安机关不应囿于证券监督管理部门移送的案件，可以办理依照职权发现的犯罪案件，在遇有调取证券专业性较强的证据和认定行政违法性困难时，邀请证券监督管理部门专业人士参与研究，以进一步增强公安机关侦查办案的信心和决心。

其次，“先刑后行”与“先行后刑”并行不悖，切忌“单打独斗”。诚然，刑事司法权具有独立性、终极性，当然也具有权威性，刑事认定是在行政认定基础上作出的，包含行政违法性判断和刑事违法性认定，其效力具有最高性，于是学术界和实务界均有人提出“先刑后行”①。但是，有人提出行政犯罪的前提是行政违法，没有行政违法何来行政犯罪？并且从刑法的谦抑性来说，刑法与侵权行为法、行政法共同构筑防范犯罪的法律堤坝，刑法是这一堤坝的最后防线，行政法通过行政处罚在控制和预防犯罪上起到特殊功效，与刑法的预防思想不谋而合，应该提倡“先行后刑”。笔者主张，两者应该并行不悖。（1）从理论上说，“先行后刑”有利于行政管理目的实施，有利于提高刑事案件成案率，而“先刑后行”有利于减少和防止“以罚代刑”现象发生，有利于发挥司法机关特有的惩治犯罪功能。（2）从实务操作来说，两种情况都存在，很难说哪种做法更好，尤其是有些行政犯罪明确要求视行政处罚情况而定，如逃税罪。在司法实践中，值得纠正的一种做法是，公安机关在发现证券犯罪线索时，直接移送证券监督管理部门先行行政稽查，而不是按照《刑事诉讼法》有关规定自行立案侦查。这种做法养成了“先行后刑”的习惯，在一定程度上造成证券监督管理部门的行政执法权更加膨胀，公安机关的刑事侦查权更加受制于

---

① 参见周长军、王海平：《论行政执法的检察监督》，载《政法论丛》2006 年第 6 期。

行政执法权。当然，为提高侦查成效，则另当别论。（3）如果从预防和减少“以罚代刑”角度，不管是“先行后刑”还是“先刑后行”，都难以起到较好作用，最好的办法是引入第三方监督即检察监督，对此下文将作阐述。当然证券监督管理部门自觉摒弃部门保护主义思想，切实按照国务院《行政执法机关移送涉嫌犯罪案件的规定》等文件要求，将符合追究刑事责任的案件向公安机关移送才是最佳方案。

最后，明确行政证据在刑事诉讼中的地位，做好证据转换工作。从某种意义上说，证据转换是行政执法与刑事司法衔接的核心环节。由于行政执法与刑事司法理念和证据要求不同，造成行政证据在向刑事证据转换中存在一些不容忽视的问题：一是证据数量不足、质量不高。移送的行政证据往往只有证明违法数额和危害后果的证据，而没有反映案件过程、细节以及犯罪嫌疑人的主观方面证据，大量证据还需公安机关收集。二是言词证据多而且不规范，实物证据少尚需大量补充。三是行政调查、询问、陈述等证据材料能否直接作为刑事证据尚需进一步明确。①

对于行政证据能否转换为刑事证据直接作为法庭质证使用，立法没有作出明确规定，学术界和实务界主要形成三种观点。（1）否定说。认为行政执法机关并非刑事司法主体，其所收集的证据只能用于违法案件的处理，而不能作刑事证据使用。认为如需作为定罪证据，必须经侦查人员重新取证。②（2）肯定说。认为行政执法机关在行政处罚中收集的证据与司法机关在侦查中获取的证据没有本质不同，只是法律依据不同，但行政证据只要是依法收集的，在刑

① 参见郭华：《行政执法与刑事司法衔接机制的立法问题研究——以公安机关的经济犯罪侦查为中心》，载《犯罪研究》2009年第1期。

② 参见最高人民检察院公诉厅、公安部经济犯罪侦查局编：《整顿规范市场经济秩序法律适用指导》，中国检察出版社2002年版，第253页。

事诉讼中可以同等使用。[①]（3）分类说。认为行政执法机关调取的证据只要经过一定程序转换后，调查证据变成诉讼证据。对于其中的书证、物证，由于具有不可恢复性，司法机关只要通过办理移交手续，即可作为刑事证据使用；而对于行政执法机关所作的犯罪嫌疑人笔录、证人证言，由于导致的法律后果不同，应该由侦查人员重点制作，在证人证言无法获取的特殊情况下，也可作为经过法庭质证、认证后予以采信。[②]

笔者认为，全盘否定和全盘肯定的观点均不可取。行政犯具有行政违法性和刑事违法性双重性质，行政证据是证明行政违法性的重要依据，其中包含实物证据和言词证据。大量的实物证据是行政执法和刑事司法共同需要获取的目标，行政执法通过行政管理第一时间容易发现并获得，而这些证据在行政执法后容易灭失，有的具有不可恢复性，如果由司法机关重新取证，不但面临取不到证的危险，而且浪费大量人力、物力，白白损耗司法资源，与其这样，不如通过法律规定经过一定程序予以转换，直接作为刑事证据使用，既可节约司法资源，又可提高司法效能，可谓一举两得。而对于言词证据由于具有易变性，刑事证据规格远比行政证据高，且取证主体不同，获取的言词信息也不同，必须司法机关重新取证。因此，笔者倾向于分类说的观点。需要补充说明的是，对于行政执法机关依法制作的行政鉴定以及委托其他机构出具的公证文书、鉴定结论，只要程序合法、内容完备同样可以列入质证对象。笔者欣喜地看到，2011 年 4 月，最高人民法院、最高人民检察院、公安部、证监会联合下发的《关于办理证券期货违法犯罪案件工作若干问题的意见》（证监发〔2011〕30 号）已对行政证据的转换作出明

① 最高人民检察院公诉厅、公安部经济犯罪侦查局编：《整顿规范市场经济秩序法律适用指导》，中国检察出版社 2002 年版，第 252 页。

② 参见黄维智、雷建昌、张斌主编：《职务犯罪证据的收集与运用》，中国检察出版社 2006 年版，第 66 页。

文规定，其精神与分类说基本一致。笔者建议，为使行政证据转换在办理其他行政犯罪中同样适用，建议立法机关提高法律位阶。[①]

二、建立健全人民法院对具体行政行为的刑事司法审查制度

基于行政权作出的行政认定以“效率、秩序”为目标，以维护国家行政秩序为目的，在此基础上兼顾公正价值，它可能为了“效率、秩序”而牺牲“公正”，作出的结论带有较强主观倾向性，这在行政法领域是允许的。而在刑事司法领域，以“公正”为最高价值，为了实现公平正义，必须恪守罪刑法定，必须谦抑，“疑罪从无”、“有利于被告”，还要居中裁判，独立判断，对证据要进行关联性、真实性和合法性审查，所审查的证据要具有唯一性、排他性。因此，行政执法机关提供的行政认定必须接受刑事司法的独立审查，必须符合实质正当性和公正价值取向。

行政认定在刑事诉讼中属于哪类证据？理论界和实务界一般认为系公文书证，如上海祖龙内幕交易案判决书中写道：“证监会出具的《认定函》从形式上看属于公文书证，具备证据能力，依法可以采信作为定案的依据。”[②] 但理论界也有人把它当成司法认知，如将交通事故认定书作为司法认知，一方面不排除行政犯中的“违反行政法规”的行为先由相关行政主体对行政责任作出判定，承认交通事故认定书作为一种法律文书的地位和作用；另一方面，根据犯罪的构成原理和行政刑法规范规定，由司法机关对违反交通运输法规行为进行再判断，或者对原有交通事故认定书进行实质审查，将违反交通运输法规的前提性要素与定罪的结果要素进行审查，可以援引也可以重新认定。[③] 笔者认为，公文书证，是指国家

---

① 2012年3月14日修订的《刑事诉讼法》已明确规定，行政机关收集的物证、书证、视听资料和电子数据可作刑事证据使用。——笔者注

② 福建省厦门市中级人民法院（2009）厦刑初字第109号刑事判决书。

③ 参见黄厚秘：《论交通肇事罪的违法性前提——兼及行政违法与刑事违法的关系》，载《法制与经济》2010年第5期。

机关、社会团体在法定职权范围内行使职权所制作的书面文件，包括各种命令、决定、通告、指示、信函、证明文书等，是一种书证，而司法认知指法院在审理案件的过程中，对于应当适用的法律或某种待认定的事实存在与否及其真实性，不待当事人举证即予以认知，作为判案依据，是一种证明方式，两者不是一个层面上的问题，互不矛盾，但不可并列讨论。因此，笔者支持行政认定属于刑事诉讼中的公文书证的观点。

如前所述，刑事诉讼中的行政认定既有具体行政行为，又有非具体行政行为。对于非具体行政行为的移送函和认定函，对其进行司法审查当无疑虑，接下来就是操作层面的问题，而对于属于具体行政行为的行政认定，司法机关对其如何审查，则有不同看法。第一种观点认为，只能进行形式审查而不能进行实质审查。第二种观点认为，既要注重形式审查，又要进行实质审查。第三种观点认为，在刑事诉讼中审查具体行政行为证据时，不可简单地认为其是否具有证据效力，而应先审查其是否具有不可撤销、变更力，如有被撤销、变更的可能，待这种可能消失后再认定其效力。① 第四种观点认为，对具体行政行为的效力的刑事司法审查，应以形式审查为基本方式，但当出现反向证据及合理怀疑时，对具体行政行为的实质审查是必要的，并要掌握在合法性审查限度内，除非仅以此审查阻碍了实质正义的实现。②

笔者认为，第一种观点显然放弃了刑事诉讼中的司法独立判断权，不可取。第三种观点以具体行政行为有无穷尽救济手段或者行政相对人是否放弃救济手段为前提，言下之意，刑事诉讼还得看行政诉讼怎么办，证据还有或然性，因而不符合证据的唯一性、排他

① 参见《民事、刑事诉讼中对具体行政行为证据的审查认定》，载法律常识网，http://china.findlaw.cn/falvchangshi/xingshibianhu/zhengju/rengding/16375，2012 年 1 月 25 日访问。

② 邵砚涛：《刑事证据视野下的具体行政行为探究》，载《政法论坛》2010 年第 6 期。

性要求，也与“案件事实清楚，证据确实、充分”的标准有距离，这种观点难以为妥。第四种观点表述具体清晰，考虑周全。论者认为，具体行政行为的公定力、拘束力对应的是秩序价值，是为了维护“法安定”，行政行为基于成立而具有形式效力更多考虑的是秩序价值要求，在此基础上再考虑公平正义价值，在行政权范畴，这种安排是恰当的。但在刑事司法领域，刑法作为最后救济手段，公正正义处于核心地位，对行政行为的审查，必须考察该行为的内容是否符合实质正当性，是否符合公正价值要求，以此来决定是否运用刑罚手段，而对行政行为只做形式审查难以达到这一要求，因此，必须对具体行政行为进行实质审查。然而，刑法的理性和谦抑决定对具体行政行为效力的司法审查，应以形式审查为基本方式，只有出现反向证据及合理怀疑时，才进行实质审查，论证得很有逻辑性。①

笔者认为，具体行政行为的公定力，是指行政行为一经作出，对任何人都具有被推定为合法、有效而予以尊重的效力。它之所以具有公定力，是由于制定法规范的承认，制定法之所以如此承认，是为了避免行政法所保护的社会关系的混乱，保护行政主体与相对人之间权利义务关系的稳定和安全。② 也就是说，具体行政行为实际上是一种法律推定。法律推定，是指当某法律规定的要件甲事实有待证明时，立法者为避免举证困难或举证不能的现象发生，就明文规定只需就较易证明的乙事实获得证明时，如无相反的证明（即甲事实不存在），则认为甲事实因其他法律规范的规定而获证明。按照不同标准分类，法律推定可分为不可反驳推定和可反驳推定，直接推定和推论推定，有基础事实推定和无基础事实推定，等

① 邵砚涛：《刑事证据视野下的具体行政行为探究》，载《政法论坛》2010年第6期。

② 参见［日］杉村敏正：《论行政处分的公定力》，载城仲模：《行政法之基础理论》，三民书局1988年版，第176页；转引自邵砚涛：《刑事证据视野下的具体行政行为探究》，载《政法论坛》2010年第6期。

等。由此可见，法律推定既有可能与客观事实一致，也有可能有差距，完全有可能被推翻，直接将其作为刑事证据显然不合适。因此，对其进行司法审查完全必要。问题在于该论者提出由于行政诉讼对行政行为的审查限于合法性而不是合理性审查，刑法基于谦抑考虑也应如此，除非它影响到实质正义。

笔者对此有不同看法，刑法的谦抑并非要求盲目尊重行政诉讼和行政机关的自由裁量权，具体行政行为的羁束力不应妨碍刑事司法审查的启动，也不应妨碍刑事司法审查对具体行政行为所认定事实的重新认定。经过行政诉讼的具体行政行为既有可能与刑事诉讼的结果一致，也有可能不一致，在不一致时如何抉择呢？该论者留下“除非它明显阻碍了实质正义的实现”这句活话来应对，那么又该如何判断它是否阻碍实质正义呢？显然要结合其他相关刑事证据综合判断。如果具体行政行为得出的结论与其他证据有矛盾，必然要审查它的合理性，与其如此，不如一开始就对具体行政行为的合法性和合理性一起审查，免得出现矛盾后再回头审查，浪费司法资源。这与行政诉讼只审查具体行政行为的合法性并不矛盾，因为刑事诉讼的要求本来就比行政诉讼的要求高，何况理论界对行政诉讼只审查具体行政行为的合法性而不审查其合理性也有不同看法，实务中也发现有些具体行政行为的自由裁量权过大而无法得以纠正。因此，笔者倾向于第二种观点，在刑事诉讼中，对具体行政行为既要形式审查，又要实质审查，两者不可偏颇。

值得说明的是，上述称对具体行政行为的刑事司法审查并非如行政诉讼一样，作出合法、无效、违法或者变更判决，而是结合其他证据一起审查，如果明显与事实不符，则直接不予采信，而无须再启动行政诉讼来审查它的效力。也就是说，经过刑事审查不被采信的具体行政行为，在行政法领域还是合法有效的。正如交通肇事逃逸行为，被公安交警部门认定为交通事故全部责任，但在刑事诉讼中这份负全部责任的交通事故认定书完全有可能不被采信，行为人因而不负刑事责任。

总之，对于具体行政行为的刑事司法审查，既要进行合法性审查，又要进行合理性审查。但由于立法机关和最高司法机关目前尚未出台对具体行政行为的刑事司法审查规定，各地司法机关认识不一、做法不一，在一定程度上影响了司法权威性。因此，当务之急是尽快出台这方面的规定，在刑事诉讼法中原则性地规定对具体行政行为的审查规则，在司法机关内部证据审查规则中制定具体实施方案。建议对不当具体行政行为的审查分无效行政行为和可撤销行政行为两种情形，将可撤销行政行为分成因具体行政行为所依据的证据不真实或者认定事实不当而导致的可撤销以及因证据之外的原因造成行政行为的可撤销两种类型，还要区分行政主体审查材料是形式审查还是实质审查等不同类别，按照刑事证据规格和证明要求要求制定审查办法，以在证据审查环节做好行政认定与刑事认定的有机衔接。

三、不断完善检察机关的法律监督机制

有人对某省 2005～2007 年行政执法机关移送案件情况进行调研，发现行政执法机关移送案件的总体数量呈下降趋势。① 从检察机关提供的情况看，2005 年，全国检察机关建议行政执法机关向公安机关移送涉嫌犯罪案件 1286 件。② 从 2001 年国务院制定《行政执法机关移送涉嫌犯罪案件的规定》至今已有十余年，国家仍在为行政执法与刑事司法衔接问题不断下发规范性文件。毋庸置疑，“以罚代刑”正成为当前行政执法与刑事司法衔接中迫切需要解决的问题。

上文提到，公安机关主动加强与行政执法机关的沟通联系，是有效解决“以罚代刑”问题的途径之一，但最好的办法是启动检

---

① 参见王敏远、郭华：《行政执法与刑事司法衔接问题实证研究》，载《国家检察官学院学报》2009 年第 1 期。

② 参见 2006 年《最高人民检察院工作报告》。

察的法律监督程序。原因何在？笔者认为，公安机关虽履行刑事侦查职能，行使刑事司法权，但其根本上还是行政执法机关，与其他行政执法机关一样，都有自身的利益和立场。要求一个行政执法机关去制约或约束另一个行政执法机关的执法行为，实践证明效果并不理想。作为面上表现出来的行政案件移送，背后却隐含着行政权过渡到司法权的实质。行政权以效率为权力运行准则，司法权则强调公平正义，而涉罪案件的移送与处理主要关涉到不是效率而是公正，这从根本上决定了行政执法机关在涉罪案件移送与受理的公平诉求与其自身之效率诉求不可兼得时的选择方向①，为此需要另外一种权力即司法权的介入。但是法院审判权的被动性和消极性决定了其不可能主动去监督行政执法机关的日常执法，它只能而且应当是通过审判活动监督行政执法活动的合法性，主要审查证据的证明资格和证明力，这在上文已作阐述。法院充当行政执法的监督力量，显然不太理想，剩下的只有检察机关。“盖被动之法院对于行政权之监督功能有限，唯有主动侦查的检察机关，才是对行政权之强大监督力量。”② 检察机关作为宪法赋予的法律监督部门，在刑事法领域，它是侦查监督和审判监督的主体，在行政法领域，被国务院《行政执法机关移送涉嫌犯罪案件的规定》等文件要求行使法律监督职能。同时，刑法中还规定行政执法人员徇私舞弊不移送刑事案件罪，提供检察机关履行行政执法监督职能的法律保障。由此可见，检察机关监督行政执法是有法律依据的。

与“以罚代刑”相对应的是，公安机关对行政执法机关移送的案件该立案而不立案，如2005年全国检察机关监督公安机关立

---

① 参见刘远：《行政执法与刑事司法衔接机制研究》，载《法学论坛》2009年第1期。

② 陈志铭：《台湾政治对检察体系之控制》，载《东方法眼》2003年11月17日，http://www.dffy.com/fayanguancha/sd/200311/20031117210056.htm，2012年1月27日访问。

案 1045 起[①]，实际上反映了刑事认定部门不依法将涉嫌犯罪的行政认定追究刑事责任，而“以罚代刑”则是行政执法机关不将涉嫌犯罪的行政认定移入刑事认定，检察机关对行政执法机关和公安机关这两种不作为行为均应纳入法律监督视线。同时，检察机关还是刑事认定的主体，它应当在行政认定与刑事认定衔接中发挥积极而重要的作用。然而，司法实践表明检察机关的法律监督效果不够理想。其原因在于：一是赋予检察机关行政执法监督职能的法律位阶不高，规定不清楚。我国刑事诉讼法明文规定“人民检察院依法对刑事诉讼实施法律监督”，但对行政执法则没有立法机关颁布的法律依据。《行政执法机关移送涉嫌犯罪案件的规定》的发文机关为国务院，但毕竟属于规范性文件，且由最高行政机关的国务院来制订要求作为司法机关的检察机关来实施法律监督，似乎理论上有些说不通。同时，包括《行政执法机关移送涉嫌犯罪案件的规定》在内的类似文件，对检察机关的法律监督大多使用了“可以”等模糊性词语，原则性规定多，可操作性不强。二是反映在机制方面，检察机关对行政执法的法律监督存在监督范围过窄、监督手段过少，监督效力过软等问题[②]。三是《行政执法机关移送涉嫌犯罪案件的规定》与后续规范性文件之间有冲突，如对于行政执法机关移送公安机关立案侦查的时间，有的规定为 3 日，有的规定为 7 日，有的规定为 10 日，使得检察机关不知按哪个时间来监督，而且这个规定已不适应形势发展需要，亟待修改。四是检察机关对行政执法机关的执法信息不了解，无从监督。

笔者建议，为提高检察机关的法律监督效果，确保行政认定与刑事认定的有机衔接，需要“修法、赋权、提供保障”。“修法”，是指提高规定检察机关实行行政执法监督的法律位阶，最好在类似

---

① 参见 2006 年《最高人民检察院工作报告》。

② 参见刘远：《行政执法与刑事司法衔接机制研究》，载《法学论坛》2009 年第 1 期。

《行政处罚法》等法律中明确规定检察监督职能，也可考虑在《人民检察院组织法》中予以明确；其次是对国务院的《行政执法机关移送涉嫌犯罪案件的规定》应根据形势需要进行大面积修改，明确规定检察机关行使的职权，并修订与相关规范性文件的矛盾冲突之处。所谓“赋权”，是指落实检察机关对执法信息的知情权，并赋予相应的案件调查权。解决执法信息知情权问题，可考虑通过政府信息联网制度实施。调查权，是指对行政执法机关该移送而不移送，公安机关该立案而不立案的犯罪案件开展必要调查，用发出移送、立案监督通知等形式督促落实。“提供保障”，是指由于检察机关投入一部分力量到行政执法监督中，必须在经费、人力、机构上作出保障，在法律上还要确保检察监督的独立性，不受地方党委、政府及其他任何社会团体组织的干预。这种保障措施同样适用于前述公安机关侦查关口“前移”的情况。

总而言之，行政认定既包括行政法理论上的行政确认，又包含行政处罚、行政鉴定、移送函和认定函等司法实践中出现的不冠有“行政认定”字样的行政认定。它出现在刑事认定中是有立法、执法、司法上的原因，基本上发挥了认定行政违法性和辅助认定犯罪事实的作用。行政认定虽然是刑事认定的前提和基础，但不以行政执法机关事前认定为刑事认定的必经程序，司法机关也可根据刑法原理和刑法规范直接进行行政违法性认定和刑事违法性认定。对待行政认定正确的态度是将其当成公文书证，按照推定和司法认知的证明方式，结合其他证据材料对其合法性和合理性同时进行审查。公安机关、检察机关、法院要各司其职，切实从事前衔接行政认定、事中审查行政认定及事前、事中、事后全方位监督行政认定和刑事认定入手，全面做好行政执法与刑事司法的有机衔接。

第三章

证券犯罪的因果关系及认定

研究刑法因果关系的目的在于为追究刑事责任提供客观根据，确定是否让行为人对某一特定的危害结果承担刑事责任。证券犯罪因果关系有其特殊性，值得认真探讨。

第一节　证券犯罪的行为犯与结果犯之争

大陆法系刑法理论认为，因果关系在刑法上的判断仅限于结果犯，在其他场合则没有特别考虑其因果关系的问题。[①] 换言之，只有结果犯需要考虑危害行为与危害结果之间的因果关系，而行为犯则不必探讨因果关系。讨论证券犯罪的行为犯和结果犯问题，是研究证券犯罪因果关系的前提。

一、行为犯与结果犯的区分标准

刑罚是最严厉的国家制裁手段，原则上刑法所处罚的行为，是那些已经现实上造成侵害的不法行为。现代刑法的核心领域，是针对实害犯。但为了更全面保护法益，立法者例外地规定一些尚未造成实害的行为，这些行为只是有可能造成实害而已，其中就包括行

① 参见［日］大塚仁著：《犯罪论的基本问题》，冯军译，中国政法大学出版社1993年版，第96页。

为犯。[①] 行为犯是相对结果犯而言的，有关它们之间的区分标准，主要有以下四种：

一是既遂说。以犯罪构成既遂是否需要结果要素的出现为标准，将犯罪分为结果犯与行为犯。有学者认为，行为犯是指只要实施了符合刑法分则规定的某种基本构成要件行为就为既遂，而无须发生特定的犯罪结果或有该犯罪结果发生的法定危害的犯罪类型。[②] 也有学者认为，行为犯是以实行法定的犯罪行为作为犯罪构成必要条件的犯罪。它与举动犯一样，都不需要发生实际的危害结果作为犯罪构成的必要条件，两者的区别在于：举动犯的既遂以着手实行犯罪为标准，而行为犯只有当实行行为达到一定程度时，才过渡到既遂状态。[③]

二是成立说。以犯罪的成立是否要求结果要素的出现为标准，将犯罪分为结果犯与行为犯。发生侵害结果才构成犯罪的，是结果犯，如过失致人死亡罪，这种结果犯只有是否成立的问题，而不可能存在犯罪既遂、未遂、中止与预备之分；而行为犯是指没有发生侵害结果也构成犯罪的，如故意杀人罪，这种行为犯存在犯罪既遂、未遂、中止与预备之分。[④]

三是隔时说。按照犯罪行为实施完毕到犯罪结果出现的时间间隔长短划分，结果犯是指犯罪行为的终了与犯罪结果发生之间具有时间上的间隔，而行为犯是指犯罪行为与犯罪结果同时发生的犯罪。[⑤]

四是立法说。主张按照法律条文的立法原意目的处罚来区分结果犯与行为犯。行为犯，是指立法者在刑法分则中设置的，以行为

---

① 参见林东茂著：《危险犯与经济刑法》，台湾五南图书出版股份有限公司 1996 年版，第 4 页。

② 参见史卫忠著：《行为犯研究》，中国方正出版社 2002 年版，第 99 页。

③ 参见马克昌主编：《犯罪通论》，武汉大学出版社 1999 年版，第 499 页。

④ 参见张明楷著：《犯罪论原理》，武汉大学出版社 1991 年版，第 515 页。

⑤ 参见张明楷著：《刑法学》（第三版），法律出版社 2007 年版，第 154 ~ 155 页。

对法益造成危险为实质处罚根据的犯罪构成类型；相对而言，结果犯是立法者在刑法分则中设置的，以行为对法益造成侵害为实质处罚根据的犯罪构成类型。①

隔时说以犯罪行为与犯罪结果之间的时间间隔来区分行为犯与结果犯，不够科学。例如，杀人罪，如果用枪射击，犯罪行为与犯罪结果同时发生，按照此说为行为犯；如果用毒药杀人，出现死亡结果可能需要很长时间，则为结果犯。同是杀人罪，因死亡结果出现时间不同而得出既是行为犯又是结果犯的结论，不合理之处显而易见。立法说以处罚根据来区分行为犯与结果犯，避开了既遂说与成立说之间的争论，其立论依据比较合理。但是，既遂说和成立说也是在处罚根据不同的基础上讨论的，所以立法说最终还是会回到既遂说与成立说之间的争议上来，因而也不可取。目前国内刑法学界对此问题的争论，主要集中在既遂说和成立说。笔者支持既遂说，反对成立说，理由如下：（1）我国刑法分则条文所规定的是既遂模式，在认定具体犯罪形态时，可以根据总则的原则加以取舍，并非是如成立说所称的我国刑法分则条文，不仅包含了犯罪既遂，而且包含了其他可能出现的形态。②（2）我国刑法理论认为，行为符合犯罪构成是承担刑事责任的唯一根据，而犯罪构成则是确定这种根据的法定判断标准。③ 就犯罪构成与犯罪既遂的关系来说，犯罪构成是基础，犯罪既遂是充分实现了的犯罪构成，构成既遂是犯罪成立的最完整形态。既遂说在犯罪构成的基础上，确定对既遂、未遂、中止与预备犯罪的处罚，符合我国刑法理论。成立说的错误之处在于“仅把犯罪构成的意义局限在犯罪成立这一点上，无疑是降低了犯罪构成在现代刑法理论中的基石地位和重要价

---

① 参见刘树德著：《行为犯研究》，中国政法大学出版社2000年版，第23页。

② 参见张明楷著：《犯罪论原理》，武汉大学出版社1991年版，第467页。

③ 参见马克昌主编：《犯罪通论》，武汉大学出版社1999年版，第70页。

值”[1]。(3)成立说得出结果犯没有既遂、未遂、中止与预备之分，只有行为犯有这种区分的结论，这种结论没有考虑行为犯可以分为过程行为犯和举动犯两种情形，作为举动犯是没有既遂、未遂、中止与预备之分的，而过程行为犯和结果犯是有这种区分的，成立说容易造成思想混乱。最后，从国外界定行为犯与结果犯的区分看，大部分国家以既遂说为标准。

二、行为犯的立法依据

结果犯是对于行为所引起的结果，做负面的、否定的价值判断，而行为犯无须犯罪结果发生，仅以其行为方式本身就被认为具有可罚性，从法益保护的角度来说，是立法者将刑法保护防线向前推移。有学者分别从刑法所保护客体的重要性和特殊性、危害行为的危害性及其特殊性、行为指向对象的特殊性和便于执法角度阐述行为犯被规定在刑法中的原因，[2] 笔者认为归纳得比较全面、客观、具体。从法益保护角度说，规定行为犯体现行为无价值，其理论依据主要有四个：

第一，侵害结果难以确定。结果犯以侵害结果出现，才允许刑法介入，而行为犯不待相关侵害结果出现，就要求刑法予以规制，事实上，如果等待侵害结果显现，后果将不堪设想，如各类危害国家安全罪，“在构成要件中，既不要求实害结果的出现，也不要求危险结果是否真的出现”、“这种情形通常出现在‘超个人法益’的保护上。对于这种超个人法益的侵害，不可能经由个别的行为，而只能经由普遍、经常性的独特行为的反复实施，才可能引起”。[3] 换言之，行为犯的侵害结果可能在理论上比结果犯更难描述，在个

---

① 史卫忠著：《行为犯研究》，中国方正出版社 2002 年版，第 85~86 页。

② 参见史卫忠著：《行为犯研究》，中国方正出版社 2002 年版，第 113 页。

③ 林东茂著：《危险犯与经济刑法》，台湾五南图书出版股份有限公司 1996 年版，第 17~18 页。

案认定上更为困难。从法益保护的角度来说，行为犯所保护的法益比结果犯更为重要。

第二，行为人的刑事责任难以认定。在有些场合，侵害结果已经出现，但由于行为的客观或主观要素不能证明，或者行为和侵害结果的因果关系难以认定，而无法归责行为人。“由于环境、秩序、感情之类的普遍法益的内容极为抽象，其是否受到现实侵害，判断也不像在侵害生命、身体、财产场合那样直接客观，加害行为和秩序等受损之间的因果关系也并不一目了然，因此，对其保护，就再也不能采取传统的侵害犯的犯罪构成模式，而有必要设置一种不必过分强调侵害结果就能判断其成立的犯罪构成模式，这就是所谓抽象危险犯或者行为犯的犯罪构成模式。”① 例如，内幕交易罪，内幕信息知情人因事先获得内幕信息实施交易，获利或避免损失数额巨大，而普通投资者由于在上市公司公布内幕信息之后才进场交易，作出错误判断，本应抛售而持仓，本应持仓却作抛售处理，将本该获利部分拱手相让于内幕交易人，造成巨额损失。内幕信息知情人因内幕交易而获利部分恰恰是普通投资者的损失，这便是侵害结果。但证券交易瞬息万变，要想证明普通投资者所受损失是由于内幕交易行为的存在，内幕交易人所买卖证券系普通投资者所抛售或买入证券，非常困难。同时，证明内幕信息知情人“利用”内幕信息的主观故意，无疑难上加难，除非其自认。于是，为了确定内幕交易人的刑事责任，只要证明其“知悉”内幕信息，且在内幕信息公布之前实行了交易，便推定其“利用”内幕信息进行内幕交易，“利用”内幕信息与内幕交易之间的因果关系得以建立。换言之，内幕信息知情人在内幕信息公布之前不得交易，如果进行交易，不管其主观上是否出于获利目的，也不管其实际上是否获利，即成立内幕交易。由此可见，行为犯的设立，与刑法因果关系难以证明和行为人的责任难以认定联系紧密。

① 黎宏：《结果无价值论之展开》，载《法学研究》2008年第5期。

第三，处罚侵害犯的未遂仍不够全面保护法益。侵害犯的未遂场合，如杀人未遂，对犯罪对象造成了危险，处罚其是为了保护人的生命权这种重大法益。但是，侵害犯的未遂并非独立的构成要件，在法益保护上依然不够圆满。一是受限于客观因素。侵害犯的未遂可罚性，不能扩及危险的预备行为。例如，为了实施金融诈骗，行为人伪造国家机关或者公司、企业的印章，这种行为相对于金融诈骗来说，尚处于预备阶段，但这种预备行为具有较大危险，因而我国刑法规定了伪造国家机关印章罪和伪造公司、企业印章罪，提前对法益进行保护。二是受限于主观因素。处罚未遂，必须证明行为人主观上的故意，但对于没有侵害故意，或者不能证明侵害故意的行为，就无法以侵害犯的未遂加以处罚。前者如遗弃罪，后者如行为人非法持有、私藏枪支、弹药，有可能为了杀人报复，但在主观上证明此故意并非易事，于是行为人只要被查获有非法持有和私藏行为，即可因行为的危险性而被处以非法持有、私藏枪支、弹药罪。①

第四，社会防卫思想在刑法中的体现。刑法中规定行为犯，其思想渊源可以追溯至现代学派的社会防卫理论。该学派产生于19世纪中叶，反对古典学派提倡的个人主义、自由主义，主张以社会为本位。认为国家不仅保护国民利益，更为保护社会利益，个人是社会的个人，只有保护社会利益才能更好地保护个人利益，社会利益优于个人利益，呼吁“刑罚存在的唯一根据就是防卫社会”②。这种社会防卫思想体现在现代刑法中，便是规定了大量行为犯，表明人们已不再仅仅重视侵害结果，也逐步关注特殊侵害行为方式对法益的侵害可能性。“古代之刑事立法可谓趋向于结果刑法，而今

① 参见林东茂著：《危险犯与经济刑法》，台湾五南图书出版股份有限公司1996年版，第16～17页。

② 马克昌主编：《近代西方刑法学说史略》，中国检察出版社2004年版，第171页。

日之刑事立法却兼采结果刑法与行为刑法，已非纯粹采结果刑法。”[1] 这种立法方式在行政犯上反映较多，体现了警察的危险防御作用。“秩序违反法对于某些行为方式加以处罚，通常带有警察的防御作用。特别是秩序违反法当中的抽象危险构成要件，主要是在取代或增强或减轻行政机关的预防性的行政制裁。”[2]

三、有关国家和地区证券犯罪的行为犯与结果犯立法例

由于各国证券市场发育程度不同、文化背景不一，所规定的证券犯罪种类也大不相同。一般来说，各国都规定有操纵证券市场、内幕交易和虚假陈述犯罪，其他证券犯罪则根据各自特点设置。例如，日本规定了世界上独一无二的保证损失罪、补偿损失罪；我国台湾地区则设置了较有特色的利益输送罪，并将一个操纵证券市场罪分拆成不履行交割罪、意图操纵交易价格通谋买卖有价证券罪、意图操纵交易价格连续买卖有价证券罪、意图造成有价证券市场活络表象连续买卖成交罪、意图影响有价证券交易价格散布流言或不实资料罪及其他操纵有价证券交易价格罪六种罪名。由于证券犯罪种类不同，一一比较考察必将费时费力。下文仅以各国和地区共有的操纵证券市场、虚假陈述和内幕交易犯罪作一比较。

（一）操纵证券市场犯罪立法比较

各个国家和地区对操纵证券市场罪的立法主要有两种：一种只要求有操纵行为，即可构成操纵市场行为；另一种要求除了操纵市场行为外，还需操纵行为造成了一定结果，即制造该证券交易活跃的假象抬高或者打压该证券价格，股价的变动只是外在再现，只有在操纵行为和外在表现之间存在内在的联系，才构成操纵市场行

① 蔡墩铭著：《刑法基本理论研究》，台湾汉林出版社 1980 年版，第 76 页。

② 林东茂著：《危险犯与经济刑法》，台湾五南图书出版股份有限公司 1996 年版，第 21 页。

为。[①] 显然，第一种立法模式突出操纵行为的“行为犯”特征。例如，日本证券交易法第159条规定的假装买卖、通谋买卖、变动操作、虚假情报的表示与散布和安定操作等操纵证券市场犯罪，只要有这些操纵行为，而无须操纵后果，可以说都是行为犯。[②]

我国台湾地区学者认为，操纵市场中的连续买卖行为应为行为犯而非结果犯，因此连续以高价买入或以低价卖出的行为，只要行为人主观上有拉抬或者压低价格的意图即可构成，而不以产生行为人所期望的高价或者低价结果为必要。至于行为人有无拉抬股票价格获利，不是本罪的构成要件。[③] 考察2010年修改后的台湾“证券交易法”第155条的规定，也可以发现台湾操纵市场行为除第155条第1项第1款不履行交割罪和第6款其他操纵有价证券交易价格罪外，第3、4、5、6款都只在主观上要求“意图抬高或压低……交易价格”“意图造成……”“意图影响……”[④]，而不要求造成影响证券交易价格的客观行为后果，因此大体可以得出台湾对操纵市场犯罪的规定以“行为犯”为主的结论。

第二种立法模式体现为操纵行为的“结果犯”。德国学术界认为，证明操纵市场的客观要件事实包括行为、行为状况、行为结果及因果关系等，其中行为指行为人实施了市场操纵禁令所禁止的行为，包括不实陈述、隐瞒重大事项等欺诈行为；行为状况指市场操纵禁令及其细化条例规定的实施行为时的特定情形，如拉抬、打压或锁定金融工具价格的行为；行为结果指操纵行为所引起的行情及市场价格波动。但新的市场操纵禁令已在构成要件层面把市场操纵

① 参见中国证监会行政处罚委员会编：《证券行政处罚案例判解》（第1辑），法律出版社2009年版，第50页。

② 参见陈建旭著：《证券犯罪之规范理论与界限》，法律出版社2006年版，第18~84页。

③ 刘连煜著：《新证券交易法实例研习》，台湾元照出版有限公司2011年版，第529页。

④ 第155条第1项第2款在修法时已被删除。——笔者注

行为列为“抽象危险犯”，即只要行为人实施了《有价证券交易法》第20a市场操纵禁令所规定的行为，就具备追究其市场操纵的民事责任、行政责任和刑事责任的前提条件。在《违反秩序法》层面，行为人即使没有对行情引起实际影响，也符合市场操纵违反秩序的客观要件；但在刑法层面，行为人不但要具有违反市场操纵禁令所禁止的行为事实，还要造成对市场行情的实际影响，才能构成客观要件的充足条件。因此，对市场行情是否造成实际影响是德国区分犯罪与违反秩序行为的主要标准之一，毫无疑问，德国刑法的操纵市场犯罪系“结果犯”。①

（二）虚假陈述犯罪②立法比较

美国对证券犯罪提起和刑事诉讼，主要依据《1933年证券法》第17节（a）及第10b－5规则的普通证券欺诈罪，其中第17节（a）仅限于欺诈销售或购买，禁止把对事实的歪曲陈述作为获取钱财的手段；第10b－5规则进一步延伸到证券销售和购买中发生的不实说明或遗漏，禁止任何种类的对事实的歪曲陈述，不论其目的如何，只要它与证券交易有关。构成该罪，行为人的虚假陈述必须具有“重要性”，即对被害人的证券交易产生直接影响，或者使被害人失去钱财。同时，对重要事实的不作为也可以构成诈骗，即当有说明的责任而保持沉默或者半真半假的陈述时必须承担刑事责任。此外，《1933年证券法》还规定了证券注册登记中的虚假说明罪，即任何人在依本法规定提供的注册说明书，故意对所要求的重要事实作不真实的说明，或者对为防止误解所必需的重要事实作不真实说明的，构成本罪。美国《1934年证券交易法》第32节还规定了向证券交易委员会提交的文件中作虚假说明罪，即在年度报

---

① 参见深圳证券交易所综合研究所：《研究报告——英、美、德市场操纵认定标准比较研究及中国证券法相关规范的完善》，第16页。

② 含我国刑法规定的欺诈发行股票、债券罪和违规披露、不披露重要信息罪等罪名。

告、季度报告、代理报告和资产报告中不提交报告、报告失实或者令人误解都应承担刑事责任。①

英国1844年《公司法》规定，证券市场参与者在证券发行、上市和交易过程中，必须依法以一定方式向社会公众、证券主管部门以及自律机构提交与证券有关的信息，所披露的信息应当客观、真实、完整、全面，如果披露的信息包含虚假或者重大遗漏的，应属虚假陈述或不实陈述。但将在招股说明书中作虚假陈述规定为犯罪的第一部成文刑法，是1861年的《反盗窃法》。该法规定了公司董事、经理和其他明知在招股说明书中有重大虚假信息的人的刑事责任。1958年《防止欺诈（投资）法》对本罪作了修改，将刑事责任扩展到证券交易市场上不谨慎地陈述错误信息的行为，而且包含了重大遗漏、误导性陈述和不正当披露的情形。1968年《盗窃罪法》对本罪作进一步修改，扩大了处罚范围，规定法人或非法人的高级职员，在公司事务问题上故意欺骗法人成员或者债权人，公布或同意公布其明知是或者可能是误导的、虚假的或者是欺诈性质的书面声明或者账目的，构成公诉罪。1986年《金融服务法》第149条规定，证券发行人或其他故意参与公告说明书的人，如果公布了上市说明书，却未按照规定要求上交副本，构成可判处罚金的公诉罪或简易裁判罪。第111条还特别规定了向审计人员虚假陈述的罪名。2001年执行的《2000年金融服务与市场法》第177条规定，违反金融监管，篡改、隐匿、销毁或以其他方法处理可能被金融服务局调查的材料，以及引起或允许他人实施这些行为，或者在重大事项上明知或轻率地提供虚假、误导性的事实，构成简易裁判罪。②

---

① 参见周密主编：《美国经济犯罪和经济刑法研究》，北京大学出版社1993年版，第258~273页。

② 参见王峰：《证券市场虚假陈述刑事立法的完善思考》，华东政法大学2008年硕士学位论文，第30~32页。

德国对虚假陈述的刑事立法主要体现在刑法典中的投资诈骗罪。第264a条规定：（1）销售股东应当从企业的收益中获得利润的有价证券、股权凭证或者股份；（2）提出提高这种股份投资的要约。任何与上述行为有关的人员在招股说明书中，或者在说明或介绍资产状况时，对于决定股份的购买或增加有重要意义的情况，向较大范围的人员提供不正确的有利说明或者隐瞒不利事实的，处3年以下监禁或者罚金；如果行为涉及企业以自己的名义为他人利益进行管理的财产份额时，相应地适用第1款；自动防止因获得或者增加资本所产生结果的行为，不根据第1款与第2款处罚。如果结果在行为人没有行为的情况下并未发生，那么行为人不受处罚，只要他是自动认真地努力防止结果的发生。此外，德国还以附属刑法的方式对证券虚假陈述行为进行刑事制裁。《证券法》第399条、第400条、第405条规定对发起人、董事会或监事会成员以及审查义务人的虚假陈述刑事责任。①

日本有关证券虚假陈述的刑事责任集中在《证券交易法》规定的提供虚假有价证券报告书罪和提供虚假有价证券申报书罪。该法第157条第2项规定，就有价证券的买卖或其他交易及有价证券指数等、有价证券期权交易等或外国市场证券期货交易等，使用重要事项有虚假表示，或为避免产生误解所必要的重要事实的表示有欠缺的文件或其他表示以取得金钱或其他财产的。第158条规定，任何人不得为有价证券的募集、推销、买卖或其他交易及有价证券指数等、有价证券期权交易等或外国市场证券期货交易等，或以有价证券行情的变动为目的，散布流言、使用诡计，或使用暴力胁迫。②

① 参见王世洲著：《德国经济犯罪与经济刑法研究》，北京大学出版社1999年版，第253~291页。

② 参见顾肖荣、张国炎著：《证券期货犯罪比较研究》，法律出版社2003年版，第73页。

我国台湾地区在“证券交易法”第174条较为系统地规定了证券虚假陈述行为的刑事责任。该条第1项规定：（1）公司募集、发行有价证券或者申请上市交易时提交的申请文件有虚假记载的；（2）对有价证券的行情或认募核准的重要事项作虚假记载并散布于众的；（3）发行人或其负责人、职员在公开说明书中作虚假记载或隐匿事项并且没有法定免责事由的；（4）发行人、公开收购人或其关系人、证券商或其委托人、证券商同业公会、证券交易所、证券金融事业、证券集中保管其他证券服务事业，对于主管机关命令提出的账簿、表册、文件或其他参考或报告资料的内容有虚假记载的；（5）发行人、公开收购人、证券商、证券商同业公会、证券交易所、证券金融事业、证券集中保管事实或其他证券服务事业，在依法或主管机关基于法律所发布的命令规定的账簿、表册、传票、财务报告或其他有关业务文件的内容有虚假记载的；（6）在依法或主管机关基于法律所发布的命令规定的财务报告上签章的经理人或主办会计人员，在财务报告内容上作虚假记载的；（7）就发行人或某种有价证券的交易，依据不实资料作投资判断，而以报刊、文书、广播、电影或其他方法表示的。该条第2项规定了律师、会计师的虚假陈述刑事责任，第3项规定了加重法定刑的情形。

由此可见，美国、英国、德国、日本以及我国台湾地区一律将虚假陈述犯罪规定为行为犯，只要实施了法律规定的虚假陈述行为即构成犯罪。法律之所以如此规定，是因为虚假陈述往往是证券欺诈犯罪的开始或外部表征，也是在缺乏证据证明行为人有其他更严重的证券欺诈犯罪时的兜底犯罪规定，这种行为严重剥夺了他人的知情权，而且很可能给投资者带来巨大损失。在尚无证据证明损失，却有证据证明虚假陈述的情况下，就进行犯罪化处理，显然比较严格。

（三）内幕交易犯罪立法比较

美国规制内幕交易的法律集中在《证券交易法》第10b节，

第10b－5规则及1984年、1988年的证券法修正案，内幕交易罪的基本构成要件如下：（1）行为主体必须使用了州际贸易、邮政或国内证券交易所的某些设备；（2）行为主体必须掌握内幕信息；（3）行为主体进行了与证券买卖有关的欺诈活动或实施了法律法规禁止的行为；（4）行为主体所掌握或知道的内幕信息是重要的；（5）行为主体所知道或获悉的重要内幕信息尚未公开；（6）行为主体主观上具有故意。①

日本的内幕交易，是指能够轻易接近公司内部重要情报的董事、监事等重要人员，以及与公司在交易上有重要关系的人员（简称“公司关系人”），利用其在公司内的特别地位而获知公司内部的重要情报，并在该重要情报向社会一般人公开发布之前，针对该公司的股票、债券等有价证券进行交易的行为。根据日本《证券交易法》第166条规定，内幕交易罪由以下要件构成：（1）公司关系人等；（2）对于公司业务等相关内部情报的“重要事实”；（3）基于“职务上关系”而获知；（4）在该情报“公开发布”之前；（5）对该公司股票、债券等进行买卖。②

根据我国台湾地区“证券交易法”第157条之1的第1项规定，内幕交易罪的构成要件为：（1）公司关系人等；（2）事先获知对于已发行股票的上市公司的股份有重大影响的重要事实；（3）在该事实“公开发表”之前；（4）进行该股票的买卖交易。③

据此，美国、日本及我国台湾地区均将内幕交易罪规定为行为犯。因为内幕交易侵犯了证券市场参与者的公平取得信息权，只要行为人事先获得内幕信息并进而买卖证券，无须考虑其是否实际取

---

① 参见顾肖荣、张国炎著：《证券期货犯罪比较研究》，法律出版社2003年版，第276页。

② 参见陈建旭著：《证券犯罪之规范理论与界限》，法律出版社2006年版，第106页。

③ 参见陈建旭著：《证券犯罪之规范理论与界限》，法律出版社2006年版，第128页。

得利润，即可成立内幕交易罪。

四、笔者观点

综上所述，大部分证券市场发达国家和地区将证券犯罪规定为行为犯，只有大陆法系的德国将操纵证券市场行为规定为结果犯。这可能一方面与大部分证券犯罪法益属于超个人法益有关。超个人法益的内容极为抽象，其是否受到现实侵害，不像在侵害生命、身体、财产场合那样容易判断，加害行为和受损法益之间的因果关系也并非一目了然，对其保护，就不能采取传统的侵害犯的犯罪构成模式，而有必要设置一种不必过分强调侵害结果就能成立的犯罪构成模式，也即行为犯或抽象危险犯的犯罪构成模式。事实上，各国政府不待出现犯罪结果即规定为犯罪，比要求出现犯罪结果的国家规定严格，表明他们严厉惩治证券犯罪的姿态。另一方面与一些国家没有严格区分证券违法与证券犯罪，而将证券犯罪以附属刑法形式规定在证券法或证券交易法中有关，如此规定的后果，便是只要具有证券不法行为，即可依据刑法规范承担刑事责任。

在我国，证券犯罪规定在刑法中，共20个证券犯罪罪名，分布在证券交易所建立、证券发行、证券交易等各个环节。有学者认为证券犯罪系结果犯，“对于证券犯罪来说，一般要求危害结果实际发生。凡某个行为在事实上造成危害结果，则为证券犯罪，如果没有发生实际危害结果，一般作为证券违法行为处理”。[①] 有学者则从证券犯罪防治角度，建议将我国证券犯罪的情节犯和结果犯修改为行为犯，认为将可能侵害法益的行为犯罪化，重视行为的规范违法性是行为无价值的观点，对犯罪的预防具有重要意义，[②] 似乎

---

① 杨春洗、高格主编：《我国当前经济犯罪研究》，北京大学出版社1996年版，第405页。

② 参见王晓东著：《当代金融犯罪防治对策研究》，山东人民出版社2006年版，第149～150页。

表明我国证券犯罪为结果犯，而不是行为犯。而另有学者在分别研究了各类证券犯罪的犯罪形态后，得出除违规披露、不披露重要信息罪[①]和滥用管理证券职权罪外，其余证券犯罪均为行为犯的结论。虽然大部分证券犯罪都规定“数额巨大、后果严重或者其他严重情节”，但这类后果与结果犯所要求的结果不同，这种后果的内容既不具体也不特定，其功能在于确认各类证券犯罪所必须达到的社会危害性的严重程度，是区分罪与非罪的标志。[②]

笔者基本同意后一种观点，认为证券犯罪基本上为行为犯，但对操纵证券市场罪系行为犯的观点有不同看法。我国不少证券犯罪规定了“数额巨大、后果严重或者有其他严重情节”，因而大多证券犯罪为情节犯，同时也是一种数额犯。例如，成立擅自发行股票、公司、企业债券罪，行为人必须实施擅自发行股票、公司、企业债券的行为，这是构成要件中质的规定性，而“数额巨大、后果严重或者有其他严重情节”不是区分此类行为区别于其他行为质的规定性，而是构成本罪量的规定性，也即构成本罪行为在社会危害性严重程度的要求，没有达到这个要求，行为人即使具有擅自发行行为，也不能构成犯罪。“数额犯中数额要件的存在实际上是对法益侵害程度的一种说明与限定，从而在实质根据上解决犯罪的成立与否的问题，只要是对数额犯构成要件所保护法益的严重损害与威胁都将纳入刑法调整的视野。”[③] 而犯罪结果则指犯罪行为使我国刑法所保护的社会关系受到实际侵害的客观表现形式，[④]“数额巨大、后果严重或者有其他严重情节”的内容不具体也不特定，

---

① 原为提供虚假财务报告罪，该学者在2002年之前即研究证券犯罪，因而一些新出现的证券犯罪如背信损害上市公司利益罪、违规披露、不披露重要信息罪、背信运用受托财产罪等均未被纳入视线。——笔者注

② 参见王晨著：《证券期货犯罪的认定与处罚》，知识产权出版社2008年版，第542页。

③ 王昭振：《数额犯中“数额”概念的展开》，载《法学论坛》2006年第3期。

④ 参见史卫忠著：《行为犯研究》，中国方正出版社2002年版，第26页。

不属于受到实际侵害的客观表现形式，因而不能成为结果犯的犯罪结果。但是本罪作为行为犯，则存在完成形态与未完成形态之分。因为罪与非罪和犯罪是否完成是两个不同的概念。[①] 对于操纵证券市场罪来说，刑法规定了“情节严重”和“情节特别严重”两种情形，应为情节犯，但情节犯既有可能为行为犯，也有可能为结果犯。根据证监会《证券市场操纵行为认定指引（试行）》第 14 条规定，“影响证券交易价格或者证券交易量，是指行为人的行为致使证券交易价格异常或形成虚拟的价格水平，或者行为人的行为致使证券交易量异常或形成虚拟的交易量水平。前款所称致使，是指行为人的行为是证券交易价格异常或形成虚拟的价格水平、或者证券交易量异常或形成虚拟的交易量水平的重要原因”。从我国《刑法》第 182 条第 1 款规定情况来看，该款第 1 项规定“单独或者合谋，集中资金优势、持股或者持仓优势或者利用信息优势联合或者连续买卖，操纵证券、期货交易价格或者证券、期货交易量的”，要求具有集中资金等优势联合或者连续买卖，操纵交易价格或者交易量的行为，而无须操纵结果，应为行为犯，而第 2 项、第 3 项分别规定“与他人串通，以事先约定的时间、价格和方式相互进行证券、期货交易，影响证券、期货交易价格或者证券、期货交易量的”、“在自己实际控制的账户之间进行证券交易，或者以自己为交易对象，自买自卖期货合约，影响证券、期货交易价格或者证券、期货交易量的”，要求实施两种操纵行为，并达到操纵交易价格或者交易量的结果，明显为结果犯。因此，我国刑法中的操纵证券市场罪，根据不同行为方式，既可能是行为犯，也可能是结果犯。既然如此，对第 4 项的兜底条款解释便需区分不同情形。

总之，我国证券犯罪立法以行为犯居多，也规定少量的结果犯，但世界证券市场发达国家基本上将证券犯罪规定为行为犯。从

① 参见王晨著：《证券期货犯罪的认定与处罚》，知识产权出版社 2008 年版，第 54 页。

这个角度说，我国证券犯罪立法较其他国家和地区宽松。这是由于各个国家和地区对证券市场的掌控程度不同、立法者对证券犯罪的危害性认识不同以及各国法律体系不同所造成的，不能简单地说哪个国家的规定优于其他国家。所以上述学者关于将我国证券犯罪的结果犯和情节犯一律修改为行为犯的建议，首先归因于其没有认真剖析现行证券犯罪立法以行为犯为主，其次没有考虑我国证券市场起步晚，投资主体不成熟、政府干预市场程度深等特殊性，最后忽视了我国在刑法中规定证券犯罪之前，已在《证券法》中规定证券违法，在某种程序上已经堵塞了缺乏规定“行为犯”而出现漏洞的客观事实，其观点确有考虑不周之嫌。

第二节　传统刑法因果关系学说在证券犯罪因果关系认定中的不适应

一、大陆法系刑法因果关系学说评述

大陆法系关于刑法因果关系的理论存在多种学说：

条件说认为，一切行为，只要逻辑上属于结果产生的必然条件，都是结果产生的原因，其基本公式为“如无前者，则无后者”。造成结果发生的所有条件都具有同等的原因力，其作用没有大小之分，该说亦被称为“等价说”。这种学说从自然的物理观念上理解因果关系，将一切对结果产生起了不可缺少的作用的因素都看作结果产生的原因，具有直观性，有利于具体寻找确定因果链条，有利于坚持因果关系的客观性，避免主观因素介入因果关系的判断之中。但其缺陷也十分明显，一是扩大因果关系范围，因而扩大了处罚范围；[1] 二是不承认不同的必要条件对于结果产生所起的

① 参见张明楷著：《外国刑法纲要》，清华大学出版社2007年版，第118～119页。

作用程度差别，导致在追究刑事责任时无法从客观危害程度方面区别责任的大小；三是将原因与责任等同，认为凡对危害结果的产生起必要条件作用的人都要承担法律责任，陷入“客观归罪”的泥坑。①

原因说是在批评条件说的基础上产生，主张从结果发生的条件中，以某种规则为标准挑选出其中应当作为原因的条件，只有这种原因与结果之间才具有因果关系，因而又被称为“个别化说”，其出发点是为防止条件说不当扩大因果关系的范围。历史上虽然出现以最终条件说、异常行为原因说、优势条件说、动力原因说等为代表的寻找原因基准的学说，最终却因所提出的标准比较含糊难以把握而被抛弃。其缺陷还在于仍将刑法因果关系当做纯自然的现象，忽略了刑法因果关系的法律性特征。但其提出的限制条件说的范围、根据必要条件所起作用大小区分原因和条件等做法，为后继学者研究刑法因果关系提供了很好的思路。②

相当因果关系说是日本和我国台湾地区刑法学界和审判实践所流行的学说，旨在限定因果关系的范围。是指根据人们的社会生活经验对事物作一般性的考察，如果认定一定的行为产生一定的结果通常是相当的，就认为该行为与该结果之间存在因果关系。③“相当”，是指该行为产生该结果在日常生活中是一般的。适用相当因果关系说时，应依据案件的哪部分事实作为判断基础，站在什么人立场，有三种学说：主观说认为，应站在行为人的立场，以行为人在行为时所能认识的事实为基础。客观说认为，应站在法官的立场，以行为当时客观存在的事实以及行为后所查明的事实为基础。折中说认为，应以行为时一般人能够预测的事实以及行为人所特别

---

① 参见张绍谦著：《刑法因果关系研究》，中国检察出版社 2004 年版，第 30 ~ 31 页。

② 参见张绍谦著：《刑法因果关系研究》，中国检察出版社 2004 年版，第 32 页。

③ 参见陈家林著：《外国刑法通论》，中国人民公安大学出版社 2009 年版，第 200 页。

知道的事实为基础。但这三种学说都遭到了批评，主观说被认为不但事实上将因果关系问题与罪过问题完全等同，而且还将因果关系与刑事责任相等同；客观说由于将案件中所存在的一切事实都作为判断依据，因而其结论与“条件说”没多大区别；折中说也将因果关系与主观罪过作为一个问题同时考虑。此外，“相当性”的不明确也是相当因果关系说遭受指责的重要因素。

客观归责理论认为，当行为人制造了不被允许的风险，这个风险在具体的结果之中实现，而且这个结果存在于构成要件的效力范围之内时，由这个行为所引起的结果，才被认为行为人的成果而归责于行为人。客观归责理论对相当因果关系进行了两个层次的划分，即明确区分因果关系与归责问题。它采用条件关系作为因果关系存在与否的标准，认为只要存在这种条件关系，就可以肯定因果关系，因果关系的判断即到此为止，剩余的问题就被认为是客观责任的归属。①

从以上学说的演变中，大致可以发现大陆法系因果关系经历了一个从找寻事实原因向法律原因递进的过程，学者们意识到刑法因果关系不是简单的自然的、物理的联系，而是带有基本法律价值倾向的判断。同时，他们都从刑法基本理论入手展开研究，很少受哲学研究的直接影响。

二、英美法系刑法因果关系学说回顾

英美法系刑法因果关系理论与作为民事侵权行为责任条件之一的因果关系理论，是一脉相承的，把原因分成两层：第一层次是“事实原因”，类似于大陆法系条件说圈定的原因，根据“but for”公式加以判断；第二层次是“法律原因”，认为事实原因并非最终都能被认定为刑法原因，还需运用一定的规则进行筛选，找出其中

① 参见周国良：《刑法因果关系的定型性——从条件说到客观归责理论的考察》，载《检察实践》2005年第3期。

让行为人对结果负责的行为。可以说，法律原因理论与相当因果关系说一样，是为限制刑法上因果关系的范围。近因说、政策说和预见说都是为如何选择法律原因而展开。

近因说中的“近因”是指没有被介入因素打破因果链条、当然地或者盖然地引起危害结果的事实原因。[①] 近因说的一个创造性见解是承认盖然关系，即行为和结果之间存在高概率的偶然联系也是刑法上的因果关系，但它并没有提供一套具体的、可操作的标准将法律原因从事实原因中筛选出来。

政策说认为，不能仅把确定刑法因果关系完全看作为事实原因，相反，在很大程度上，它是法律所作的一种选择。至于选择哪些行为作为刑法中的原因，就必须考虑刑法的功能、立法的目的、刑法所保护的利益性质、行为本身所具有的社会危险性等政策性的因素。因此，主张将刑法因果关系分两步去寻找，第一步是寻找事实上的原因，第二步是挑选法律原因。其受到的批评是，一方面由于“政策”本身的不确定性，使之在实践中很难准确掌握；另一方面很难将刑法因果关系与刑事责任相区别，无形之中就会踏入责任评价范围。[②]

预见说认为，只要行为对结果的产生起了必要条件的作用，判断行为是否属于刑法中的原因，完全取决于行为人对这一结果的发生是否有认识或者是否能够认识。这种学说完全以主观认识代替因果关系判断，实际上否定了因果关系理论研究的必要性，而且将客观的因果关系问题与主观罪过相混淆，实际上确定因果关系就相当于确定责任。[③]

可见，英美法系因果关系学说都是在事实原因的基础上挑选法

① 参见储槐植著：《美国刑法》，北京大学出版社2005年版，第46页。

② 参见张绍谦著：《刑法因果关系研究》，中国检察出版社2004年版，第15～18页。

③ 参见张绍谦著：《刑法因果关系研究》，中国检察出版社2004年版，第19页。

律原因，认为法律上的原因都要经过价值判断，且与危害结果之间具有较重要的而不是一般的联系。其中近因说是通说。

三、我国刑法因果关系理论述评

长期以来，我国传统刑法理论存在必然因果关系与偶然必然因果关系之争。受苏联影响，我国学者将哲学中的必然性和偶然性带入刑法理论研究。必然因果关系认为，刑法中的因果关系，只是危害行为与危害结果之间内在的、合乎规律的、必然的因果关系；偶然必然因果关系认为，刑法因果关系，包括危害行为与危害结果之间的必然的和偶然的因果关系；偶然因果关系，是指一种现象在其合乎规律的发展过程中，偶然地介入另一种力量，最后造成了某种结果。但是，哲学中的必然性和偶然性是相对的概念，必然性的实现取决于大量偶然性的因素。哲学上对因果关系必然性的理解有不同看法，将这种连哲学上都未完全理清的概念带入刑法理论，只会给刑法因果关系理论研究带来更大争议。

为此，我国学者在吸收大陆法系、英美法系刑法因果关系理论的基础上，提出了事实因果关系和法律因果关系理论。例如，有学者认为，刑法因果关系是作为刑事责任的客观根据而存在于刑法之中，它既是行为与结果之间一种客观存在的事实因果关系，同时又是法律所要求的法律因果关系。其中，事实因果关系是刑法因果关系的基础，主要在质上决定行为与结果之间是否存在因果关系；而法律因果关系则是刑法因果关系的本质，是从量上解决达到何种程度的事实因果关系才能作为刑事责任的客观基础。① 另有学者指出，大陆法系的条件说和英美法系的事实原因理论并无二致，它们所要解决的都是因果历程的本体问题，为法律原因的筛选或称结果责任的归属提供客观基础，而大陆法系的相当因果关系说及其补充

---

① 参见张绍谦著：《刑法因果关系研究》，中国检察出版社2004年版，第116～135页。

理论客观归责，与英美法系的法律原因又有异曲同工之妙，它们所要解决的已不是因果历程的本体问题，而是结果责任的归属问题。刑法中的因果关系，仅仅作为一个事实问题来把握，难以完成因果关系在犯罪构成中的使命，双层次原因的分析模式才是解决的科学之路。第一步，划定具有法律价值性的一切事实，这是条件说或事实原因所担负的任务；第二步是从这些被划定的事实中寻找相当的因果关系，决定结果责任的归属，这是法律原因或相当因果关系及其补充理论客观归责所要回答的问题。[①] 还有学者论证道，既然刑法因果关系是一种规范性关系，而不完全是事实性关系，那么在其判断上，就不一定要完全依照事实关系的判断法则。刑法因果关系的判断结构，应当由一个条件关系判断和一个因果关系判断所构成的双层结构。第一个层面，通过判断“行为”和“结果”之间是否存在“没有前者，就没有后者”的条件关系，划定刑法因果关系的判断范围；第二个层面，通过判断“危害行为”是否和“结果”之间具有引起和被引起的因果关系，选择引起危害结果发生的主要条件即原因。[②]

笔者认为，相比而言，大陆法系的相当因果关系理论突出强调在事实因果关系基础上的相当性判断，对因果关系的性质和作用描述比较科学、合理，得到了许多国家和地区的认同。德国学术界和实务界认为，“（一）相当因果关系说，首先应判断结果发生之条件，为损害发生之‘不可欠缺的条件’，亦即具有事实上因果关系后，再判断相当因果关系。（二）相当因果关系之判定，在于行为人提高损害发生之危险，亦即增加损害结果发生之客观可能性。（三）损害发生之因果历程必须无其他异常独立之原因介入，亦即事件发生之因果历程必须符合一般事件正常发展过程。（四）相当因果关系并非事实上因果律问题，而系对行为人公平课与责任之判

---

① 参见储槐植、汪永乐：《刑法因果关系研究》，载《中国法学》2001 年第 2 期。

② 参见黎宏：《刑法因果关系论反思》，载《中国刑事法杂志》2004 年第 5 期。

断标准，具有法律政策判断之色彩”①。英美法系区分事实原因和法律原因的做法适应其法院审理中的事实审和法律审分开的需要，在准确认定刑法因果关系思路上值得我国借鉴。我国刑法学界所倡导的双层次因果关系理论正是吸收了大陆法系和英美法系因果关系理论的合理部分，条理清晰，论证严密，值得推广。需要指出的是，其中的法律因果关系不同于相当因果关系说，其判断标准更具多元化、综合性，并非如相当因果关系说强调的以一般社会经验法则作为唯一标准。

四、传统刑法因果关系理论在证券犯罪因果关系认定中遇到的尴尬

（一）证券犯罪的隐蔽性特征决定了犯罪事实举证困难

证券市场具有参与主体众多、市场信息瞬息万变、交易金额巨大等特点，也存在透明度不高等弊端。现代证券交易采用高科技、信息化网络技术，通过集中竞价交易、按照价格优先、时间优先原则完成每笔交易，交易者之间从来不是面对面进行，即使下单的人员在同一时间同一地点同一台电脑上下单，也很难保证自己抛出的股票就被同伴买到，更何况证券犯罪属于高智商犯罪，犯罪分子会穷尽一切办法掩盖自己的犯罪行为，投资者怎能保证自己买入或卖出的股票不是操纵市场者所卖出或者买入的股票？在此情况下，只有犯罪分子自己清楚他的行为性质和行为目的，交易相对方除了发现自己的股票市值缩水之外，怎能发现有人在从事证券犯罪？因此，通常情况下，证券犯罪由各国证券监管部门通过监管证券账户交易异常及价格趋势异常得以发现，或者由证券犯罪知情人内部举报，常人难以发现。即使发现，也很难证明由谁在哪些账户、使用什么手段实施证券犯罪，证明犯罪行为与犯罪结果之间的客观联系

---

① 陈聪富著：《因果关系与损害赔偿》，台湾元照出版有限公司2004年版，第15页。

更是难上加难。

（二）证券价格受影响因素众多，决定成立证券犯罪的“条件关系”难以证明

证券市场的魅力在于证券交易价格的不断起伏变化，证券犯罪人和普通投资者都寄希望于准确无误地把握证券交易价格变化从中获取差价，但如果他们都能做到这一点，证券市场就会全是赢家，而没有输家，但这是不可能的。证券市场盈亏是正常现象，不正常的是盈的总是盈，亏的永远亏。证券犯罪人通常比普通投资者“擅于”把握证券交易价格，其窍门在于比他人多了一种手段——证券犯罪。

众所周知，影响证券价格的影响很多，包括宏观因素、产业和区域因素、公司因素和市场因素。其中宏观因素包括：（1）宏观经济因素，包括宏观经济运行的周期性波动等规律性因素和政府实施的经济政策等政策性因素。前者如当一个国家的 GDP 上升时，股票的价格通常也处于上涨的趋势。后者包括利率政策、货币汇率政策和税收政策等，如 2007 年 5 月 30 日，财政部突然发出通知要求上调印花税，沪深两市应声大跌，两市个股跌幅均超过 6%，不包括 ST 股和未股改股在内，两市共有 859 只股票跌停。[①]（2）社会政治因素。各国政局不稳、罢工、叛乱、恐怖活动等因素经常会造成股市暴跌。例如，2001 年 9 月 11 日，美国纽约世界贸易中心大楼被恐怖袭击的事件，直接导致美国股市狂跌。（3）军事因素。主要指国家与国家之间的军事冲突。例如，海湾战争曾导致世界主要证券市场的价格呈下跌之势。（4）文化、自然因素。就文化因素而言，主要指一国的文化传统对投资信息的影响。自然因素包括海啸、地震等自然灾害。

产业和区域因素，是指产业发展前景和区域经济发展状况对证

---

① 参见宋莉：《忽如一夜寒风来　千树万树梨花落》，http://finance.qq.com/a/20101028/002835.htm，2012 年 2 月 24 日访问。

券价格的影响。当某类产业正处于发展期时，其股价会不可避免地上涨。公司因素主要指公司运营情况，如企业兼并计划、企业投资政策、增资扩股等都会造成证券价格上升。市场因素则指市场主体参与的合法行为与违法行为。

由此可见，影响证券价格的因素是多方面的，证券犯罪只是其中因素之一。因此，即使证券市场上发生了诸如操纵证券市场、内幕交易或者虚假陈述等证券犯罪行为，出现证券价格不正常波动现象，如要排除其他因素，运用“没有前者，就没有后者”的条件关系公式，证明某一价格波动就是某个证券犯罪行为造成的，或者按照原因说从中区分出影响证券价格的原因和条件，恐怕即使找到证券市场的顶级专家来论证，也很难得出“没有这些证券犯罪，就不会造成证券价格异常波动”的结论。因为影响证券价格的结果是“多因一果”而不是“一因一果”。“一因一果”的因果关系相对容易判断，而“多因一果”的因果关系要剔除非危害行为因素、合法因素及其他危害行为因素存在多重障碍，证券交易毕竟不是一对一交易，很难假设某一条件不存在时结果会怎样的条件关系。

（三）证券交易的复杂性和证券犯罪结果的相对抽象性，决定了证券犯罪因果关系难以运用传统刑法因果关系理论认定

如前所述，证券交易采取现代化、高科技网络技术，投资者都是在背靠背、互不相识的情况下完成每笔交易，即使依靠最先进技术也很难绘制出每笔证券交易的轨迹，因而其交易比传统商品交易复杂得多。证券犯罪结果一般表现为影响证券交易价格或者交易量或者使投资者遭受重大损失，这种结果需要参照其他因素予以印证，不是那么直观。而证券犯罪通过证券交易实施，表面上看不出其与正常证券交易的区别。要想确定操纵行为是影响证券价格和交易量的重要原因，需要综合考虑各种因素，包括行为造成的证券价格与大盘指数偏离情况、证券价格的走势与公司的基本面的偏离情况等，有时还要结合证券市场整体状况。在此情况下，如果运用相当因果关系说，首先遇到的就是“相当性”的含义问题。而若将

投资者的损失归咎于上市公司的违规披露、不披露重要信息行为，很难找到一个准确的判断基准来阐释这里的一般社会经验准则。换言之，一般的社会经验法则在认定证券犯罪的因果关系中是不存在的。近因说承认盖然关系，但它并没有提供一套具体的、可操作的标准。证券犯罪行为和犯罪结果之间确实存在高概率的偶然联系，这种概率需要达到什么程度才能排除其他因素影响，运用近因说同样面临操作标准缺失的问题。政策说提出选择刑法中的原因必须考虑刑法的功能、立法目的、刑法所保护的利益性质、行为本身所具有的社会危险性等政策性的因素，提供了从刑法目的出发认定证券犯罪因果关系的思路，但由于刑法目的的抽象性，在解释和适用刑法时可操作性不强，可能给法官留下较大自由裁量权，即法官认为符合刑法目的时就认定证券犯罪因果关系，反之则不认可，给人以不严谨之感。而使用我国必然因果关系说证明证券犯罪行为与证券犯罪结果之间存在内在的、本质的、必然的联系，必将面临举证失败结局。因为影响证券交易的因素很多，依靠现有科学技术水平分析复杂的证券交易流程，很难做到准确无误。以内在的、本质的、必然的联系作为证明要求，恐怕没有一个证券犯罪得以证成。例如，操纵证券市场罪的结果是影响证券交易价格或者交易量，导致这种变化的内在的、本质的、必然的因子便是证券本身价值发生的变动，但操纵行为并不会引起证券价值发生变化，如果将必然因果关系说进行到底，得出的结论为操纵行为不是证券交易价格或者交易量受到影响的原因。可见，运用必然因果关系说同样不能解释证券犯罪因果关系。

总之，运用大陆法系的条件说、原因说、相当因果关系说、英美法系因果关系理论以及我国必然因果关系说，均很难认定证券犯罪中的因果关系。因此，必须开拓新思路寻找新的证明理论。

第三节　美国和我国台湾地区对证券欺诈因果关系的认定与启示

一、美国和我国台湾地区对证券欺诈因果关系的处理

英美法系刑法因果关系与民事侵权的因果关系理论一脉相承，研究民事侵权因果关系可为刑法因果关系研究提供新思路。美国主要反证券欺诈条款是美国证券交易委员会即 SEC 依据 1934 年《证券交易法》第 10 条（b）款制定的 10b－5 规则，该规则明确规定："任何人不得直接或间接利用州际商务工具或邮件或全国性证券交易所的设备，在买卖过程中，为下述行为：a. 使用任何方法、计划或技巧从事欺诈行为。b. 对重要事实作不实陈述，或省略某些重要事实的陈述，以致在当时实际情况下产生引人误导的效果。c. 从事任何行为、业务或商业活动，而对他人产生欺诈或欺骗的情事者。"该规则是美国全方位的反欺诈规定，它的内容具有包容性，禁止的违法行为非常广泛，几乎适用于所有可以遇见或想象得到的情形。美国追究操纵市场行为、内幕交易行为以及虚假陈述行为的民事责任、行政责任和刑事责任无不依此规则展开。证券欺诈的因果关系，"应系指投资人因信赖该不实陈述而陷于误信，因为此一误信而为投资决定（即买进或卖出），并因该投资决定而受有损害。简言之，投资人必须证明其损失是因对该不实陈述之信赖所致"①。因此，美国法院在处理证券欺诈案件因果关系时，将其分成前后两个阶段：第一阶段，证明投资者的投资决定是因为信赖而作出错误的投资决定，即存在"交易的因果关系"；第二阶段，证明投资者的损失是因为行为人的违法行为与不当交易造成，即存在

① 刘连煜著：《新证券交易法实例研习》，台湾元照出版有限公司 2011 年版，第 310 页。

“损失的因果关系”。这种做法与英美法系双层次因果关系理论不谋而合，分别对应事实原因和法律原因。

但是，由投资者举证证明对不实陈述的信赖，事实上颇为不易。因为证券市场每天交易人数众多，买卖双方通常通过证券公司在证券交易所的电子系统撮合成交，要让买方或卖方证明他因为“信赖”他方甚至第三人的虚假、欺诈行为而买入或卖出证券造成损失，不啻为一大难题。为此，美国联邦最高法院在审理著名的Basic Incorporated v. Levinson案中提出了“欺诈市场理论”，推定“信赖”要件的存在，认为“在一个开放且发展良好之证券市场，重大之不实陈述或遗漏，一般均会影响股价。另外，因为市场投资人普遍以股价作为其价值之表征，故即使投资人并未直接依赖该不实陈述或遗漏，此等投资人仍可推定为诈害者”①。换言之，“此一理论以信赖‘市场’取代信赖系争‘不实陈述或遗漏之消息’，以减轻投资人举证责任之负担”②。只要证明以下情形，法院即可认为存在信赖关系：(1) 被告作出了公开的不实陈述或遗漏；(2) 该不实陈述或遗漏是重大的；(3) 交易在一个有效的市场中进行；(4) 不实陈述或遗漏会导致一个理性的投资者错误判断证券的价格；并且 (5) 交易是在不实陈述或遗漏作出后被揭露前进行的。

“欺诈市场理论”建立在“有效市场假说”之上的。有效市场理论根据证券价格对信息的不同反应和反应的速度，分为弱式有效市场、半强式有效市场、强式有效市场三种类型。弱式有效市场是证券市场的初创形态，强式有效市场是证券市场完美的理想状态，“欺诈市场理论”的基础实际上是半强式有效市场。③

有学者认为我国证券市场目前属于弱式有效市场，对在司法实

---

① 刘连煜著：《新证券交易法实例研习》，台湾元照出版有限公司2011年版，第311页。

② 刘连煜著：《新证券交易法实例研习》，台湾元照出版有限公司2011年版，第311页。

③ 参见毛玲玲著：《证券市场刑事责任研究》，法律出版社2009年版，第183页。

践中引入“欺诈市场理论”不无疑虑。[①] 我国台湾地区学术界对该地区证券市场是否为有效率市场存有不同观点，因此也有类似看法。但美国学者认为“欺诈市场理论”与有效市场的假设有一定联系，但不怎么依靠诸如证券市场是完全有效的或能有效地分配资源等假设。[②] 我国台湾有学者经反复权衡，认为参照“欺诈市场理论”的精神为妥，建议立法引进“因果关系推定存在”的规定，或以法官造法的方式加以弥补。[③] 值得关注的是，台湾法院明确采取“推定因果关系存在”的见解。台湾大中钢铁案中，台中地方法院九十一年度诉字第二四三号判决书中写道：“今因大中公司之财务报告未揭露该公司负责人擅自挪用款项之事实，致使投资者无法从该财务报告之内容得悉公司之财务状况……则原告主张等之犯行，致其所得资讯错误，无从正确判断风险而善意买入股票，受有损害，合于证券市场交易情况，是于此情形下，应转由被告举证证明被告之不实财务报告与投资人之损害无因果关系，始可免除责任。”[④] 据此不难发现，我国台湾地区法院与美国法院做法不完全相同，其没有严格区分交易因果关系和损失因果关系，直接在原告

---

① 参见毛玲玲著：《证券市场刑事责任研究》，法律出版社2009年版，第185页。

② 参见［美］罗伯特·C. 克拉克著：《公司法则》，胡平等译，工商出版社1999年版，第264页。

③ 刘连煜著：《新证券交易法实例研习》，台湾元照出版有限公司2011年版，第311页。

④ 刘连煜著：《新证券交易法实例研习》，台湾元照出版有限公司2011年版，第312页。

损失与被告不实陈述的因果联系中引入了因果关系推定规则。[①]

综上所述，“欺诈市场理论”的核心是推定原告“信赖”被告的不实陈述或遗漏消息，减轻了原告按照一般侵权理论的证明责任，类似于民事侵权责任中的因果关系推定理论。被告如要推翻此因果关系，必须就被告行为与原告损失之间没有因果关系承担反证责任。

二、因果关系推定的内涵

因果关系推定理论发端于环境侵权领域。环境侵权具有与普通侵权行为不同的特点，它通过环境介质间接地发生作用，即污染者将污染物质排放于环境中，基于环境与人体的物质循环和能量流动，受污染者摄入污染物质，进而造成人体伤害。环境侵权实行无过错归责，因果关系成为责任构成的基本要件，但由受害人证明环境污染与人体伤害之间的因果关系非常困难：一是加害行为具有高科技性及构成上的复杂性。新型环境侵权行为与大工业生产、高科

① 美国各法院对损失因果关系认定没有统一的标准。有的要求原告证明“他所遭受的损失正是被告违法行为的那个事实导致的”，有的只要求原告证明损失和行为之间有适当的因果关系。美国联邦巡回法院对损失因果关系的证明责任分担问题有两种意见。大多数联邦巡回法院的意见比较严格，对原告较为不利。他们认为如果原告以证券随后价值的变动作为损害证据，则原告必须举证证明，被告的虚假陈述与随后价值的变动存在因果关系。少数联邦巡回法院的意见对原告较为有利。他们认为，原告只需证明，被告的虚假陈述原因行为造成了原告以不公平的价格买卖系争证券的结果，即完成损害因果关系的证明责任；至于随后价值的变动，只是作为衡量损害赔偿的依据，因此，原告无须就随后价值的变动与原告的虚假陈述行为之间的因果关系负证明责任。美国学者的认识也不一致，有的认为原告须证明被告的行为是损失的根本原因或近因，有的则认为原告必须证明被告的欺诈行为在原告遭受的损失中起到了实质性作用。笔者认为，尽管以上表述各不相同，但在要求原告行为对被告损失产生一定作用上是相同的，只是有的证明要求高些，有的证明要求相对低些。参见马其家主编：《英国及欧盟证券法案例选评》，对外经济贸易大学出版社 2006 年版，第 117 ~ 118 页；杨峰：《操纵证券市场民事责任因果关系认定规则之完善——从对美国、日本相关规定的比较出发》，载《法商研究》2006 年第 6 期。

技利用密切相关，找出污染事件真正的致害原因并非易事。二是加害行为具有间接性。环境侵权中，损害事实往往由于污染中、长期的累积作用造成，即因污染对于自然环境而间接造成他人的损害。三是取证极为困难。环境侵权行为蕴含着复杂的专业知识，在对因果关系中的原因进行调查取证时需要相关的科技知识和仪器设备，这往往不被受害人所具备。为了克服环境侵权受害人举证上的困难，维护法律公平，其出路在于将举证要求从确定性方向向盖然性方向转变，即原告只需使法官有比一般情形要求为低的盖然性因果关系程度的推定，即可认定因果关系，被告只有提出反证证明因果关系不存在，才有可能免责。这就是民事侵权中的因果关系推定理论，它实际上是对因果关系证明标准的降低。笔者赞成我国台湾地区学者对因果关系推定所下定义，即指对于某种表见事实发生损害，即推定损害与该事实的因果关系存在，受害人无须再证明其间的因果关系，即可对表见事实的行为请求损害赔偿，而行为人唯于以反证证明损害与该事实无关时，始可免责的法则。①

因果关系推定一般分为三个步骤，即受害人初步证明→推定→加害人反证。

首先，受害初步证明。推定是在待证事实出现证明困难时，在基础事实已被证据证明而待证事实未能被证明的情况下，依据法律直接规定或法官按照经验法则所确立的两个事实间的充分条件关系，认定待定事实的一种特殊证明。② 由受害人对基础事实进行证明，是下步推定得以展开的前提。加害人可就基础事实进行反证，一旦使基础事实处于真假不明状态，反证就获得成功，法官将不再适用因果关系推定理论进入下一个程序。

其次，推定。当受害人对基础事实的证明达到相应的证明标准

---

① 参见邱聪智著：《民法研究》，中国人民大学出版社 2002 年版，第 225 页。

② 参见邹雄：《论环境侵权中因果关系的认定》，载《中国政法大学学报》2010 年第 2 期。

时，加害人就被科以反证因果关系不成立的义务，如果加害人不能反证或反证达不到相应的证明标准，方可推定因果关系的成立。

最后，加害人反证。这种反证不能仅仅使推定事实处于真伪不明状态，必须由加害人就推定事实提供充分的反面证明。

因果关系推定的方法包括盖然性因果关系理论、间接反证理论、疫学因果关系说以及泛行业责任理论等。它在民事侵权领域获得了大多数人的认可，纷纷被有关国家和地区引入刑事法领域，目前在环境污染犯罪的因果关系认定中，大陆法系国家的日本采取疫学因果关系说，德国、法国采取因果关系推定规则；英美法系的加拿大采取因果关系的推定原则；而我国台湾地区则是有条件地适用因果关系推定规则。[①] 可见，有关国家和地区出于公平或诉讼经济性考虑，已将运用于民事诉讼中的因果关系推定规则逐步引入刑事法领域。

三、启示

（一）特殊侵权领域适当降低因果关系证明标准已成趋势

随着科学技术进步和大工业发展，各类危险活动剧增，司法实践对于因果关系认定越来越困难，侵权责任难以确定的问题比较突出。在环境侵权领域，考虑到受害人往往距离损害发生的原因较远，或因技术障碍、信息不对称、经济实力等因素造成举证困难，难以确定损害原因，从调和加害人和受害人就因果关系举证责任上的不平等出发，各国司法实务界作了不懈努力，主张将证明责任课予较易取得相关资讯的一方，或证明较容易的一方，不要求受害人就加害行为与损害之间的因果关系做严格证明，在学理上出现从当事人之间的公平观点出发重新考虑立证责任，确立因果关系推定理论，使得环境领域的侵权责任得以确立，受害人得到补偿。美国基

---

① 参见侯艳芳：《我国污染环境犯罪中因果关系推定规则之适用研究》，载《青海社会科学》2011 年第 5 期。

于证券交易的复杂性，对于证券欺诈因果关系的证明已突破传统侵权理论做法，确立了“欺诈市场理论”，只要证明行为人有不实陈述或遗漏消息等证券欺诈行为，即推定受害人因“信赖”行为人的虚假陈述而遭受损失，大大减轻了被害人的举证责任，使得损失赔偿成为可能。我国台湾地区充分借鉴美国“欺诈市场理论”，结合本地区特点，在司法实务中率先启用因果关系推定理论。无论是因果关系推定理论，还是“欺诈市场理论”，其共同点都是降低因果关系证明标准，由受害方就侵权因果关系做低度证明，而后由加害方就其行为与损害结果之间不具有因果关系承担举证责任。在特殊侵权领域，适当降低因果关系证明标准，已逐渐成为各国司法实践的普遍做法。

（二）刑事法领域引入民事因果关系推定理论已有先例

在环境污染犯罪的因果关系认定中，如果运用传统刑法因果关系理论，将面临证明难的问题。因为环境污染犯罪行为与民事环境侵权行为一样，都具有间接性，加害原因具有高科技性以及被害人取证困难等特点，使得传统刑法因果关系理论在其面前一筹莫展。为此，有关国家和地区从环境污染侵权的因果关系认定中得到启发，直接将因果关系推定理论引入刑事法领域，有力地促进了刑事诉讼的顺利进行。这一做法，对于运用传统刑法因果关系理论出现障碍的其他刑事领域具有借鉴意义。

（三）证券欺诈犯罪因果关系认定可以借用因果关系推定理论

证券欺诈犯罪与环境污染犯罪具有相似之处，它们都是在损害结果出现之后，运用现代科学技术无法查清事实原因，而且受害人众多、不特定。美国运用“欺诈市场理论”，将认定受害人信赖第三人的虚假陈述、欺诈行为而买卖证券作了推定，只要第三人有虚假陈述或欺诈行为，即认为受害人的信赖存在，大大减轻了受害人的证明责任，使得民事赔付成为可能。因果关系推定理论与“欺诈市场理论”有异曲同工之妙，将此理论引入证券欺诈犯罪领域，一方面与环境污染犯罪因果关系认定相衔接，另一方面不违背美国

“欺诈市场理论”所蕴含的理念，最关键的是刑事诉讼变得相对容易。

第四节　我国证券犯罪因果关系认定的若干疑难问题

一、操纵证券市场罪的因果关系及其认定

如前所述，我国操纵证券市场罪既有行为犯，又有结果犯，其中结果犯是指与他人串通，以事先约定的时间、价格和方式相互进行证券交易，影响证券交易价格或者交易量的“相对委托”，以及在自己实际控制的账户之间进行证券交易，影响证券交易价格和证券交易量的“冲洗买卖”。基本上可以说，操纵证券市场罪的犯罪结果是“影响证券交易价格或者证券交易量”。依据中国证监会《证券市场操纵行为认定指引（试行）》规定，“影响证券交易价格或者证券交易量”是指行为人的行为致使证券交易价格异常或形成虚拟的价格水平，或者行为人的行为致使证券交易量异常或形成虚拟的交易量水平，其中“致使”是指行为人的行为是证券交易价格异常或形成虚拟的价格水平，或者证券交易量异常或形成虚拟的交易量水平的重要原因。因此，操纵证券市场罪的因果关系可以定义为，符合我国刑法规定的操纵市场行为与证券交易价格异常或者形成虚拟价格水平以及证券交易量异常或者形成虚拟交易量之间存在的，能够决定或影响刑事责任的引起与被引起的关系。

但是如何证明操纵行为与证券交易价格异常或者形成虚拟价格水平以及证券交易量异常或者形成虚拟交易量之间的引起与被引起关系，是一个值得研究的问题。上述美国和我国台湾地区在证券欺诈民事侵权中运用了因果关系推定规则，在证券犯罪因果关系认定中能否借用？在刑事诉讼中运用因果关系推定规则与无罪推定是否

存在冲突？有学者认为，刑事诉讼与民事诉讼[①]存在参与主体和法律后果的不同。在证券民事诉讼中，在我国目前不允许采取集团诉讼方式前提下，原告方一般为个人，相对于实施证券犯罪行为、具有证券专业知识的被告方而言，系弱势群体，出于政策考虑，通过引进因果关系推定规则[②]可以减轻其举证压力，支持其主张。但在刑事诉讼中，公安机关和检察机关拥有公权力，在诉讼中可以充分调动司法资源，可以对行为人采取强制措施，不能认为是弱势主体。如果借用因果关系推定规则使得举证责任转移，将引发实体处分的结果即承担刑事处罚，不利于发挥刑法的自由保障功能。而且还认为证券犯罪查处不力的原因主要表现为地方保护、司法人员能力欠缺，因此主张在证券犯罪因果关系认定中不能绝对采用因果关系推定规则，实行举证责任倒置。[③]

笔者认为，首先有必要对因果关系推定与因果关系举证责任倒置作一区分。一是立论前提不同。因果关系推定的前提仍然是证明责任分配的法律要件分类说，由原告承担因果关系的举证责任，而因果关系倒置，则是对法律要件分类说的背离，因果关系的举证责任始终由被告承担。二是证明方向不同。因果关系推定中，原告从正向证明因果关系“成立”，在“倒置”中，被告从反向证明因果关系“不成立”。三是适用的条件和对被告保护不同。因果关系推

---

① 2003年，最高人民法院制定的《关于审理证券市场因虚假陈述引发的民事赔偿案件的若干规定》被认为借鉴美国的推定信赖、市场欺诈理论的司法解释，只要虚假陈述行为人对市场作出了虚假陈述，在此虚假陈述期间，投资者在不明知虚假陈述的情况下，购买了被影响的证券发生损失的，就推定虚假陈述与投资损失之间具有因果关系。——笔者注

② 该学者原文为“推定信赖原则”，笔者认为，信赖和因果关系不是同一层面上的概念，信赖只是证明因果关系的一种方法，它只能说明被告的行为诱使原告从事证券交易，但不能说明交易一定会给原告造成损失，只是交易因果关系的另一种表述方式，所以在此意义上说，“推定依赖原则”与因果关系推定系同一意思。

③ 参见毛玲玲著：《证券市场刑事责任研究》，法律出版社2009年版，第187～188页。

定的后果是将实质意义上的因果关系举证责任转由被告承担，这与“倒置”情况下由被告承担实质意义上的因果关系举证责任相同，但其前提是原告就因果关系等要件事实作低度证明，满足这个条件，才能发生推定和举证责任移转的情形，其后果是减轻了原告的举证难度，对被告来说，是对责任的一种缓冲。但在“倒置”情况下，被告必须无条件承担举证责任，只要难以证明即须承担责任。四是与无过错责任的搭配不同。因果关系推定与无过错责任搭配较为契合，而因果关系举证责任倒置与无过错搭配并不合适。[①]因此，因果关系推定与因果关系举证责任倒置不是一回事，该学者显然混淆了这两个概念。其次，因果关系推定规则仍然要求检察机关和公安机关就证券犯罪中的因果关系等事实要件做低度证明，并不等于完全将证明责任交由行为人。何况行为人多系具有资金实力或信息优势的大户或机构，对自己实施证券犯罪的具体细节了如指掌，公安机关则需要经过去伪存真、抽丝剥茧等大量艰苦细致的工作，方能查清犯罪事实，就此而言，行为人处于优势地位。在审判阶段，不管哪方提供的证据，法院都要进行证据的客观性、合法性和关联性审查，不存在歧视哪一方问题。最后，该学者将证券犯罪查处不力归因于地方保护和司法人员素质不高，实际上研究的是取证不到位的原因，而因果关系推定是指在证据到位的情况下，如何证明证券犯罪行为与证券交易价格异常波动或虚拟的价格水平和证券交易量异常或虚假的交易量之间的因果关系，两者完全不是一个层面上的问题。另外，该学者提出在刑事诉讼中“不能绝对采用”因果关系推定规则，意为不能完全否认采用，但还有可用的空间。因此，该学者的观点不足取，相反笔者认为在操纵证券市场罪等证券欺诈犯罪中可以适用因果关系推定规则。

---

① 参见马栩生：《因果关系推定的基本法律问题》，载《武汉大学学报（哲学社会科学版)》2004 年第 4 期。

（一）操纵证券市场罪适用因果关系推定的正当化根据

因果关系推定属于刑事推定的一种。所谓刑事推定，是指在刑事诉讼中，司法机关根据事实之间的常态联系，以某一已经查明的事实推断另一难以证明的事实的存在。操纵证券市场罪中的因果关系推定规则，是指由公安机关和检察机关收集证明操纵市场行为的足够证据，并就操纵行为导致操纵结果发生作低度证明，而后由行为人就该行为与结果之间不具有因果关系反证的证明方法。它实际上是在直接证据无法证明操纵行为与操纵结果之间的引起与被引起关系时，不得已采用的一种证明方法。但由于在司法实践中对操纵行为与操纵结果之间暗含的因果关系理论理解不深，仍不乏有人主张从操纵行为与证券交易价格、交易量异常之间是否具有必然的因果关系入手证实犯罪,[①] 这样做容易陷入举证不能的困境。

1. 操纵证券市场犯罪隐蔽性强，行为人处于绝对优势地位

行为人从事操纵市场行为，一般要经过选股、建仓、持仓、拉升、出货等阶段，这一过程需要处于绝对保密状态方可获利，一旦泄露将功亏一篑。典型的例子是有些操盘手在为行为人“打工”时，私下建立账户高抛低吸，俗称“老鼠仓”，成为行为人即庄家最痛恨的人。为了避免被监管部门发现，通常情况下，行为人一般要分仓操作，即在许多证券营业部开设证券账户买卖某只股票，并每天预定股票价格。何时拉升、何时压低均由处于核心位置的行为人掌控。在出货阶段，则往往在市场上大肆渲染某只股票的利好消息，此时操纵行为由“幕后”走向“幕前”，大量中小投资者跟进套牢亏损，成为任人宰割的“小绵羊”。操纵市场行为，要么具有资金优势，操纵一只股票从数亿元到数百亿元人民币不等，要么具有信息优势，与上市公司有着紧密的“合作关系”，因此被认为是

---

① 参见陆昊：《操纵证券市场犯罪疑难问题研究》，载《中国检察院》2011 年第 5 期。

滥用资源优势的犯罪①。行为人集资金优势、信息优势和证券专业知识于一身，非常清楚操纵行为的每一个环节和细节及其达到的目的，由其承担反证不能导致的后果，符合分配正义的本义，“分配正义所主要关注的是在社会成员或群体成员之间进行权利、权力、义务和责任配置的问题”②。在检察机关举证操纵行为与操纵结果初步的因果关系后，由行为人就其行为不会导致证券交易价格和交易量异常反证，是对其犯罪行为应有的分配，也是刑法对行为人的合理期待。

2. 操纵证券市场犯罪历时长、涉及面广，与环境污染犯罪因果关系具有相似性

首先，受害人数众多，因果关系复杂多样。投资证券本来就有风险，证券涨跌受多重因素影响，证券犯罪行为只是其中因素之一，在操纵证券市场行为发生期间出现的投资亏损，有的可能受虚拟价格的影响，有的可能根据技术分析，有的可能根据公司基本面判断，有的甚至基于多重因素考虑，不一而足。如果市场上同时出现若干种利好利差消息，要想从纷繁复杂的信息中找出证券价格变动的真正原因，事实上不太可行。这与环境污染犯罪涉及多个被害人，各个被害人受害原因不同、受害情形不一有相似之处。例如，德隆系操纵案件，根据武汉市检察院指控，从1997年3月以来，新疆德隆、德隆国际先后以金新信托、德恒证券、中企东方为操作平台，利用自有资金和部分委托理财资金，在全国二十余个省份动用24705个证券账户，长期买卖新疆屯河、合金投资、湘火炬A股票。截至2004年4月14日，新疆德隆、德隆国际累计买入老三股678.36亿元，累计卖出621.83亿元，余股市值113.14亿元，余股成本162.30亿元，按照移动平均法计算，德隆共非法获利

① 参见白建军著:《证券欺诈及对策》，中国法制出版社1996年版，第193页。

② ［美］E. 博登海默著:《法理学：法律哲学与法律方法》，邓正来译，中国政法大学出版社1999年版，第265页。

98.61亿元。[①] 德隆系获利部分恰恰就是投资者亏损结果，投资这三只股票的被害群众不计其数，受害原因也各不相同。其次，因果关系中夹杂着其他因素。操纵证券市场并不全以获利告收，相反，亏损者也不在少数。早几年我国司法机关查处的操纵证券市场案件，莫不因大盘行情不好，行为人出现资金链断裂崩盘而案发。投资者的损失虽与操纵行为有关，但大盘行情也是很重要原因，也即操纵行为与投资者的损失之间混杂着其他因素，这也与环境污染犯罪的因果关系相似，即被害人既有可能受环境污染影响，也有可能受其他因素影响。最后，因果关系的时间链条较长。证券市场上有“长庄”与“短庄”之称，说的是有些行为人操纵证券市场行为时间较长，可达数年之久，有的则较短，短则几个月、几天。投资者在此期间投资证券，损失也不是马上显现。这种现象与环境污染犯罪的因果关系链条相类似，被害人遭受的人身损害潜伏期较长，甚至在数年之后才会被发觉。总之，操纵证券市场犯罪行为与结果之间的联系，与环境污染犯罪因果关系具有一定的相似性，在环境污染犯罪中可以适用因果关系推定的场合，也可考虑在操纵证券市场犯罪中应用。

3. 证券交易复杂多样，基于诉讼经济性实际问题考虑

在证券市场上，每个投资者投资背景不同，投资心态不一，所采取的交易风格也各不相同，引发投资者进行证券交易既可能出于自身因素考虑，也有可能受外界因素的干扰。行为人一次交易行为一般不足以达到操纵效果，只有多次交易达到一定程度才有可能影响证券交易价格和交易量，进而诱发投资者买卖证券。根据最高人民检察院和公安部公布的追诉标准规定，操纵证券市场罪的交易量需要达到“与他人串通，以事先约定的时间、价格和方式相互进行证券或者期货交易，且在该证券或者期货合约连续20个交易日

① 参见李德林：《从德隆案看操纵股市的下场》，载《证券市场周刊》2005年12月26日。

内成交量累计达到该证券或者期货合约同期总成交量 20% 以上的”、“在自己实际控制的账户之间进行证券交易，或者以自己为交易对象，自买自卖期货合约，且在该证券或者期货合约连续 20 个交易日内成交量累计达到该证券或者期货合约同期总成交量 20% 以上的”、“单独或者合谋，当日连续申报买入或者卖出同一证券、期货合约并在成交前撤回申报，撤回申报量占当日该证券总申报量或者该种期货合约总申报量 50% 以上”，表明操纵市场行为需要量的累积。在此意义上说，操纵证券市场犯罪也要求操纵行为与操纵结果之间具有统计学上的关系。在达到上述追诉标准情况下，如要排除其他因素对证券交易价格和交易量的影响，按照现有科学技术水平既不可能也无必要，从刑事诉讼的经济性考虑，即可推定犯罪行为与犯罪结果之间的因果关系成立。

此外，基于世界上一些国家和地区已将操纵证券市场罪规定为行为犯，提前对法益进行保护，根本无须考虑刑法因果关系，我国如果固守传统刑法因果关系理论，与认定普通刑事犯罪一样遵循必然因果关系，对有效惩治此类犯罪必将带来不利后果。因此，无论从操纵证券市场罪本身因果关系复杂特殊考虑，还是参酌各国立法实际情况，运用因果关系推定规则虽与证明传统刑事犯罪不同，但可操作性强，所得出的结论基本达到刑事证据要求，总的来说利大于弊。

（二）操纵证券市场罪因果关系推定规则的具体应用

如前所述，因果关系推定与因果关系举证责任倒置不同，并不免除公安机关和检察机关的举证责任。与办理其他刑事案件一样，公安机关必须查清犯罪事实，全面收集有罪证据和无罪证据，但在证明操纵行为和操纵结果之间的因果关系时减轻了举证责任。行为人可以就自己行为与证券交易价格和证券交易量的异常变化不具有因果关系反证，否则难逃刑事责任追究厄运。因果关系推定规则在具体应用时包括初步证明—推定—反证三个步骤。

1. 初步证明

公安机关和检察机关必须证明以下事实：一是行为人具有一定行为事实，如相对委托、冲洗买卖或者其他操纵方式；二是影响证券交易量的事实，必须达到追诉标准规定的数量；三是影响证券交易价格的事实，主要综合考虑证券价格与大盘指数偏离情况、证券价格的走势与公司的基本面的偏离情况等因素，如果能得出偏离程度超出容许范围结论，则一般认为证券交易价格受到了影响。下面以“上海社保案”中的张××操纵“海欣股份”股票案为例：[①]

2000年年末，上海沸点投资发展有限公司（以下简称沸点公司）实际控制人张××与华安基金管理有限公司总经理韩××、上海海欣集团股份有限公司（以下简称海欣集团）总裁袁××等人预谋，决定在二级证券市场上利用资金优势、持股优势、信息优势操纵“海欣股份”股票（股票代码600851）。张××利用沸点公司自有资金和从海欣集团等公司借得的巨额资金，依据袁××提供的海欣集团内部重大信息，以沸点公司等实际控制的公司和个人名义，在上海等地83个证券营业部开立135个资金账户，下挂1.1万余个证券账户，买卖“海欣股份”股票。自2000年12月至2006年7月，累计买入22亿余股，买入金额157亿余元，累计卖出21亿余股，累计卖出143亿余元；最高持仓量达2.66亿余股，占该股流通股比例为72.44%；参与交易海欣股份股票天数为1237天，占该股交易总天数的97.47%，而张××实际控制的证券账户之间进行交易就有1063天，最多一天交易比率达99.67%。其中，连续20个交易日持仓量占流通股比例大于30%，累计交易量占同期总成交量比例大于30%的期间共有61个；连续20个交易日累计自买自卖量占同期总成交量比例大于20%的期间有58个；同时张××还与韩××串通，以事先约定的时间、价格、数量和方式相互进行交易。例如，2005年12月15日，华安公司的两个证券账户

① 参见吉林省松原市中级人民法院（2007）松刑初字第71号刑事判决书。

卖出 93.98 万股给张××实际控制的 74 个证券账户，占当日总成交量的 71.08%。次日，张××实际控制的 153 个证券账户卖出 94.86 万股给华安公司的两个账户，占当日总成交量的 68.31%。

由于沸点公司及张××与韩××、袁××共同操纵"海欣股份"股票，影响了"海欣股份"股票的交易价格和交易量，致使该股票价格由 2000 年 10 月 9 日收盘价 15.50 元上涨至 2006 年 7 月 21 日收盘价 17.71 元（复权收盘价格），涨幅 14.26%，而同期上证指数由 1915.36 点下跌到 1665.59 点，跌幅 13.04%。公安机关在侦查这个案件时，将"海欣股份"股价与大盘走势及其公司基本面作一比较，初步得出张××等人行为与股价变动之间存在因果关系的结论。

（1）股价走势偏离大盘。2000 年 12 月至 2006 年 7 月，"海欣股份"上涨 14.26%，大盘却下跌 13.04%，与大盘涨跌幅[①]偏离值为 27.30%。其中 2000 年 10 月 9 日至 2002 年 6 月 25 日，"海欣股份"由 15.50 元上涨至 29.38 元（复权收盘价格），累计上涨 89.55%，而同期上证指数由 1915.35 点下跌到 1706.59 点，下跌 10.90%，与大盘偏离值为 100.43%。

"海欣股份"股票复权价走势、收盘价走势与大盘走势对照图如下所示。[②]

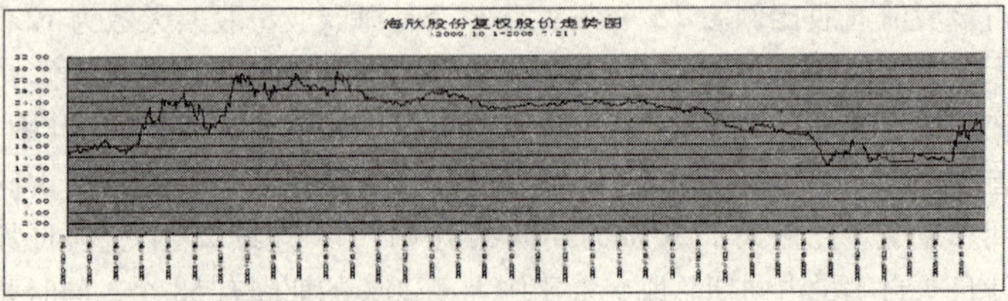

① 涨跌幅偏离值＝单只股票涨跌幅－上证综指涨跌幅。

② 下图已作模糊化处理。

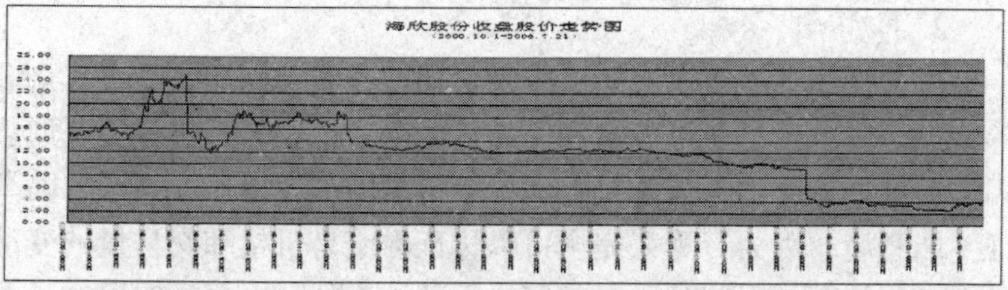

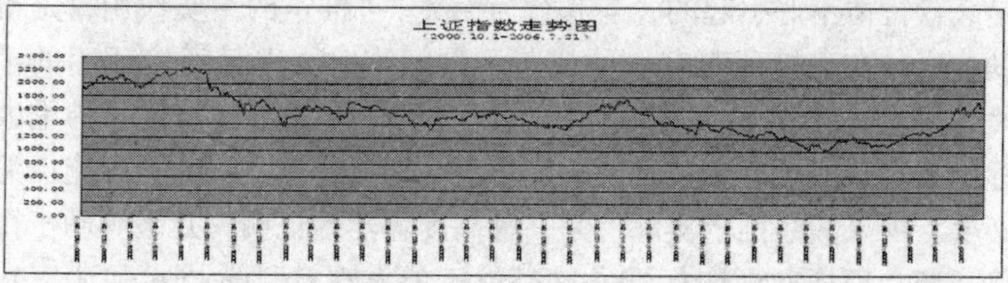

（2）股价走势与公司基本面偏离。2000 年以来该股业绩呈下降趋势，股价上涨与公司基本面明显偏离。2000 年至 2006 年该公司业绩如下表所示。

年度	净利润（万元）	每股收益（加权）（元）	每股收益（摊薄）（元）	净资产收益率（加权）	净资产收益率（摊薄）
2000 年	10853.46	0.41	0.35	10.86%	6.75%
2001 年	14612.24	0.29	0.29	8.69%	8.60%
2002 年	15761.92	0.26	0.26	8.86%	8.80%
2003 年	17447.00	0.29	0.29	8.29%	8.76%
2004 年	16223.30	0.27	0.27	7.11%	7.72%
2005 年	5777.50	0.05	0.0479	1.98%	2.83%
2006 年	365.51	0.003	0.003	0.18%	0.18%

公安机关和检察机关只要证明上述事实，就完成了因果关系推定的第一步任务。

2. 推定

由于操纵证券市场犯罪具有潜伏期长、涉及面广、受害人众多等特点，影响证券交易价格和交易量的因素也很多，选择传统刑法因果关系理论会加重公安机关和检察机关的举证责任，甚至自陷举证不能窘境，因为行为人完全可以称证券交易价格和交易量的变动是大盘行情不好引起的，与其行为无关。“推定的主要作用，是帮助法庭，在直接证明有一种或若干种困难时，进行间接证明的手段。”“要求原告给出推测性事实（也即假设如果没有公开的重大虚假事实，或无事实被歪曲时原告会如何操作）。”[①] 既不可能也无必要。因果关系推定实际上是一种高度盖然性证明，几乎等同于排除一切合理怀疑证明标准。这是由于依靠现有科学技术和法官水平，难以达到证明操纵行为与操纵结果之间确切的因果联系不得已而为之的举措。上述对“影响证券交易价格和证券交易量”解释中提到的“致使”，仅指行为人的操纵行为是证券交易价格异常或形成虚拟的价格水平，或者证券交易量异常或形成虚拟的交易量水平的“重要原因”。换言之，在此情况下，即可认为操纵行为与操纵结果之间具有因果关系而不需高度证明。检察机关通过在法庭上出具上述操纵行为事实、证券交易价格和交易量的异常变化的证据，与被告人辩护律师就相关证据进行激烈争辩，使待证事实呈现明确性和清晰性，这种待证事实的明确性和清晰性作用于法官心理，使其达到排除合理怀疑程度，进而确信行为人的操纵行为与影响证券交易价格和交易量之间具有因果关系。

3. 反证

反证即被告对其操纵行为与影响证券交易价格和交易量不具有因果关系提出反向证据并承担证明不利的后果。如前所述，既然因果关系推定是推定信赖，那么被告的反证就要在“信赖”上下功

---

① 顾肖荣、郁忠民主编：《美国日本证券犯罪实例精选》，上海社会科学院出版社1999年版，第99页。

夫，切断因果关系。即证明操纵行为不具有重要性或关键性，不足以影响证券交易价格或者交易量。在证券欺诈中，推定原告对被告隐瞒的重大事实产生信赖的"重大标准"是，被告未向投资者披露的事实将会影响一个一般谨慎的投资者的投资决策。美国联邦最高法院认为，公布重要事实是被告的义务，隐瞒事实本身就构成因果关系。[①] 据此思路，被告只要证明其操纵行为不具有重要性或关键性，也就是说，在操纵期间，市场上还有影响证券交易价格和交易量更重要的因素，即达到反证要求。而这一要求，对被告来说几乎难以达到，因此一般情况下，被告就要承担刑事责任。

值得探讨的是，"跟庄"行为即投资者明知被告在操纵证券市场，能否切断操纵行为与证券交易价格和交易量受到影响的因果关系进而成为反证理由？我国证券市场流传一种无"庄"不灵的说法，不少投资者养成了"跟庄"的交易习惯，认为"跟庄"相当于搭便车，投资无忧。笔者认为，在民事上，被告可基于"买者自负风险原则"以及过错原则主张由原告承担民事后果。但在刑事上，"跟庄"者虽在主观上知道或可能知道"做庄"行为，为了获利，不惜冒风险买卖证券，进而造成损失，不能当成被害人承诺。因为没有一个"跟庄"者愿意承诺"做庄"者将其获利建立在"跟庄"者损失的基础上，即便有这种可能，"跟庄"者也不能代表所有参与证券交易的投资者的意愿，因而其承诺无效。反之，如果证明"跟庄"者确切知道"做庄"行为，并采取"跟庄"的办法相助，则有可能成立片面共犯，下文将对此做专门研究。

二、内幕交易罪的因果关系与把握

我国《刑法》第 180 条第 1 款规定："证券、期货交易内幕信息的知情人员或者非法获取证券、期货交易内幕信息的人员，在涉

① 参见马其家主编：《英国及欧盟证券法案例选评》，对外经济贸易大学出版社 2006 年版，第 116 页。

及证券的发行，证券、期货交易或者其他对证券、期货交易价格有重大影响的信息尚未公开前，买入或者卖出该证券，或者从事与该内幕信息有关的期货交易，或者泄露该信息，或者明示、暗示他人从事上述交易活动，情节严重的，处五年以下有期徒刑或者拘役，并处或者单处违法所得一倍以上五倍以下罚金；情节特别严重的……”显然，内幕交易罪系情节犯和情节加重犯，也是一个行为犯。因此，无须探讨其刑法意义上的因果关系。但是，在司法实践中经常遇到与因果关系有关的两个问题：一是持有内幕信息与交易行为之间的因果关系①；二是内幕信息的形成时间。第一个问题实际上讨论内幕交易罪是以行为人“利用”内幕信息为必要，还是以“知悉”内幕信息为必要。如以前者为准，那么如何证明行为人“利用”内幕信息进行交易的主观故意？行为人的真实想法恐怕只有其本人知道，如果行为人主张没有“利用”内幕信息，检察机关从什么角度证明？如以后者为准，对于“知悉”内幕信息但没有“利用”内幕信息进行的正常交易行为如何看待？下文将通过考察有关国家和地区的相关规定，进一步在理论上探讨如何把握持有内幕信息与交易行为之间的关系，在司法实践中如何准确认定两者之间的因果关系。对于第二个问题，表面上似乎与所讨论的因果关系无涉，但牵涉到内幕交易开始时间，“重大消息②内容及成立时点涉及刑事处罚之法律构成要件”③，归根结底是第一个问题的延伸，因此一并研究。

---

① 司法实践中经常遇到的情况是：内幕信息知情人为实施内幕交易，通常情况下借用他人账户指示操盘手代为买卖相关股票以逃避监管。司法机关通常能取得符合内幕信息知情人主体资格的证据、所借用他人账户实际为内幕信息知情人所控制的证据，操盘手承认受托操作的证据以及在内幕信息公开之前交易相关股票等证据，但未能获得内幕信息知情人将内幕信息传递给操盘手的证据，这种情况能否追究内幕信息知情人内幕交易罪的刑事责任，实践中争议较大。

② 即我国所称的内幕信息，下同。——笔者注

③ 林孟皇著：《金融犯罪与刑事审判》，台湾元照出版有限公司2010年版，第247页。

（一）有关国家和地区对“知悉”和“利用”内幕信息的争议及其评述

根据我国刑法规定，内幕交易罪是指证券交易内幕信息的知情人员或者非法获取证券内幕信息的人员，在涉及证券的发行，证券交易或者其他对证券交易价格有重大影响的信息尚未公开前，买入或者卖出该证券，或者明示、暗示他人从事上述交易活动，情节严重的行为。如前所述，对于构成内幕交易罪是否以行为人“利用”内幕信息为必要，笔者持肯定态度，即认为行为人实施内幕交易是因为持有并“利用”内幕信息，行为人“利用”内幕信息是“因”，实施证券交易为“果”。那么，其他国家和地区的态度是怎样的呢？

美国禁止内幕交易的法律，主要依据 1934 年《证券交易法》第 10 条 b 项和据此颁布的 10b－5 规则，以及第 14 条 e 项和依此制订的 14e－3 规则。美国是判例法国家，许多法律是法院判决创造出来的。同理，关于内幕交易的解释与适用，美国《证券交易法》并非关键性因素，主要还得依靠法官造法，创造出国会所没有明文规定的概念，因为美国禁止内幕交易的法律，仍充斥着不确定的法律概念，必须透过法院在每一个案件的判决中填补，以贯彻立法意旨。①“利用”内幕信息是否系内幕交易罪的必要要件，美国法院有两种不同意见：肯定说认为，法律禁止内幕交易的目的，在于防止人们以不公平的方式敛财，所以只有当行为人“利用”内幕信息进行交易时才构成内幕交易；否定说认为，行为人只要“知悉”内幕信息进行交易，即构成违法，因为法律主要基于行为人在交易过程中未向交易相对人公布自己所知内幕信息这一行为的

① 参见林孟皇著：《金融犯罪与刑事审判》，台湾元照出版有限公司 2010 年版，第 176～177 页。

处罚。[1] 美国立法和判例相应地经历了“利用”标准、“知悉”标准、“修正的利用”标准和“修正的知悉”标准四种模式。[2]“利用”标准最初由美国联邦第十一巡回法院在证券委员会诉阿德勒案中提出，不久联邦第九巡回法院也采用该标准。采用“利用”标准最大的弊端在于难以举证证明“利用”行为，容易放纵内幕交易者。“知悉”标准在美国 1984 年内幕交易制裁法和 1988 年内幕交易与证券欺诈强制法中均有体现，由联邦第二巡回法院在 1993 年美国证券委员会诉特切案中提出。在该标准下，认定内幕交易只需证明行为人进行评券交易时“知悉”与该交易有关的内幕信息，对于是否“利用”内幕信息在所不问，但其缺点在于标准过于宽泛，打击面过广，可能导致限制合法的证券交易行为。“修正的利用”标准被认为是为解决“利用”标准下的举证困难问题，最初由联邦第十一巡回法院引入“强暗示规则”对在 SEC 诉阿德勒案中采取的“利用”标准进行修正而形成。该标准根据“强暗示规则”推定行为人在知悉内幕信息时必然会利用内幕信息，将举证责任转移给行为人，行为人可以对该推定进行抗辩。为解决美国法院审理中长期存在的“利用”与“知悉”标准之争，2000 年 8 月，美国 SEC 通过了 10b5－1 规则，规定如果有人在知悉内幕信息的情况下从事证券交易，就可追究他的责任。同时为避免打击面过宽，规定如果有人在尚未知悉内幕信息时就已制订投资计划，即使他后来知悉该内幕信息，仍然可以根据该投资计划进行交易。这就是所谓“修正的知悉”标准。

在欧盟共同体，理论上对于内幕交易是否需要“利用”内幕信息有所争议，但立法的态度一直比较明确，即无论是欧盟本身还

---

① 参见顾肖荣主编：《证券犯罪与证券违规违法》，中国检察出版社 1998 年版，第 76～77 页。

② 参见李建春、许昌清：《论内幕交易“利用”和“知悉”标准的再造》，载《青岛农业大学学报（社会科学版）》2007 年第 2 期。

是成员国，大体一致要求内幕交易以“利用”内幕信息为必要。[①] 1989年《反内幕交易指令》明确禁止“利用”内幕信息从事买卖行为。2003年实施《反内幕交易及市场操纵指令》第2条禁止原始内幕人员“利用”与金融商品有关的内幕信息，以自己或第三人名义的账户，直接或间接取得、处分或试图取得或处分金融商品；第3条禁止原始内幕人员自己未买卖但泄露内幕信息给他人、建议或劝诱他人从事内幕交易行为；第4条禁止次级内幕人员明知内幕信息而进行交易。

日本于1948年仿效美国制订证券交易法时，并未针对内幕交易行为作出限制，学说上认为内幕交易破坏了证券交易的公平性，有必要根据《证券交易法》第157条第1项的规定来处罚。该条以概括性的规定方式禁止任何人在证券交易中实施“不正当的手段、计划或技巧”并设有刑罚条款，但法院受限于刑法的明确性原则拒绝适用。直到1987年日本发生一连串以“立保事件”为代表的内幕交易案，造成日本证券市场严重动荡，外国投资者纷纷撤资，当时日本证券市场有“内幕交易的天堂”之称。在此情况下，日本政府于1988年提交国会修改证券交易法，将内幕交易行为正式列入刑事规制范畴。1997年又为强化内幕交易抑制效果，特别将内幕交易罪的法定刑由6个月提升至3年，同时提高法人罚金金额。[②][③] 日本立法要求证明内幕交易行为人掌握了内幕信息，行为人主观是否具有谋利意图，不是构成“利用”内幕信息买卖证券

① 参见胡光志著：《内幕交易及其法律控制研究》，法律出版社2002年版，第99页。

② 参见陈建旭著：《证券犯罪之规范理论与界限》，法律出版社2006年版，第103～105页。

③ 日本《证券交易法》第166条、第167条规定禁止内幕交易，第197条规定内幕交易罚则。——笔者注

行为的必要要件。[①] 显然，日本立法要求行为人“利用”内幕信息为构成内幕交易的必要要件。

对于2010年修订后的我国台湾地区“证券交易法”第157条之1规定的“下列各款之人，实际知悉发行股票公司有重大影响其股票价格之消息时，在该消息明确后，未公开前或公开后十八小时内，不得对该公司之上市或在证券商营业处所买卖之股票或其他具有股权性质之有价证券，自行或以他人名义买入或卖出……”，台湾学术界有不同看法。一种为“知悉”说，认为美国证券委员会实务上以内幕人员买卖有价证券时知悉内幕信息就构成内幕交易，不需要证明实际利用内幕信息，法院判决既有采“知悉”说，也有采“利用”说，但1984年修改1934年《证券交易法》时采“知悉”说，据此认为台湾“证券交易法”第157条之1的立法理由虽有“对于‘利用’公司未经公开之重要消息买卖股票图利，未明文列为禁止规定”的用语，但条文的文字明确使用“知悉”用语，很显然不以实际利用内幕信息为要件。[②] 另一种为“利用”说，认为从美国学理上提到的平等取得信息、信赖关系或私取理论的角度看，都不能忽略行为人“利用”内幕信息买卖有价证券间的关联性。1988年我国台湾地区增订“证券交易法”第157条之1时的理由也载明：“对于‘利用’公司未经公开之重要消息买卖公司股票图利，未明定列为禁止规定，对证券市场之健全发展，构成妨碍，并形成证券管理的一项漏失”、“对‘利用’内部消息买卖公司股票图利之禁止，已成为世界性之趋”等用语，可以发现立法明显采纳“利用”说。[③]

---

① 参见胡光志著：《内幕交易及其法律控制研究》，法律出版社2002年版，第99页。

② 参见赖英照著：《股市游戏规则——最新证券交易法解析》，中国政法大学出版社2006年版，第305～306页。

③ 参见林孟皇著：《金融犯罪与刑事审判》，台湾元照出版有限公司2010年版，第259页。

由此可知，各国和地区在立法上对于构成内幕交易罪既有明确要求以“利用”内幕信息为要件，也有仅以“知悉”内幕信息为知足；在理论界，学者既有持“利用”说，也有持“知悉”说。笔者认为，构成内幕交易罪必须以“利用”内幕信息为要件，即使有的立法没有明文规定“利用”二字，甚至有的立法只规定“知悉”二字，其实质内容中应该蕴含“利用”的意思。其一，美国立法和判例认为以“利用”内幕信息为必要，但在举证方式上有所变化。美国立法和判例所创造的四种标准，各有特色，也各有缺点。“利用”标准举证过于严苛；“知悉”标准失之于过宽，有扩大打击面之嫌；“修正的利用”标准，在一定程度上解决了“利用”标准的证明问题和“知悉”打击面过宽的问题，但也存在一些新问题；“修正的知悉”标准，在“知悉”标准的基础上增加法定抗辩事由以解决打击面过大问题。① 认真考察这些标准的变迁，可以发现，它们实际上都建立在“利用”标准基础上，分别从降低举证要求和限制处罚范围角度探讨如何证明“利用”问题。降低举证要求谈的是证据问题，而不是犯罪构成问题，不能成为否定“利用”标准的理由；限制处罚范围说的才是实体问题，但如果认可“知悉”标准或“修正的知悉”标准，意味着行为人只要“知悉”内幕信息进行交易，不管主观上有无“利用”故意，客观上有无“利用”行为，都要承担法律责任，这无疑把内幕交易罪当成一种严格责任，有客观归罪之嫌。事实上，美国法对内幕交易罪还规定了免责事由。这些免责事由的存在，从反面证明内幕交易罪必须以“利用”内幕信息为必要。例如，内幕人员本来拟订计划买进或卖出股票，却不巧遇上未公开的内幕信息，此时内幕人员是否可以买卖股票？对此，美国为使内幕人员有合理的交易空间，并解决“知悉”与“利用”的争议，在 2000 年制订了 10b5 - 1 规

① 参见李建春、许昌清：《论内幕交易“利用”和“知悉”标准的再造》，载《青岛农业大学学报（社会科学版）》2007 年第 2 期。

则，规定必须在“知悉”信息前，已预定证券交易的数量、价格及交易日期，才可主张抗辩并免责。因为此时内幕人员交易时虽“持有”内幕信息，但没有“使用”该重大消息。[①] 换言之，美国判断是否构成内幕交易，是以“利用”内幕信息为标准，并非如上述我国台湾地区学者所说的仅以“知悉”内幕信息为足。

其二，从内幕交易归责理论看，我国台湾地区立法实际上暗含“利用”之意。美国被公认为世界上最早规制内幕交易的国家，大体形成了平等取得资讯、信赖关系和私取理论三个归责理论。[②] 平等取得资讯理论，认为所有公开市场的参与者，都有平等取得公司重大消息的机会，10b－5 规则要求任何人如有途径获悉公司重大且未公开的消息，必须公开这一消息；如其不能或不愿公开时，那么在该消息公开前，不得从事或建议相关证券的交易。该理论最早在 In Re Cady Roberts & Co. 案[③]中采取，事后得到第二巡回法院在 SEC v. Texas Gulf Sulphur Co. 案[④]的支持。美国实务部门认为这样做可能会扩大处罚范围，于是认为规范内幕交易必须以违反“受任人义务”为必要，这就是信赖关系理论。该理论来自联邦最高法院的 Chiarella v. United States 案[⑤]判决，认为只有对交易对象负有受任人义务或其他信任关系时，才负有对其交易对象公开重大消息的义务，因此大幅限缩“公开信息否则戒绝交易”法则下的内幕人员范围。针对非传统内幕人员从其他途径取得内幕信息并进行内幕交易的行为，美国另行发展了对消息来源欺诈的“私取理

---

① 参见王文宇：《认真地对待资讯——论内线交易之判断标准与预防措施》，载《月旦法学杂志》2008 年第 155 期。

② 参见刘连煜著：《新证券交易法实例研习》，台湾元照出版公司 2011 年版，第 410～419 页。

③ 40 S. E. C. 907（SEC 1961）；转引自刘连煜著：《新证券交易法实例研习》，台湾元照出版有限公司 2011 年版，第 410 页。

④ 401 F. 2d 833(2nd Cir. 1986), cert. denied sub nom.

⑤ 445 U. S. 222（1980）；转引自刘连煜著：《新证券交易法实例研习》，台湾元照出版有限公司 2011 年版，第 411 页。

论”。United States v. Newman 案[1]成为运用该理论的第一个案件。该理论认为构成内幕交易，除了消息获取者是秘密获取重大且未公开的消息外，还必须因此违反其对于消息来源的受任人义务。即任何人如果为了个人利益，而将他人因为信任关系所告知的消息加以私自利用时，就构成内幕交易。应该说，这三个归责理论并不反对内幕人员事先获得内幕信息，而是反对事先获得内幕信息而进行交易的行为。如果事先获得内幕信息与交易行为之间没有关联，自然不当受法律追究。这里的“关联”指的便是“利用”内幕信息。因此，“知悉”内幕信息与交易行为之间具有“利用”行为时，方可构成内幕交易罪。我国台湾地区证券交易法继受美国法影响，既然美国法归责理论中强调内幕交易罪以“利用”内幕信息为必要，即使台湾的相关规定中只有“知悉”内幕信息的表述，实际解释时应当认为具有“利用”内幕信息这一要件。

其三，内幕交易的产生在于未公开内幕信息的存在，意味着“利用”内幕信息才是内幕交易的本质。众所周知，公平取得信息知情权是证券市场得以发生、发展的根基。虽然提倡投资者取得信息的公平性，但在证券市场上知悉信息时间客观上有先后，谁获取信息时间早，知悉信息内容多，就意味着谁占有交易先机。世界各国之所以对内幕人员买卖证券加以规制，在于内幕人员利用居于公司的特殊地位，掌握不为外部人所知悉的内幕信息进行证券交易。如果要求他们在交易之前事先公布所掌握的内幕信息，投资者在平等取得信息的基础上进行交易，也就不存在内幕交易。如果允许他们在获知内幕信息后进行交易，意味着对于从事相反买卖的相对人和在同时期交易的投资者，将产生极大的不公平。对于与内幕交易人从事相反买卖的相对人而言，由于他们不是公司内幕人员，不能事先获得对证券交易价格有重大影响的信息，所为买卖行为与事先获得内幕信息人员的交易行为相反，内幕人员获利部分恰恰为相反

---

① 664 F. 2d 12 (2nd Cir. 1981), cert. denied, 464 U. S. 863 (1983).

买卖相对人的损失部分，不公平显而易见。对于非与内幕交易人为相反买卖的相对人，但在同时期买卖证券的投资者而言，虽然他们不是直接与内幕交易人交易，但如果他们在交易时获悉内幕信息，可能不做原先交易。正是由于他们不知道内幕信息而交易，在信息公开之后可能遭受损失。这个损失本来可以避免，但由于掌握内幕信息并进行交易的人员没有及时公布，以致投资失败。对于非与内幕交易人作相反买卖的同时期投资者而言，虽然同时买卖证券，但因为没有掌握内幕信息，却有获利与损失差别，与内幕交易人相比，心理上的不平衡不言而喻。概而言之，内幕人员事先掌握了内幕信息并进而交易，获利或避免损失稳操胜券，其投资风险几乎为零；而其他人员只能在内幕信息公开后才能取得有关公司信息，在获取时间上远远晚于内幕人员，显然处于证券市场的劣势地位，投资风险反而加大。由此，内幕人员如果在“知悉”内幕信息时及时公开，也就无所谓内幕交易的发生，所以构成内幕交易罪必须为内幕人员事先“知悉”内幕信息并加以“利用”。

综上所述，“知悉”内幕信息的人，必须因此产生买卖证券的意图，并实际进行证券买卖，才有可能构成内幕交易罪。据此，我国的内幕交易罪可以定义为证券内幕信息的知情人或者非法获取内幕信息的人员，利用内幕信息买卖证券或者明示、暗示他人进行证券交易，情节严重的行为。

(二) 内幕交易罪因果关系的证明

如前所述，美国10b－5规则是全方位的反欺诈规定，可以使用因果关系推定规则来认定欺诈行为与受害人损失之间的因果关系，内幕交易被认为重大的证券欺诈行为之一，当然可以适用因果关系推定规则。美国10b5－1规则虽然只使用“知悉”二字，但可推定行为人“利用”内幕信息进行证券交易，除非行为人提出自己的交易行为与“知悉”内幕信息确实无关。

在大陆法系国家，证明行为人构成犯罪的责任在于检察官，由检察官对行为人是否具有内幕人员身份、获悉内幕信息及有无进行证券交易进行举证。如果检察官提出证据证明行为人在买卖证券前不久，确已获悉该证券的未公开的重大信息，在此时点的巧合上，应可推定行为人确有“利用”内幕信息及其与证券交易的因果关系，而无须要求行为人承认自己主观上有“利用”内幕信息的故意。因为“法律所明定的各项刑事处罚构成要件，本就不必然皆应由检察官负证明的义务”。[①] 作为行为人，如表示自己未曾利用该未公开的重大信息，应就此事实提出证据证明，一般来说，各国证券法规定的豁免条款和免责事由可以成为免于刑事追究的合适理由，如证明自己是因一般投资习惯或预先拟订的投资计划交易证券，但我国证券法没有规定免责事由，是否参照其他国家的做法尚需进一步研究。

司法实践中，司法机关一直困扰于经济犯罪的主观故意认定问题，尤其对于诈骗犯罪的非法占有为目的的认定，通常只能根据客观事实情况进行刑事推定，可见刑事推定是我国司法实践的通行做法。“利用”内幕信息，既涉及主观故意的认定，也涉及因果关系的认定。如何运用刑事推定来认定内幕人员“利用”内幕信息呢？笔者认为，第一，必须证明行为人“知悉”内幕信息。主要围绕行为人参与内幕信息形成过程展开调查，如借壳上市的“选壳”过程，并购谈判经过等，可以调取上市公司的会议纪要、文件审批和传递记录，行为人的工作笔记以及其他工作人员的证言等。第二，必须证明行为人实际交易证券。随着各国打击证券犯罪力度的加大，证券犯罪行为更加诡秘，极尽规避监管之能事，对内幕交易而言，行为人一般借用他人账户进行交易，对此，可以从资金流向倒查资金的实际来源，交易用的 IP 地址及操盘人员的证言等方面入手，证明行为人实际控制他人证券账户并进行交易的行为。第三，从客观证据推定行为人的“利用”行为。司法实践主要通过

---

① 林孟皇著：《金融犯罪与刑事审判》，台湾元照出版有限公司 2010 年版，第 266 页。

三个异常做法来推定：[1]

（1）交易时点与内幕信息形成和公开时间的吻合程度。证券交易记录详细记载着每笔证券交易的时间、数量、动用资金及获利或避免损失金额，仔细分析其买入卖出时间并结合内幕信息形成时间和公开时间，可以初步判断证券交易与内幕信息的关联度。如果利好内幕信息时间形成，行为人一般会在第一时间买入证券，并在内幕信息公开后或公开后不久卖出获利了结；如果属于利差内幕信息，行为人会迅速抛售离场。这些异常行为，足以表明行为人获取内幕信息后的主观心态。依据2011年10月最高人民法院、最高人民检察院《关于办理内幕交易、泄露内幕信息刑事案件具体应用法律若干问题的解释》（以下简称《内幕交易解释》）的规定，所要比对的时间主要有三类：①行为人开户、销户、激活资金账户或者指定交易（托管）、撤销指定交易（转托管）时间；②资金变化时间；③相关证券买入或者卖出时间。

（2）巨额资金的走向。一般而言，行为人获取内幕信息后，会突然投入巨额资金倾注一搏，有的甚至不惜高息借用银行或他人资金，交易获利后迅速撤走。这种利益关联程度，都由开立在银行的资金账户中客观全面地反映出来。这种情形即属“账户交易资金进出与该内幕信息知情人员或者非法获取人员有关联或者利害关系”。巨额资金的调拨行为，可以反映行为人对内幕信息所指向的重大事实的重视程度，以及主观上利用内幕信息进行交易的客观事实。

（3）行为人的交易习惯。行为人在司法机关调查时，一般会主动狡辩其交易是根据技术分析或基本面分析，而与获取内幕信息

---

① 无独有偶，笔者答辩那天，即最高人民法院、最高人民检察院发布《关于办理内幕交易、泄露内幕信息刑事案件具体应用法律若干问题的解释》的第二天，对照其中规定，很荣幸地发现笔者的观点与该解释从时间吻合程度、交易背离程度和利益关联程度三方面认定“相关交易行为明显异常”的做法基本一致。——笔者注

无关。司法机关可通过调取行为人历史上的交易情况，戳穿行为人的谎言。同时，也可考察买卖证券或集中持有证券与该证券公开信息反映的基本面的背离情况。

以上三个方面当组合使用，缺一不可，如此得出行为人“利用”内幕信息实施证券交易的结论应当成立。

广发证券总裁董甲及其弟董乙的内幕交易案便是组合使用以上三个方面的成功案例。被告人董甲在公安机关侦查阶段曾承认自己将内幕信息泄露给自己的弟弟，但在起诉和审判阶段翻供。董乙一直否认从其兄处获取内幕信息，辩称自己的证券交易是根据技术分析和炒股经验。公诉机关在法庭上将广发证券借壳“延边公路”的内幕信息形成过程与董甲实际控制的证券账户的交易情况一一对应，发现两者之间的时间关联度紧密，巨额资金调入异常。同时，调取董乙自1993年以来买卖股票的交易记录，发现十多年来，账户上仅有两次较大获利，其中一次获利数千万元即本案的事实，这两次获利均与董甲的工作相关，从而有力地驳斥了董乙凭技术分析和炒股经验进行证券获取利润的谎言，使得董乙“利用”董甲泄露的内幕信息实施交易的事实得到法官内心确认。此案被认为首个没有被告人口供而认定内幕交易罪成立的成功典范。①

（三）内幕信息的形成时间

内幕交易的成立是以内幕信息的存在为前提。没有内幕信息，一切无从谈起。我国证券法认为，内幕信息是指在证券交易活动中，涉及公司的经营、财务或者对该公司证券的市场价格有重大影响的尚未公开的信息。只有先有内幕信息的形成，才有内幕人员获取信息，利用信息进行证券买卖的行为。如果内幕人员买卖证券的行为早于内幕信息形成时间，也就无所谓内幕交易。但是，新刑法颁布后直至《内幕交易解释》出台前，相关法律和司法解释一直

---

① 参见彭晶：《内幕交易罪的认定及有关争议问题》，载《中国检察官》2011年第5期。

没有规定如何认定内幕信息形成时间，因而造成内幕交易的时间是否与内幕信息形成时间一致成为控辩双方争议的焦点。即使《内幕交易解释》明文规定了内幕信息形成时间，即一般情况下，内幕信息形成的时间与《证券法》第67条第2款、第75条规定的可能对上市公司股票价格产生重大影响的“重大事件”、“计划”、“方案”以及2012年《期货交易管理条例》第82条第11项规定的“政策”、“决定”的形成时间是一致的；特殊情况下，要看交易主体对市场预期判断的主要依据是什么，由于影响内幕信息形成的动议、筹划、决策或者执行人员对其行为所带来的市场影响具有较高的确信度，且该类人员往往是在“重大事件”、“计划”、“方案、”“政策”和“决定”形成时间之前就从事相关证券、期货交易，所以其动议、筹划、决策或者执行的初始时间，也应当认定为内幕信息的形成时间，但在操作层面，如何认定这种“重大事件”、“计划”、“方案”、“政策”、“决定”以及动议、筹划、决策或者执行的初始时间，这个规定尚属粗线条，仍有进一步探讨的余地。

关于内幕信息的特征，有二特征说①、三特征说②和四特征说③之争，笔者赞成二特征说，即重大性和未公开性。其中重大性是指对证券交易价格可能产生重大影响的信息，也即内幕信息应具有价格敏感性，因此界定内幕信息的形成是以价格敏感性为标准，即何

---

① 表述不完全一致，有的学者认为是秘密性与重要性，有的学者认为是未公开性与敏感性。参见赵秉志主编：《破坏金融管理秩序犯罪疑难问题司法对策》，吉林人民出版社2000年版，第186页；薛瑞麟主编：《金融犯罪研究》，中国政法大学出版社2000年版，第262页。

② 分别为相关性、未公开性和重要性。参见马长生、张慧芳：《论内幕交易、泄露内幕信息罪》，载赵秉志主编：《新千年刑法热点问题研究与适用》，中国检察出版社2001年版，第825～826页。

③ 一是未公开性，二是真实、准确性，三是相关性，四是重要性或价格敏感性。参见孙昌军、易建华：《关于内幕交易罪几个问题的研究》，载赵秉志主编：《新千年刑法热点问题研究与适用》，中国检察出版社2001年版，第842～844页。

时具有价格敏感性，何时便是内幕信息的形成时间。但在司法实践中，各个案件情况各不相同，何时具有价格敏感性需要具体分析，如何掌握这一尺寸便成问题。

例如，杭萧钢构内幕交易案，法院采信证监会出具的行政认定意见，认为杭萧钢构公司与香港中基公司就300亿元安哥拉安居房建设项目洽谈，双方就项目的价格、数量、工期等内容基本达成一致意见的2007年2月8日，作为内幕信息形成之时。①

在广发证券内幕交易案中，检察院指控董甲从2006年2月起多次将内幕信息透露给董乙，认为这个时点就是内幕信息形成之时。法院认为，在2006年2月至5月10日前，广发证券确定以借壳方式实现上市目标，但没有确定具体的壳公司。虽然广发证券员工在5月7日制作了《目标公司建议》，但备选目标公司多达6家，范围较为广泛，且方案只对目标公司的经营情况及借壳成本进行初步分析、提出建议，并无具体、明确的借壳目标，对目标公司股票价格不构成实质性的影响。而2006年5月10日广发证券制作的《广发证券股份有限公司借壳上市》方案，确定以辽宁时代和延边公司为备选壳，不仅详细比较两者的借壳成本，还对借壳两家公司的方法、步骤等工作进行了深入分析，这种信息比较具体、确定，因此，确定2006年5月10日为内幕信息开始形成之日。②

在上海祖龙内幕交易案中，证监会将被告人陈××于2007年4月17日召集创兴科技高管人员和华欧国际有关人员就资产注入事项进行磋商时，作为内幕信息形成之日。但辩护人辩称，证监会《认定函》认为2007年4月17日为价格敏感期属于客观归罪，此时内幕信息并未形成。因为陈××早已有将上海振龙公司资产注入创兴科技的意向，其向专业人员咨询和进行可行性研究，具有不确定性；创兴科技实际控制人陈××并未实际将其控制的资产注入上

---

① 参见浙江省丽水市中级人民法院（2007）丽中刑初字第44号刑事判决书。

② 参见广东省广州市天河区人民法院（2008）天法刑初字第689号刑事判决书。

市公司，内幕信息未曾存在过；华欧国际提供的《再融资建议书》系根据公开信息草拟，不是法律意义上的重组。法院认为，创兴科技实际控制人陈××将其控制的资产注入上市公司的事项，依其发展过程包括计划、接触、磋商和协议四阶段。作为实际控制人，陈××有权决定将其控制的上海振龙公司资产注入创兴科技，其单方面法律行为就足以引起创兴科技股票波动。事实证明自4月17日起的一段时间，创兴科技股票价格波动比同期大盘指数波动异常明显，因此，支持证监会出具的行政认定意见。[①]

上述三份判决书认定内幕信息形成时间没有统一口径，有的以双方签订意向协议书作为内幕信息形成之日，有的以内部制订选壳方案认定形成时点，还有的把与中介公司磋商资产注入事项当成价格敏感期开始，各不相同。它们的界定依据是什么呢？

在美国，确定内幕信息的形成时点是以认定信息具有“重大性”为标准。TSC Industries，Inc. v. Northway，Inc. 案和 Basic Inc. v. Levinson 案被认为是美国实务上决定“重大性”的最重要判决。[②] TSC Industries，Inc. v. Northway，Inc. 案的主要事实是：National Industries 公司从 TSC 公司的原始股东处获得了34%的表决权股份，因而 National 公司派了5名代表担任 TSC 公司的董事。之后，TSC 公司的董事会通过一项决议，决定解散 TSC 公司而将全部资产卖给 National 公司。为顺利实施这个合并案，TSC 公司与 National 公司一起联合征求这两家公司的股东委托书，“委托书征求说明书”建议股东同意这个决议。这次委托书征求过程很顺利，最后两家公司完成了合并。但 TSC 公司的法人股东 Northway 公司并不赞成这一合并方案，以“委托书征求说明书”未指明 National 公司本身控制 TSC 公司的程度以及合并计划的条件对 TSC 公司的

① 参见福建省厦门市中级人民法院（2009）厦初字第109号。

② 426 U. S. 438（1976）；转引自刘连煜著：《新证券交易法实例研习》，台湾元照出版有限公司2011年版，第472页。

股东是否有利等事实为由，起诉主张“委托书征求说明书”的内容有遗漏及虚假陈述。很显然，由于National公司已经牢牢控制了TSC公司，合并案的表决结果实际上早已确定。美国联邦最高法院对于这个内幕信息的认定，注重于内幕信息的形成过程，而非表决结果，认为“一项遗漏的事实，将会是一件重大的事实，假如一位合理的股东非常可能（极可能）对该被遗漏的事实，会认为对其决定如何行使投票有重要影响”①。这一判决后来成为美国证券法上相关案例判断“重大性”的标杆。但是这个标准对于什么叫“非常可能（极可能）”，是否仅指超过50%的概率？20%的概率是否为“非常可能”？这一问题较难回答。② 此外，对于什么叫“合理的股票”，没有明确具体含义。

Basic Inc. v. Levinson案是一个涉及一项“初步的公司合并的磋商”（preliminary corporate merger negotiations）揭露的案件。主要案情为：Combustion公司有意取得Basic公司，多次与Basic公司董事及经理电话联系并直接会商。起初，Basic公司曾三次公开否认与Combustion公司进行合并磋商的事宜。之后，又公开承认确有磋商合并之事，并在稍后决定以每股46美元将普通股卖给Combustion公司。本案原告股东，在Basic公司第一次公开否认磋商后，随即抛售手中所持股票。原告控告被告公司及其董事发布虚假和误导信息，对于磋商合并信息是否属于“重大性”信息，违反10b-5规则，应负损害赔偿责任。③ 美国地区法院和第三巡回法院均认为磋商合并事宜不具有“重大性”，前者认为磋商信息必须达到合理地确定谈判成功才能作为重大消息，后者认为一项“初步的合并磋商”必须等到该交易价格与基本架构已达到合意的地步

---

① 原文为“an omitted fact is material if there is a substantial likelihood that a reasonable shareholder would consider it important in deciding how to vote”。

② See Richard Jennings & Harold Marsh, Securities Regulation (Foundation Press, 1987 Ed.), pp. 1252-1253.

③ 485 U.S. 224, 108 S. Ct. 978, 99 L. E d. 2d 194 (1988).

才算重大消息。但联邦最高法院表示，TSC案最高法院所界定的"重大性"标准仍可适用于1934年《证券交易法》第10条b项及10b－5规则，并进一步认为：如果某一事实对公司的影响是确定而清楚的，那么TSC案界定的"重大性"标准可以直接适用。如果事件本身性质上属于"或许会或许不会发生的"或"推测性的"情形，由于"合理的投资人"在当时是否会认为所遗漏的事实是重要的消息，很难判断，因此有必要另定补充性判断标准。对于性质上属于"或许会或许不会发生的"或"推测性的"事件，最高法院引述著名的SEC v. Texas Gulf Sulphur Co.[①]一案，称"重大性"是"依一特定时间衡量事件发生的可能性及该事件在整个公司活动中所占的影响程度，加以判定"。对于如何评估"可能性/影响程度"，最高法院称，一项事件是否具有发生的"可能性"，应以公司最高层人士对系争交易的兴趣如何而定，也可从该公司董事会的决议、公司决策人士对投资银行人员的工作指示，以及两个公司实际磋商的内容加以认定最高层人士的兴趣高低。关于交易事件的"影响程度大小"，应参考合并的两个公司规模，并考虑因合并所可能带来的股价涨幅等因素，加以断定。[②]换言之，对于可能发生事件是否具有"重大性"，应依事情确定发生的概率及其发生在公司整体活动中影响程度来判断。如果发生概率高而且对公司产生重大影响的，认定其为重大消息当无疑虑；如果是"高概率＋低影响"或"低概率＋高影响"，也有可能构成重大消息；而发生概率低而且影响小的，那么肯定不属于重大消息。

我国台湾地区对于内幕信息形成时点有专门的行政规定，司法实务和理论界对此均有探讨。对于什么叫重大消息，台湾"证券

① 401 F. 2d, at 849；转引自刘连煜著：《新证券交易法实例研习》，台湾元照出版有限公司2011年版，第477页。

② 参见刘连煜著：《新证券交易法实例研习》，台湾元照出版有限公司2011年版，第477～478页。

交易法”第157条之1第1项规定，“获悉发行股票公司有重大影响其股票价格之消息”，第4项规定，“第1项所称有重大影响其股票价格之消息，指涉及公司之财务、业务或该证券之市场供求、公开收购，对其股票价格有重大影响，或对正当投资人之投资决定有重要影响之消息”。因此，台湾的重大消息有两类：一是涉及公司的财务、业务，对其股票价格有重大影响，或对正当投资人的投资决定有重要影响的消息；二是涉及该证券的市场供求，对其股票价格有重大影响，或对正当投资人的投资决定有重要影响的消息。2006年台湾主管机关制定“重大消息”范围及公开方式管理办法。制订此管理办法的考虑是“为将内线交易重大消息明确化、俾使司法机关于个案办理时有所参考，并监于重大消息内容及其成立时点涉及刑事处罚之法律构成要件如明定于本法，恐过于琐碎且较僵化，同时难以因应未来市场之变化。故为即时检讨重大消息内容，以维持弹性，并符合市场管理需要，爰修正本项，授权主管机关订定重大消息之范围”。[①] 可见台湾相关机关已充分意识到内幕信息形成时间对于犯罪构成的重要性，在平衡了刑法的稳定性、明确性和行政法的高效性之后作出了抉择，授权证券主管机关制订具有可行性的管理办法。据此制订的《证券交易法第一百五十七条之一第四项重大消息范围及其公开方式管理办法》第4条规定：“前二条所定消息之成立时点，为事实发生日、协议日、签约日、付款日、委托日、成交日、过户日、审计委员会或董事会决议日或其他足资确定之日，以日期在前者为准。”其中“其他足资确定之日”应指对股票交易价格有重大影响，或者对正当投资人的投资决定有重要影响之日。台湾证券主管部门明定该管理办法制订理由为“重大消息之发生与经过有许多时点，为求明确，明定其成立时点，以日期在前者为准。另本条对于重大消息之认定系参酌美国联

---

① 林孟皇著：《金融犯罪与刑事审判》，台湾元照出版有限公司2010年版，第218页。

邦最高法院之判决，包含初步之合并磋商（即协议日）亦可能为重大消息认定之时点”①。

我国台湾地区学者解释称，“证券交易法”第157条之1系参考美国的立法例，是为促进信息取得平等以维护证券市场交易公平而制定，上述管理办法规定成立时点可以有效达到这种目的，并称某一重大消息在依法公开之前，往往需要经过一连串法定处理程序，如消息公开前先经董事会或股东会决议，经过一定内部审批程序，或与第三方完成签约程序等，之后该消息所涵盖的内容或事务才确定成为事实，而达到应予公开的阶段。如果认定重大消息成立的时点以达到消息内容已确定为事实时，方属重大消息的成立，那么对于那些有特定身份的人如董事会成员或特定关系接触重大事务的人，极有可能利用自己已知悉但尚未成为事实的消息进行交易，甚至故意拖延正在进行中的法定程序而导致阻碍消息在证券市场上的及时流通，这明显与规制内幕交易的立法目的背道而驰。因此，重大消息的成立时点，不能认为消息内容必须成为事实，而是以消息在某特定时间内或经一定程序完成后势必成为事实，且成为事实后具有重大影响性而依法应予公开的，才能认为是重大消息。② 在我国台湾地区实务界，其最高法院受美国立法和实务影响较大，对于重大消息形成时点，有不同做法：对于涉及公司的财务、业务事项，以前述管理办法所定多元时点中，最早能确定“在某特定时间内必成为事实的重大消息”，作为重大消息成立时点；对于涉及证券的供求等类似公开收购的事项，在公开收购人向主管机关提出申请及公告前，公开收购程序的进行还有可能变卦，应参酌美国在

① 洪秀芬：《讯碟案——评最高法院九四年度台上字第一四三二号刑事判决》，载陈家彬等著：《财经犯罪与证券交易法理论·实务》，台湾新学林出版股份有限公司2009年版，第390页。

② 参见洪秀芬：《讯碟案——评最高法院九四年度台上字第一四三二号刑事判决》，载陈家彬等著：《财经犯罪与证券交易法理论·实务》，台湾新学林出版股份有限公司2009年版，第389~391页。

Basic 案中采所应依事情发生的概率及其发生在公司整体活动中的影响程度等两项因素综合判断进行具体认定。[①] 但也曾出现具有与此不同的“综合式”判断。[②]

从上述美国和我国台湾地区立法规定和理论探讨情况看，认定“重大性”标准暨内幕信息形成时间，大体可以得出这样的结论：一是重大消息并非以单一事件作为衡量标准，而应综合各项因素作整体判断。二是针对事件对公司的影响程度，分不同类型，适用不同的标准。美国分“确定清楚”型和“或许会或许不会发生”型或“推测”型，前者以未经公开的消息，如被理性投资者获悉，是否极有可能改变投资决定为标准；后者以事件最后发生的可能性与该事件在整个公司的影响程度加以评估，如果事件影响深远，即使当时发生的可能性不大，也有可能成为重大事件，如果事件发生可能性很大，即使该事件对公司整体影响效果较为轻微，也有可能被认为系重大事件。我国台湾地区以涉及公司财务、业务的事项和涉及公开收购等事项作区分，前者以管理办法为认定依据[③]，后者参照美国有关事件发生的概率和影响程度综合判断。三是内幕信息无须达到确定的程度，其形成不以成为确定事实发生为必要，只要“在某特定时间内或经一定程序完成后势必成为事实”即可。四是内幕信息的形成时间应是相对的而不是绝对的，因为影响证券价格的消息，往往非一朝一夕就能形成，在成立以前需经过一连串的作业程序而形成“消息链”，内幕人员只要在此间进行交易的，就有可能构成内幕交易罪。总之，内幕信息的形成时间以确定“重大性”为标准，但由于“重大性”在具体案件中表现不一，难以有明确、统一的判断标尺，基本属于一案一探讨，因此，机械而无弹

---

① 参见林孟皇著：《金融犯罪与刑事审判》，台湾元照出版有限公司 2010 年版，第 249 页。

② 参见刘连煜著：《新证券交易法实例研习》，台湾元照出版有限公司 2011 年版，第 482 页。

③ 当然管理办法也是受美国判例的影响。——笔者注

性的公式并不可取[1]。

再以美国和我国台湾地区总结出来的标准检验我国大陆上述三个内幕交易案的内幕信息形成时间认定问题，可以发现：在杭萧钢构内幕交易案中，签订意向协议属于影响公司的财务、业务事项，以双方就项目的价格、数量、工期等内容基本达成一致意见的“协议日”作为内幕信息形成时点，与台湾地区做法基本一致。在广发证券内幕交易案中，借壳属于涉及公开收购事项，应按美国“或许会或许不会发生”或“推测”型对待，应依事情发生的概率及其发生在公司整体活动中的影响程度等两项因素综合判断，在2007年5月10日广发证券形成《广发证券股份有限公司借壳上市》方案，确定以辽宁时代和延边公司为备选壳，不仅详细比较两者的借壳成本，还对借壳两家公司的方法、步骤等工作进行了深入分析，借壳上市的可能性非常大，而且此方案一经公布将对辽宁时代和延边公路的证券价格造成重大的实质性影响，因此确定这个时间作为内幕信息形成之日合情合理。在上海祖龙内幕交易案中，对于内幕信息的形成时间控辩双方争议较为激烈。笔者认为该案涉及资产重组事项，而资产重组涉及上市公司与资产交易对手，包括重组设想形成、咨询财务顾问、形成可行性方案、上市公司与交易对手初步接洽和沟通、形成初步重组方案并反复协商形成一致性意见、向主管部门报告、公开重组协议等一系列环节，不确定因素较多。而本案，陈××既为上市公司实际控制人，又为资产交易对手暨注入资产方实际控制人，就资产重组事项完全决定于其本人，重组成功的可能性非常大，既然其正式找中介公司磋商重组事实，表明重组计划已实质性进行，将与中介公司磋商的时间确定为内幕信息形成时间完全符合实际情况。创兴科技股票自这一天时间开始出现异动的实际情况，完全印证了这一做法。

---

① 参见刘连煜著：《新证券交易法实例研习》，台湾元照出版有限公司2011年版，第476页。

由此可见，在《内幕交易解释》正式颁布前，我国司法机关和证券主管部门对内幕信息的形成时间的认定，已潜意识地遵循了世界发达国家和地区的惯常做法。基于罪刑法定原则考虑，刑法规范应具有明确性，建议在《内幕交易解释》规定的基础上，仿效我国台湾地区司法实务和行政管理的做法，制订内幕信息形成时间的认定规则，以更好地增加国民预测可能性。制订此规则需要注意以下三个事项：一是内幕信息不必然成为事实，形成时间具有相对性。内幕信息是“信息”，而不是“事实”，只要求内容具体明确，而不要求所记载的内容必然发生，所以其形成时间是相对概念而非绝对概念。试图以内幕信息记载事项没有实际发生为由，否认内幕信息的实际形成是站不住脚的。二是可以借鉴台湾的“涉及公司财务、业务的事项”与“涉及公司收购的事项”分开的做法，制订不同认定标准。具体可以通过个案积累，研究其规律，并借鉴有关国家和地区成功经验，制订符合我国实际的认定规则。三是必须考虑我国国情。我国上市公司既有以国有企业为主体，也有以民营企业为主体，两者的共同点在于“家长式”作风比较严重，大股东拥有绝对决定权，在其他国家看来需要通过股东会、董事会议定的事项，在我国可能只要实际控制人“内心确认”即可，如果固守一般国家做法，就会使一些实际控制人早已形成且一定会被通过的决议，在形成时间上就被无理推迟，从而使一些早已掌握内幕信息并进行交易的行为人逃避法网。同时，以国有企业为主体的上市公司如涉及资产重组、兼并收购等事项，管理部门审批环节很多，参与人员不确定，许多股票价格在重大信息一公布就出现“见光死”，内幕信息被提前泄露的现象非常普遍。基于此，建议参照台湾有关“多元时点，日期在前”的认定方法，尽量将内幕信息形成时间往前推，推到最早能确定“在某特定时间内必成为事实的重大消息”之时，以堵截“漏网之鱼”。

此外，上海祖龙内幕交易案中曾提到，司法机关所认定的内幕信息形成时间，被后来的股价波动事实所证明，那么延伸出来的问题便是，“重大性”的判断时点，是以行为人获悉信息时为准，还是以事后股价发生异动为准呢？笔者坚持行为无价值观点，主张判断违法时所掌握的时间基准是行为时，重视通过揭示行为时点的违法、适法的界限来发挥违法判断自身的提示机能、告知机能，而反对在客观事态发生之后进行事后确认从而做出违法性判断的结果无价值观点只有在信息具有“重大性”时，行为人着手交易即有可能被认为违法，因此赞成以行为人获悉信息时为准，即只要一般投资者认为极有可能影响到其买卖股票的决定，就认为成立内幕信息。作为事后的股价波动，可以成为检验信息是否重大的佐证，但不能因为事后股价未发生波动甚至朝预期相反的方向发展，就认为不成立“重大性”，因为影响股价的因素很多，证券市场在遭受特别重大的政治、经济或自然灾害等事件时，股价完全有可能按预期的反方向波动。可见，结果无价值虽有限制处罚范围的机能，但在“重大性”认识问题上极有可能将那些应该处罚的行为忽略了。

第四章

证券犯罪的共犯形态

在证券犯罪中，共同犯罪是普遍现象。深感于“共犯理论是绝望之章”之分量，本章未按照传统共犯理论模式进行系统研究，而是选取了司法实践中争议较多的证券犯罪的罪名适用问题，不可罚的中立帮助行为和可罚的帮助犯的界限，以及帮助犯在一定条件下转化为共同实行犯的刑法性质和刑事责任展开讨论。

第一节　证券共同犯罪的罪名争议

一、问题由来

非法证券活动，是指未经批准从事依法应由主管部门审批或批准，并受法定监督的证券活动。此类活动在我国台湾地区早有发生。其主要表现形式有非法发行股票、非法经营证券业务、非法设立证券交易所或交易网点、非法代理境外股票买卖业务、非法经营证券投资咨询业务等，其中非法发行股票和非法经营证券业务一直是非法证券活动最主要的表现形式，具体表现为非上市公司未经批准公开或者变相公开发行股票和中介机构未经批准非法销售或代理销售未上市公司股票。

我国非法证券活动的产生发展主要分为五个阶段。第一阶段产生期（1992 ~ 1994 年）。此阶段我国沪、深两个证券交易所建立不久，经过股份制改制成功的国有企业陆续上市，一些地方的企业则借改制或设立股份公司之机，变相向社会公开发行股票，由此产生很多非法股票交易问题，形成所谓的“一级半市场”，相当数量公司的内部职工股和原始股流向社会。第二阶段萧条期（1994～1997年）。在此阶段，我国政府意识到发行内部职工股的弊端太多，遂相继出台有关停止审批和发行内部职工股的规定。随着一批股份公司原始股上市和内部职工股的减少，“一级半市场”交易逐渐萧条，非法证券活动的规模呈萎缩之势。第三阶段死灰复燃期（1997～1999年）。我国再度掀起股份制热潮，陕西等地出现股份公司在发起设立时就向社会公众招募发起人等不合法现象，广东等沿海地区则出现不法中介机构以代理买卖境外股票的名义实施诈骗的犯罪活动。第四阶段改头换面期（1999～2004年）。此阶段我国证券市场进一步发展，市场要求创建“二板市场”的呼吁强烈，一些科技企业发起人股份个人化现象开始大量出现。但由于此阶段我国证券市场正处于熊市，非法证券活动虽在个别地方出现，总体上比较沉寂。第五阶段再度爆发期（2004年至今）。我国股权分置改革顺利推进，证券市场逐步放暖，在巨大财富效应的推动下，大批股民蜂拥入市。在此情况下，非法证券活动不再沉默，再度集中爆发，基本上形成由集中在北京、上海等经济发达地区的中介机构，向不明真相的全国投资者推销集中在陕西等地的未上市公司股份，牟取暴利的非法证券活动。例如，张×系上海某投资公司的负责人，获悉陕西某股份有限公司正在筹备股权转让、增资扩股事宜，遂以上海某投资公司的名义与该公司签订委托销售协议，运作该公司的增资扩股和转让股权。张×明知自己的投资公司未经主管部门批准获得股票销售资质，仍采用在报刊、互联网等途径刊登广告，公开以溢价自行销售或委托他人代销该公司股权，两年间张×累计向几百名投资者销售了数千万股公司股权。这类活动涉及面广、涉案金额大、受害人多，极易诱发群体性事件。仅2006年上半年，证监会派驻在北京、上海、陕西、深圳四地的证监局就接到此类案件投诉约400起，全国半数以上省份的公安机关发现并查处过此类案件。2006 年 12 月，国务院办公厅发出《关于严厉打击非法发行股票和非法经营证券业务有关问题的通知》（国办发〔2006〕99 号），在全国各地掀起“打击非法证券”专项行动。为进一步明确法律政策界限，统一执法标准，2008 年 1 月最高人民法院、最高人民检察院、公安部、中国证监会联合发布《关于整治非法证券活动有关问题的通知》（证监发〔2008〕1 号）（下文简称《通知》），对擅自发行股票和非法经营证券业务行为的性质认定和责任追究作了明确规定。

此《通知》有力地推动了各地办理非法证券活动案件，使许多大要案件顺利进入刑事诉讼程序。此类案件主要涉及擅自发行股票罪和非法经营罪，《通知》第 2 条第 3 款规定，“……任何单位和个人经营证券业务，必须经证监会批准。未经批准的，属于非法经营证券业务，应予以取缔；涉嫌犯罪的，依照《刑法》第二百二十五条之规定，以非法经营罪追究刑事责任。对于中介机构非法代理买卖非上市公司股票，涉嫌犯罪的，应当依照《刑法》第二百二十五条之规定，以非法经营罪追究刑事责任；所代理的非上市公司涉嫌擅自发行股票，构成犯罪的，应当依照《刑法》第一百七十九条之规定，以擅自发行股票罪追究刑事责任。非上市公司和中介机构共谋擅自发行股票，构成犯罪的，以擅自发行股票罪的共犯论处……”对于非上市公司发行股票和中介机构销售股票的单独行为性质，在司法实践中基本无异议，争议较大的是对于“非上市公司和中介机构共谋擅自发行股票，构成犯罪的，以擅自发行股票罪的共犯论处”的规定。对此，司法实践主要有三种观点：第一种观点认为，非上市公司虽与中介机构有事先约定，却非犯意联络，两者之间存在不同的犯罪故意，应当分别以擅自发行股票罪和非法经营罪定性。第二种观点认为，非上市公司制作发行股票、转让股权给不特定对象，系中介机构公开销售的准备行为与实现销售收益的必经环节，其行为构成擅自发行股票罪实行犯和非法经营罪共犯的想象竞合，双方均应按照重罪即非法经营罪论处。第三种观点认为，根据犯罪事实支配理论，非上市公司发行股票在共犯结构中处于核心地位，发行行为系核心行为，中介机构是实现利益的一个中间环节，因此应当以擅自发行股票罪追究双方刑事责任。[①]在承认非上市公司和中介机构存在共犯关系时，双方应该如何适用罪名，也有两种不同观点：第一种认为，中介机构销售股权的行为系非法公开发行证券，中介机构与非上市公司实施的是同一行为，应当认定为相同罪名；第二种认为，非上市公司与中介机构共同完成证券发行，但非上市公司实施的是擅自发行股票行为，而中介机构的行为属于非法经营证券业务，按照共犯理论，中介机构可以认定为擅自发行股票罪的共犯，同时构成非法经营罪，属法条竞合，按择一从重原则，应以量刑较重的非法经营罪定性。[②]上述争议，实际上讨论非上市公司和中介机构是否构成共同犯罪？如果构成共犯，是否只能按擅自发行股票罪的共犯论处？构成擅自发行股票罪的共犯，是否意味着只能以按此罪名定性？其依据是什么？这些问题，涉及共同犯罪的本质和成立范围，涉及共同犯罪罪名的确定规则，下面逐一展开讨论。

二、共同犯罪的基本理论与证券共同犯罪

共同犯罪，要求二人以上共同故意实施犯罪中具有“共同”关系，对于怎样才是共同的，刑法理论上主要有三种不同学说。

第一种犯罪共同说。此说是客观主义的共犯理论，又叫犯意共同说，认为共犯是两个以上有刑事责任能力的人共同参与实施一个犯罪，所谓“共同”，就是以犯同一犯罪的意思，对同一犯罪事实

---

① 参见丁明、赵志方：《非法发行非上市股票共同犯罪如何确定罪名》，载《检察日报》2008年7月28日第5版。

② 参见贺平凡、杨庆堂、吴卫军：《非法出售未上市公司股权（股票）行为性质的刑法分析》，载《中国证券报》2008年1月9日第A02版。

的协同加功。[①] 日本学术界认为，犯罪共同说的基本理由有三：[②] (1) 罪刑法定原则要求成立犯罪的前提是行为具有构成要件符合性，共同犯罪的成立必须以符合构成要件为基础，受构成要件理论的制约。对于共同正犯来说，当二人以上的行为符合刑法分则规定的构成要件时，才能成立共同正犯；作为其他共同犯罪而言，当其中至少一人的行为符合刑法分则的构成要件，而其他共犯者的行为只要符合修正的构成要件，就有可能成立共同犯罪。(2) 此说有利于严格划分共同犯罪成立范围，有利于保障人权，而将前构成要件、前法律的行为相同就认为成立共同犯罪，便有扩大共犯处罚范围之嫌，从而有损人权保障机能。(3) 此说与日本刑法规定相符，只能就相同的实行行为成立共同正犯。

按照共同正犯的构成要件和罪名是否完全相同，犯罪共同说可以分为完全犯罪共同说和部分犯罪共同说。前者认为，所有的共同正犯所实施的行为在罪名上必须相同；后者认为，二人以上虽共同实施了不同的犯罪，但当这些不同的犯罪之间具有重合的性质时，则在重合的限度内成立共同犯罪。后者又可细分为强硬的部分犯罪共同说和温和的部分犯罪共同说，强硬的部分犯罪共同说主张，既然是犯罪共同说，共犯的罪名就必须从属于正犯，但对没有重罪犯意的人，只能在重合的轻罪的范围内科处刑罚；温和的部分犯罪共同说主张，在重合的轻罪范围内成立一个共同正犯。[③]

第二种行为共同说。此说是主观主义的共犯理论，认为共犯中的“共同”关系，不是两人以上共犯一罪的关系，而是共同表现恶性的关系。所以，只要行为相同，不仅共犯一罪可以成立共犯，

---

① 参见马克昌著：《比较刑法原理——外国刑法学总论》，武汉大学出版社 2002 年版，第 652 ~653 页。

② 参见张明楷著：《刑法的基本立场》，中国法制出版社 2002 年版，第 254 ~255 页。

③ 参见张明楷著：《刑法的基本立场》，中国法制出版社 2002 年版，第 268 页。

即使实施不同犯罪，也不影响共犯的成立。[①] 易言之，共同犯罪，是指二人以上实施了前构成要件的、前法律的行为，而不是共同实施特定的犯罪。在“行为”面不要求共同实施特定的犯罪，只要前构成要件的、前法律的行为具有共同性就已足够；在“意思联络”方面，只要就实施前构成要件的、前法律的行为具有意思联络，而不要求二人以上必须具有共同实现犯罪的意思联络。行为共同说的理论根基还在于：一是犯罪共同说对共同犯罪的认定不充分；二是刑法只规定“共同实行犯罪”的是共同正犯，而没有规定故意的主观要件，事实上存在二人以上共同过失的实行行为，因此犯罪共同说没有法律依据；三是犯罪的成立以行为符合构成要件为前提，行为共同说对各共犯者的行为性质认定也以构成要件符合性为依据；四是采用行为共同说，没有扩大共犯处罚范围，因为各共犯者也只能在其故意、过失范围内承担法律责任。[②]

第三种共同意思主体说。此说把共犯理解为作为特殊的社会心理现象的共同意思主体的活动，认为二人以上共同犯罪，必先有实现一定犯罪的目的存在，在此前提下，二人以上变为同心一体，成立共同意思主体，如果其中一人着手实行犯罪，就成立共犯。所谓“二人以上共同”，是指两个以上有责任能力人在意思联络下成为一体，并要有对共同犯罪行为的认识和互相利用他方的行为，全体成员协力而实现犯罪的意思。同时，要成立共犯，必须有至少一人实施符合刑法分则条文所规定的犯罪构成要件行为。参与谋议的人虽不分担实行行为，但只要有人实行，他就要承担共谋共同正犯责任。[③]

---

① 参见马克昌著：《比较刑法原理——外国刑法学总论》，武汉大学出版社 2002 年版，第 654 ~ 655 页。

② 参见张明楷著：《刑法的基本立场》，中国法制出版社 2002 年版，第 255 ~ 256 页。

③ 参见马克昌著：《比较刑法原理——外国刑法学总论》，武汉大学出版社 2002 年版，第 656 ~ 657 页。

上述三种学说中，共同意思主体说不符合共同正犯的刑法规定，它只要求共犯者的意思共同，且只要其中一人实施实行行为就可成立，因而是不科学的。犯罪共同说虽然符合共同犯罪的概念与成立要件，但过于严格限制其成立范围，在司法实践中很难适用。行为共同说只强调行为相同，而不要求主观要件相同，不符合共同犯罪成立要件，也有可能扩大处罚范围。只有部分犯罪共同说克服了犯罪共同说和行为共同说的缺陷，较好地协调了刑法理论与司法实践的矛盾，但其中强硬的部分犯罪共同说可能造成同一罪名适用不同罪刑罚，与完全犯罪共同说有相似之处，因而笔者更倾向于支持温和的部分犯罪共同说。部分犯罪共同说的“共同”，只要求二人以上的犯罪行为之间具有重合性，而不要求犯罪构成要件和罪名完全相同。我国《刑法》第 25 条第 1 款规定：“共同犯罪是指二人以上共同故意犯罪。”依照部分犯罪共同说，就可理解为成立共同犯罪，是指二人以上以相同的故意实施了相同的犯罪行为。其中相同的犯罪行为，仅指二人以上实施犯罪行为的重合和交叉行为，而不必针对各自的行为整体，相同的故意也仅指对重合行为内容的故意相同。换言之，成立共同犯罪，并不要求二人以上故意内容与行为内容完全相同，即使一人持甲罪的故意，另一人持乙罪的故意，但当甲罪与乙罪的重合部分为刑法规定的独立犯罪时，他们就重合部分的犯罪具有共同故意与共同行为，就有可能成立共同犯罪。①

在上述非法证券活动所涉非法经营罪和擅自发行股票罪中，非法经营罪的侵犯客体为证券市场的管理秩序，而擅自发行股票罪的侵犯客体为国家正常的证券发行管理秩序，两个罪名侵犯的客体可以统一到证券市场的管理秩序上来。再比较非法经营罪与擅自发行股票罪的法定刑，前者以“情节严重”和“情节特别严重”为标准，分为“5 年以下有期徒刑或者拘役，并处或者单处违法所得 1

① 参见张明楷著：《刑法的基本立场》，中国法制出版社 2002 年版，第 271 页。

倍以上5倍以下罚金”和“处5年以上有期徒刑，并处违法所得1倍以上5倍以下罚金或者没收财产”两个档次；后者区别自然人和单位犯罪主体，分别处以“5年以下有期徒刑或者拘役，并处或者单处非法募集资金金额1%以上5%以下罚金”和“对单位判处罚金，并对其直接负责的主管人员和其他直接责任人员，处5年以下有期徒刑或者拘役”，据此基本上可以认为非法经营罪为重罪。两个罪名侵犯的客体系同一客体，两者成立法条竞合关系，其中擅自发行股票罪系特别法条，非法经营罪系普通法条，依照部分犯罪共同说，“当两个条文之间存在法条竞合的关系时，其条文所规定的犯罪一般存在重合性质”①。擅自发行股票罪与非法经营罪相比，他们是因犯罪主体的特别形成的法条竞合。因此，非上市公司和中介机构共谋擅自发行股票，可以成立擅自发行股票罪的共犯。上述司法实践第1种观点认为非上市公司和中介机构之间没有犯意联络，存在不同犯罪故意，是没有看到擅自发行股票行为是一种未经国家批准、在股票发行领域内的“非法经营”行为，擅自发行股票罪与非法经营罪之间有重合之处，其之所以得出不成立共同犯罪的结论，在于受了完全犯罪共同说的影响，因而是不正确的。

三、证券共同犯罪的定性

关于共同犯罪的罪名问题，涉及共同犯罪的定性，刑法理论界对无身份者与有身份者共同犯罪的定性问题争议较多，主要形成了主犯决定说、分别定罪说、实行犯决定说、身份犯说、区别对待说、有身份者与无身份者不构成共犯说，② 至今尚无定论。本书所讨论的非法证券活动，主要涉及非法经营罪与擅自发行股票罪，均为一般主体，不涉及有无身份问题，因而不去过多评价。对于共同

① 张明楷著：《刑法的基本立场》，中国法制出版社2002年版，第273页。

② 参见曹坚著：《从犯问题研究——以经济刑法为视角》，上海社会科学出版社2009年版，第103~106页。

犯罪的性质，笔者赞成以实行行为决定共同犯性质的实行犯决定说。该说认为，故意犯罪的性质，是根据实行犯的实行行为性质来决定，所以无身份者教唆、帮助有身份者实施或与之共同实施真正身份犯时，也应依有身份者的实行犯的实行行为来定罪。①

但是，实行行为具有相对性，甲罪中的帮助行为可能是乙罪的实行行为。例如，A公司欲欺诈发行股票、债券，找到证监部门B工作人员，要求为其欺诈发行提供方便，如果B工作人员明知A公司的行为，仍滥用职权为其审批通过，那么B工作人员滥用职权的行为，对欺诈发行股票、债券罪来说是帮助行为，而其行为同时又是滥用管理证券职权罪的实行行为。那么，如何确定存在两种以上实行行为的共同犯罪性质呢？笔者赞成德国学者罗克辛（Roxin）为区别正犯与共犯提出的犯罪事实支配理论。该理论认为，正犯是具体犯罪事实的核心角色，此角色由犯罪事实支配要素、特别义务的侵害及亲手实施构成。故意犯的犯罪事实支配由三大支柱形成：（1）行为支配，主要是针对那些亲手且有目的性的构成要件实现来说的。任何犯罪行为的实现，必然有行为支配的存在；在多人参与犯罪的情况下，其中实现构成要件的人，必然有支配行为的存在。（2）意思支配，系认定间接正犯的标准。如果参与者之间存在纵向的前后关系，必须通过意思支配来认定幕后者的参与形态。凡是借助强制、错误、利用优势知识及组织机制所形成的事实情状，则可认定幕后者有意思支配，可以成为间接正犯。（3）功能性支配，主要是为了认定共同正犯的犯罪事实支配的共同性。在数个参与者之间，存在对等的横向参与关系时，如果功能性支配确立，那么数个参与者都是共同正犯。② 由此，确定A公司与B工作人员的共同犯罪性质，就需比较A公司的欺诈发行股票、债券行为与B工作人员的滥用管理证券职权行为，哪一个行为处于核心

---

① 参见马克昌主编：《犯罪通论》，武汉大学出版社1999年版，第584页。

② 参见张明楷著：《刑法的基本立场》，中国法制出版社2002年版，第280页。

角色。如果A公司的行为处于核心角色，那么A公司与B工作人员就成立欺诈发行股票、债券罪的共同犯罪。B工作人员的行为又符合滥用管理证券职权罪的构成要件，此时对B工作人员不作数罪并罚，而是在欺诈发行股票、债券罪与滥用管理证券职权罪中择一重罪处罚。这样的处理结果符合部分犯罪共同说，即虽为共同犯罪，可以成立不同罪名。

因此，根据部分犯罪共同说和犯罪事实支配理论，结合我国刑法规定和司法实践，证券共同犯罪的罪名确定大体可以遵循以下规则：

首先，证券共同犯罪存在于两个以上犯罪行为的交叉或重合中，存在分别定罪可能性。这种交叉或重合或存在于两个以上的法条竞合，如双方分别成立普通诈骗罪与金融诈骗罪，那么在普通诈骗罪中可能成立共同犯罪；或存在于非法条竞合情形中，如擅自发行股票罪与集资诈骗罪，如行为人事先约定以擅自发行股票的方式筹集资金，但其中一行为人实际意思为非法占有为目的，发行股票只不过为表象形式，那么两者在擅自发行股票罪中成立共同犯罪。总之，只要存在某种“重合”性，便有可能成立共同犯罪。在存有两个以上实行行为而无法判明共同犯罪性质时，可根据犯罪主体身份、主观内容、客观行为以及主要侵害法益等综合因素确定核心角色，运用犯罪事实支配理论确定共同犯罪的实行行为。

其次，如果刑法根据犯罪主体差异或者行为所起作用不同，在同一条法条中规定不同罪名的，可以分别定罪。前者如受贿罪、单位受贿罪，在单位和自然人一起受贿时，就有可能分别构成单位受贿罪和受贿罪两个罪名却成立共同犯罪的情况。后者如有人负责伪造股票，有人负责变造股票，有人则组织伪造、变造股票，这些人员构成共同犯罪时，有可能分别以伪造股票罪、变造股票罪和伪造、变造股票罪论处。

最后，如果部分共犯人对另一部分共犯人的行为性质发生认识错误时，只能在两种性质重合的范围内成立共同犯罪。例如，某非上市公司制作了一批虚假股票，通过中介机构向不明真相的投资者销售，如果中介机构事先只明知推销非上市公司的股票，而对虚假股票的事不知情，那么中介机构只能在擅自发行股票罪范围内与非上市公司成立共同犯罪，其最终可能以非法经营罪定性，而非上市公司则可能认定为集资诈骗罪。

论述至此，大体可以回答上文提出的问题。非上市公司和中介机构共谋擅自发行股票，构成犯罪的，根据部分犯罪共同说，可以成立擅自发行股票罪的共同犯罪，非上市公司构成擅自发行股票罪，而中介机构同时符合非法经营罪的构成要件，构成擅自发行股票罪与非法经营罪的法条竞合，其处罚应当区别不同情节，遵循如下规则：(1) 在非法经营未能达到“情节特别严重”标准时，两罪轻重难以区分，但擅自发行股票罪是特殊法，非法经营罪是普通法，当以擅自发行股票罪定性；(2) 在非法经营达到“情节特别严重”标准时，非法经营罪比起擅自发行股票罪来说明显为重罪，从罪刑相适应原则考虑，应以非法经营罪论处。《通知》则未区分这两种不同情况，简单地以擅自发行股票罪论处，违背部分犯罪共同说理论。从社会危害性来说，在中介机构未与非上市公司合谋，直接销售非上市公司的股票时，司法实践一般以非法经营罪论处，而在中介机构与非上市公司合谋擅自发行股票时，社会危害性比单独销售非上市公司股票更为严重，却以较非法经营罪处罚轻的擅自发行股票罪定性，明显罚不当其罪，违反罪刑相适应原则。此外，《通知》没有全面考虑“共谋”的具体内容，其局限性也很明显。如果中介机构和非上市公司“共谋”以发行股票为名，行吸收公众存款或集资诈骗之实，则存在手段行为与目的行为的牵连，那么以前述罪名定性就有疑问。针对司法实践发生的实际情况，区分两种不同情形区别对待：(1) 如果非上市公司与中介机构共谋向社会公众发行股票募集资金进行投资活动，构成犯罪的，以非法吸收公众存款罪的共犯论处；(2) 如果非上市公司与中介机构共谋利用空壳公司发行虚假股票，骗取社会公众投资款，构成犯罪的，以集资诈骗罪的共犯论处。

值得注意的是，上述中介机构仅指未经国家批准，不具备销售证券业务资质的单位，不包括证券公司。如果证券公司参与前述行为，需要具体问题具体分析，但可以肯定的是不构成非法经营罪。

第二节　证券犯罪的中立帮助行为的定性

在证券市场上，经常有这么一种外观上无害、本身不具有犯罪性的“中立”行为，客观上对他人实施证券犯罪起到了促进作用，如果行为人主观上至少存在间接故意时，按照传统刑法理论，由于行为人主观上具有帮助故意，客观上具有帮助行为，行为与法益侵害结果之间又具有因果关系，作为帮助犯处罚似乎顺理成章。例如，为了获利和自保，中小投资者受朦朦胧胧的消息影响，跟随大资金客户买卖某只股票的“跟庄”行为；证券公司工作人员发现客户“做庄”某只股票，仍然按照职业要求接受委托下单；等等。这些行为客观上都对操纵证券市场行为起到帮助作用，主观上明知他人在操纵市场，符合传统帮助犯的构成要件，如果统统作为犯罪处罚，可能导致证券市场交易的不活跃，投资者和证券从业人员将陷入永无宁日的焦虑和担忧，因为他们要随时谨慎考虑自己行为可能的后果。由于这种看似“帮助”的行为在证券市场上比较普遍，与证券犯罪经常交织在一起，有必要作专题研究，本节所要研究的就是如何区分无罪的中立行为和有罪的帮助行为。

一、中立帮助行为概述

中立帮助行为，是指从外表看通常属于无害的、与犯罪无关的、不追求非法目的的行为，客观上却又对他的犯罪行为起到了促进作用的行为。这种行为在德日刑法中又称“日常行为”、“典型职业行为”、“职业相当性行为”、“惯常的业务活动” 等。[①] 早在1840 年，德国学者 Kitka 就提出过这样的问题：在 B 要杀 C 时，A 还将刀卖给 B，而且 A 当时知道 B 是为了杀 C 而买刀，A 是否构成杀人罪的共犯？这被认为开启了“因日常行为的帮助的可罚性”问题的先河。[②] 随后五金店老板出售菜刀、螺丝刀，面包店老板出售面包，银行职员提供金融服务，网络服务商提供网络接入、平台服务等行为纷纷纳入讨论视线。中立帮助行为通常具有反复继续性、非个人性、匿名性、可取代性、业务性、日常生活等特点，行为本身不具有犯罪的性质，客观上却完全可能被犯罪所利用。如何在罪刑法定原则框架内，平衡业务自由与法益保护，限制中立帮助行为的处罚范围、划定不可罚的中立行为与可罚的帮助行为之间的界限，是近几十年来学术界一直探讨的话题。

（一）中立帮助行为的学说评述

关于中立帮助行为的学说大体上可分为全面肯定说和限制处罚说。从学者论证的内容及其目的看，重点在于寻求通过某种方法限制帮助犯的处罚范围。[③] 全面肯定说是根据传统的帮助犯罪的成立要件而认可帮助犯成立的见解，即客观上与犯罪结果具有因果性或者促进关系并且主观上具有故意，就肯定帮助犯的成立，这种学说在德、日此说为说。限制处罚说内部学说林立，大体可分为主观说、客观说和折中说，德、日的判例和通说立足于限制处罚说。

1. 主观说

此说系德国判例和英美理论与判例的立场，强调从行为人的主观方面着手，限制中立帮助行为的处罚范围，如行为人对于他人利用所提供的商品或服务实施犯罪是否存在确切的认识，行为人是否

① 参见陈洪兵著：《中立行为的帮助》，法律出版社 2010 年版，第 2 页。

② 参见陈洪兵著：《中立行为的帮助》，法律出版社 2010 年版，第 1 页。

③ 参见陈家林著：《外国刑法通论》，中国人民公安大学出版社 2009 年版，第 610 页。

具有积极促进他人犯罪的意思，或者说是否具有帮助他人犯罪的目的，等等。[①] 德国学者 Kitka 认为，成立帮助犯以存在帮助的故意为必要，但在日常行为帮助的场合，只意味着确定的故意，仅具有不确定的故意还不充分。最近的主观说认为，作为帮助犯的故意，需要认识、预见到客观构成要件的诸要素，而且以具有“实现的意思”为必要。[②]

在我国，司法实践注重从中立行为实施者的主观要素即故意、动机等方面来限制帮助犯的成立范围。例如，2004 年最高人民法院、最高人民检察院《关于办理侵犯知识产权刑事案件具体应用法律若干问题的解释》第 16 条规定：“明知他人实施侵犯知识产权犯罪，而为其提供贷款、资金、账号、发票、证明、许可证件，或者提供生产、经营场所或者运输、储存、代理进出口等便利条件、帮助的，以侵犯知识产权犯罪的共犯论处。”

这种着眼于主观方面的主观说，主要受到与德国现行法规定不一致、在没有事先确定客观构成要件情况下即从主观构成要件上加以否定犯了循环论证错误、不利于法益保护等批判。笔者认为，这种学说最大的问题不在于主观上是否存在确切认识、是否具有犯行促进意思、实现犯罪的意思或帮助目的，而在于完全忽视行为本身的客观中立性，忽视行为的客观方面。事实上，行为的客观性质并不随行为人主观认识的有无而发生变化，共犯知道正犯行为而实施帮助，只能说明其主观上存在责任，而丝毫不影响该行为社会危害性的大小。[③] 此外，中立帮助行为往往是日常业务行为，通常欠缺促进的故意，即只有开展业务的意思而没有实现犯罪的意思。退一步说，即使行为人具有促进的故意，但开展业务的意思亦没有丧失，在同时具有两种故意甚至开展业务意思占主导地位的情况下，

① 参见陈洪兵著：《中立行为的帮助》，法律出版社 2010 年版，第 7 页。

② 参见陈洪兵著：《中立行为的帮助》，法律出版社 2010 年版，第 74 ~ 75 页。

③ 参见黎宏：《论中立的诈骗帮助行为之定性》，载《法律科学》2012 年第 6 期。

为何只重视促进故意而忽视营业意思，也值得进一步说明。

2. 客观说

此说着眼于帮助犯的客观构成要件，如是否存在帮助行为，能否将他人的犯罪行为及其结果客观归责于行为人，从而否定符合帮助犯的客观不法构成要件，以此来限制中立帮助行为的处罚范围，其内部又分成社会相当性说、职业相当性说、违法性阻却事由说、利益衡量说、义务违反说、正犯不法连带说、溯及禁止论、客观归责论。社会相当性说主张从行为是否具有社会相当性的角度对中立帮助行为的可罚性范围加以限制；职业相当性说因社会相当性说概念的模糊性和基准的不明确性而产生，提出应以客观事实情况或者职业群体的类别来判断某个行为是否应被认为是职业上相当的行为；违法性阻却事由说倡议对中立帮助行为的可罚性在违法性阶段进行限制，即将中立帮助行为本身所确保的利益与因为提供这种“帮助”对他人法益所造成的侵害之间进行衡量，通过判定属违法性阻却事由排除其可罚性；利益衡量说认为，在帮助犯客观要件的解释上，应基于立法论从利益衡量的角度对其进行限制性解释，即在基本法所保障的潜在帮助者的行为自由与基于法益保护立场所产生的被害人利益要求之间比较衡量，以此限制中立帮助行为的处罚范围；义务违法说提出，有必要从客观上对帮助的不法加以限定，肯定可罚性应限于存在“不为法所允许的行为促进”的场合；正犯不法连带说指出，帮助的不法不仅在于故意地因果性地促进他人的犯罪行为，而且与他人形成“连带”关系，产生追随正犯不法行为的印象，帮助者通过自己的参与行为与正犯行为形成“共同性”和“犯行接近性”；溯及禁止论建议，行为人虽然制造了一个可以使他人得以进行犯罪的情况，但如果此行为的意义并非取决于他人的犯罪行为，而是本身就具有独立的社会意义，则禁止将后来的正犯行为及结果回溯到之前的提供服务行为，应让他人为后来的行为独自承担责任；客观归责论则从中立帮助行为本身是否制造、增加了不被法所允许的危险，这种危险是否在构成要件的保护范围内实现，从而通过否定帮助犯的客观不法要件来限制中立帮助行为的处罚范围。[①]

上述客观说同样遭到各种批评。社会相当性说被指责为过于模糊而失之宽泛，不堪作为具体化的解释论上的概念使用。职业的相当性说被批评为职业规范与刑法规范并非总是一致，为何职业规范能优先于刑法规范？违法性阻却说因在违法性阶段解决可罚性问题，前提已默认中立帮助行为已符合构成要件该当性，势必导致对实施中立帮助行为的一般自由的普遍担忧。利益衡量说也因衡量标准的模糊性饱受诟病。义务违法说认为故意犯也存在义务违反以及在履行刑法以外的义务促进了他人犯罪的场合，这种义务和刑法上的犯罪之间的关系如何认定，都存在疑问。正犯不法连带说的错误根源在于否定因果共犯论，“连带”概念、“犯行接近性”的基准都很模糊、不明确，缺乏可操作性。溯及禁止论强调正犯的自我答责是排除帮助犯责任的根据，是一种无视现行法共犯的规定的做法。[②] 客观归责论本身存在缺陷，它是在没有限定实行行为的范围与性质的情况下提出，不但如何界定“不被法允许的危险”的行为是个问题，而且将结果回避可能性、被害人承诺、过失论等问题作为客观归责的内容，超出了构成要件符合性的判断范围，其提出的归责基准大多是对其他领域的部分结论的归纳。[③]

我国也有学者持客观说观点，认为不具有侵害法益危险性的行为，不具有帮助行为性，不符合帮助犯的客观要件。中立帮助行为的可罚性问题可以归结为帮助行为性的判断，即考虑是否制造了不被法允许的危险，基于利益衡量是否存在优越的利益需要保护，是否存在注意义务违反等进行综合判断。这种判断是基于结果无价值的立场，但有两个疑问难以解释：一是何谓制造了“不被法允许的

① 参见陈洪兵著：《中立行为的帮助》，法律出版社2010年版，第78~101页。

② 参见陈洪兵著：《中立行为的帮助》，法律出版社2010年版，第80~115页。

③ 参见张明楷著：《刑法学》（第四版），法律出版社2011年版，第179页。

危险”的行为，其判断标准如何，并不清楚；二是“行为制造的危险、利益衡量、作为义务等客观因素”之间的关系该如何平衡?[①]

笔者以为，上述客观说从行为的客观构成要件来限制中立帮助行为的处罚范围，其路径大体正确，因为犯罪首先表现为行为及其侵害结果。如果行为没有对法益造成侵害或者威胁，就没必要再讨论违法性、有责性的问题。帮助犯是为正犯提供方便和条件，通过正犯行为间接地侵害或者威胁法益。中立帮助行为在存有正犯行为的前提下，其没有为正犯结果提供原因力，则可直接从帮助犯中排除出去。但一切犯罪都是危害行为的客观要件与主观要件的统一体，这也决定了衡量犯罪成立与否的犯罪构成是一系列客观要件与主观要件的有机统一体。[②] 完全忽视犯罪的主观方面探讨中立帮助行为成立犯罪或排除犯罪的做法显然欠妥。

3. 折中说

以德国学者罗克辛为代表的折中说认为，除去行为的主观要素不能判断行为的社会意义，考虑中立帮助行为的可罚性时应从主、客观两个方面着手解决。罗克辛指出，不考虑行为的目的，根本不能断言是否存在日常行为、是否成立可罚的帮助。他虽然重视行为的主观因素，但又从客观归责论立场强调中立帮助行为只有制造了不被法所容许的危险，才能进行客观归责，才能作为帮助犯加以处罚。也就是说，成立可罚的帮助，只存在结果的因果引起或危险增加还不够，原则上还必须是造了不被法所容许的危险。在此前提下，区分以下两种情况判断是否制造了不被法所容许的危险：一是帮助者确实认识到正犯的犯罪计划的场合，即直接故意或者说确定的故意的场合；二是帮助者只是认识到自己的帮助行为为他人犯罪所利用的可能性的场合，即未必的故意或间接故意的场合。原则上行为人已经知道正犯具有犯罪的故意，仍予以援助的，具有犯罪意

① 参见黎宏：《论中立的诈骗帮助行为之定性》，载《法律科学》2012年第6期。

② 参见马克昌主编：《犯罪通论》，武汉大学出版社2006年版，第72页。

义关联性，成立可罚的帮助；援助行为人对他人利用此行为从事犯罪的可能性具有认识时，即行为人具有未必的故意，原则上适用信赖原则，不具有客观归责性。[①]

罗克辛的主张得到不少德国学者甚至是判例的支持，但还是受到广泛的质疑：（1）认为在帮助者认识到正犯的犯罪决意时，就存在“犯罪意义关联性”，这种关联性存在与否依存于正犯人的目的，其判断基准不明确，证明难度很大；（2）参与者仅有未必的故意的场合，若正犯人呈现出明显的犯罪倾向时肯定可罚性，但直接故意与未必故意的区分本身就存在疑问；（3）在未必故意的场合可以适用信赖原则，没有说明其依据；（4）在直接故意的场合具有可罚性，而在未必故意的场合否定可罚性，是心情刑法观的体现。[②]

我国也有学者认为，中立帮助行为能否成为帮助犯，要从客观上行为是否具有明显的法益侵害性来进行判断，即日常生活对于正犯行为的物理、心理因果性影响，行为本身给法益带来的危险是否达到了可以作为“帮助”看待的程度；主观上看行为人是否对他人可能实行犯罪有明确认识，即是否存在片面的帮助故意。[③] 另有学者指出，外表无害的“中立”行为客观上帮助了正犯时，是否成立帮助犯，应当综合考虑正犯行为的紧迫性，行为人对法益的保护义务，行为对法益侵害所起作用的大小以及行为人对正犯行为的确实性认识等要素，得出妥当的结论。[④]

在笔者看来，比起单单考虑主观方面的主观说和仅仅重视客观方面的客观说来说，综合考虑主、客观因素探讨中立帮助行为的可罚性是折中说的显著特点，其优势不言自明，但中外学者的主张并

---

① 参见陈洪兵著：《中立行为的帮助》，法律出版社 2010 年版，第 115 ~ 118 页。

② 参见陈洪兵著：《中立行为的帮助》，法律出版社 2010 年版，第 119 ~ 120 页。

③ 参见周光权著：《刑法总论》，中国人民大学出版社 2007 年版，第 326 页。

④ 参见张明楷著：《刑法学》（第四版），法律出版社 2011 年版，第 385 页。

非没有完善之处。罗克辛的主张的最大问题在于以确定的故意和未必的故意来区分是否存在犯罪意义关联性，进而探讨中立帮助行为的可罚性。首先，确定的故意和未必的故意是一种理论上的分类，刑法规定中并没有这种分法，将这种不具有实定法根据的区分运用于划分不可罚的中立帮助行为与可罚的帮助行为的基准，显然存在疑问；其次，行为的性质虽然与主观认识存在关联，但是否存在主观认识应在解决客观归责问题之后的主观归责的问题。“行为的客观性质并不随行为人主观认识的有无发生变化”，[①] 主观认识与否，并不能影响行为本身的危险程度。

上述我国学者两种观点，共同特点在于从法益保护角度考虑，考察中立帮助行为通过正犯对于法益侵害的紧迫性、侵害程度和作用大小，再考量行为人主观上是否明确认识或确实性认识，符合我国主、客观相统一的犯罪构成理论，思路完全正确，并且提供了较为清楚的认定标准。但与罗克辛的主张犯了同样的错误，即只谈到故意的认识因素而对故意的意志因素避而不谈，不能不说是一个小小的缺憾。德、日刑法理论根据认识因素将故意分为确定的故意和不确定的故意。确定的故意，是指认识到一定的行为事实或一定的结果发生是确实的或高度盖然性；而不确定的故意是指认识到犯罪的实现是不确定的。不确定的故意又可分为概括的故意、择一的故意和未必的故意。概括的故意，是指行为人认识到结果发生是确实的，但结果发生的对象不特定，即对象的个数以及哪个对象发生结果是不确定的情况；择一的故意，是指确实会针对数个对象中的某一个对象发生结果，但究竟是谁不确定的情况；未必的故意，是指认识到结果发生本身不是确实的，而是有可能发生且并不属于有认识的过失的情况。但根据我国刑法的立法规定，关于故意与过失，不但要考虑认识因素，更要考虑意志因素。罗克辛所称不确定的故意或未必的故意，在我国刑法理论中，除间接故意外完全可能出于

---

① 黎宏：《论中立的诈骗帮助行为之定性》，载《法律科学》2012 年第 6 期。

过失甚至直接故意，在确定故意的场合，除直接故意外完全可能是间接故意，甚至不排除成立过于自信的过失的可能性。因此，罗克辛有关故意的二分法，不符合我国实际情况。作为中立帮助作为，行为人在主观上不但要确实认识到正犯行为人即将或正在实施犯罪行为及其自身为正犯行为提供条件和方便，而且希望或放任正犯结果发生。直接故意和间接故意都可以成为中立帮助行为可罚性的主观方面，但疏忽大意的过失和过于自信的过失因意志因素不符合我国共同犯罪理论，不能成为中立帮助行为可罚性的依据。至于我国有学者在中立帮助行为的处罚范围上主张客观说，实质上其前提条件是行为人已认识到自己行为为正犯行为提供了便利，“刑法学上之所以将中立的帮助行为单独拿出来讨论，无非是因为行为人的行为客观上为正犯行为提供了方便，和正犯结果之间具有——哪怕是微不足道的——因果关系，而行为人本人也了解这种情况，否则，根本就不可能作为刑法上的问题加以讨论”，[①] 这样看来，这位学者并非不主张考虑行为人的主观方面，而是事先已默认存在主观故意，实际上也是一种折中说观点。

此外，在维护折中说观点的同时，还要强调的一点是行为的危害性是客观存在的，中立帮助行为性质不随行为人主观意志的变化而发生变化，因此，在认定中立帮助行为的可罚性时要坚持先考察行为人的客观行为，再探究行为人的主观故意，而不是相反，从主观推定客观存在与否，其结果容易陷入心情刑法泥潭。

（二）中立帮助行为性质认定

在研究中立帮助行为的性质时，不能不先讨论帮助犯的处罚根据。在德日刑法理论中，有关共犯的处罚根据，目前尚无定论。但有一种分类方法逐渐占优势：首先将共犯行为的覆盖范围，以实行从属性为前提，分为正犯的实行行为与正犯的结果两类，然后按照强调共犯所引起的是正犯的结果还是正犯的不法或是正犯的责任，

---

① 黎宏：《论中立的诈骗帮助行为之定性》，载《法律科学》2012年第6期。

将共犯处罚根据论分为责任共犯论、违法共犯论和因果共犯论。[①]责任共犯论认为，共犯处罚根据在于共犯者将正犯引诱至责任和刑罚中。违法共犯论认为，共犯的处罚根据是使正犯实施符合构成要件的违法行为，而不需要正犯行为具备有责性。因果共犯论认为共犯通过正犯行为间接地使违法的结果产生，使法益受到侵害或者威胁，共犯行为和法益侵害之间具有因果性。很显然，责任共犯论和违法共犯论从使正犯堕落、陷入罪责与刑罚，或者使正犯陷入违法状态即制造了犯罪人上寻找处罚理由。而因果共犯论不同于责任共犯论和违法共犯论之处在于，共犯通过正犯的介入行为间接地引起法益侵害，正犯和共犯没有质的不同，只在引起法益侵害的样态上是直接还是间接上存在差异，即单独正犯是单独直接侵害法益，共同正犯是共同直接侵害法益，教唆犯和帮助犯是通过介入正犯的行为间接侵害法益。[②] 由于因果共犯论强调法益保护主义的基本立场，抛弃一元的行为无价值的主张，因而得到了德、日持结果无价值和二元的行为无价值的普遍支持，而成为德、日共犯处罚根据上的通说。

因果共犯论认为，行为人只对与自己的行为具有因果性的法益侵害结果承担责任。只有存在物理的因果性或者心理的因果性时，才能追究帮助犯的刑事责任。如果要追究中立帮助行为人的责任，那么必须使中立帮助行为与正犯的结果之间具有物理的因果性或者心理的因果性；如果要排除中立帮助行为的可罚性，则只要将为正犯法益侵害结果提供原因力的行为从帮助犯的因果流中排除出去，经过这么区分，不可罚的中立帮助行为和可罚的帮助行为就会得到区分。但问题在于是否只要存在物理的因果性或者心理的因果性，

---

① 参见陈家林著：《外国刑法通论》，中国人民公安大学出版社2009年版，第497页。

② 参见［日］山口厚著：《刑法总论》（第2版），有斐阁2007年版，第296页；转引自陈洪兵著：《中立行为的帮助》，法律出版社2010年版，第30页。

行为人就要承担帮助犯既遂的责任？物理的因果性或者心理的因果性是否需要达到某种程度？

毫无疑问，根据我国既定性又定量的犯罪概念，决定了对法益侵害或威胁只有达到一定程度时，才能评价为犯罪行为。在此前提下，物理的因果性或心理的因果性只有达到一定程度的帮助行为才能追究其法律责任。帮助犯的难点在于如何把握这个度，中立帮助行为可罚性的难点也在于此。笔者认为，中立帮助的可罚性要把握以下三点：

1. 通常中立帮助行为不会导致正犯结果，一般应否定其物理的因果性

正犯行为人实施正犯行为导致正犯结果，往往利用了他人所创造的条件，如购买刀具杀人，需要利用他人的销售行为；通过银行洗钱，利用银行工作人员的转账等业务行为。这些行为因具有业务的反复继续性、对象非特定性、可取代性、日常生活性等特点，通常不能认定为犯罪行为，从理论上说，其为正犯结果提供原因力是微不足道的，因为“因”不能无限制的往前追溯。德国 Jakobs 的溯及禁止论似乎为此提供了一个可行思路，即使行为人制造了一个使他人得以进行犯罪的情形，如果这个行为的意义并非取决于他人的犯罪行为，而是本身具有独立的社会意义，则禁止将后来的正犯行为及结果回溯到之前的提供服务行为，应让他人为后来的行为独自承担责任。① 这个理论虽因无视共犯规定而遭到批判，但其将“因”限制在一定范围、不能无限制往前追溯的做法值得重视。中立帮助行为一般具有独立的社会意义，即使偶尔被他人利用，也因其具有反复性和可取代性而不被评价为犯罪行为。

2. 中立帮助行为对正犯结果具有重大影响时，才有可能肯定其物理的因果性

根据共同犯罪理论，共同犯罪的本质是数人根据共同行为来实

---

① 参见陈洪兵著：《中立行为的帮助》，法律出版社 2010 年版，第 96 页。

现各自所追求的犯罪，是为了实现自己的犯罪而利用他人行为，从而扩大自己行为的因果影响范围的一种方法类型。作为共犯类型之一的帮助犯，其侵害或者威胁的法益，至少在形式上说，取决于被帮助的正犯，而不是帮助犯本身。因此，在考察帮助犯对结果的影响时，就难以按照“没有前者，就没有后者”的条件公式进行判断。据此，有学者提出应当采用相当因果关系的判断方式，即从社会生活的一般经验，看该帮助行为对正犯侵害或者威胁法益结果的引起具有多大的贡献，并进而指出应当站在事后的立场，将有该中立帮助行为和没有该中立帮助的情形进行比对，看该行为是否导致了构成要件结果的重大变更，即增加了正犯的侵害法益结果的危险或者强度。[①] 笔者基本赞同其观点，但对站在事后立场进行判断有异议。前文已表述，笔者的基本立场是二元的行为无价值，坚持“行为与责任同时存在”，判断行为人有无责任的时点为行为时，以事后立场看中立帮助行为是否对正犯结果造成重大影响有违责任主义，此其一；其二，要求中立帮助行为导致构成要件结果的重大变更，实际上要求该行为具有实行行为性，因为只有实行行为，才有进一步讨论因果关系的可能，而“成为实行行为，仅在形式上满足构成要件要素还不够，还必须是实施该行为通常就能引起该构成要件所预定的法益侵害结果类型的危险，换言之，必须是具有侵害法益的现实危险的实质，在形式上和实质上都符合特定构成要件”，[②] 中立帮助行为构成正犯的帮助犯，必须在实质上对正犯结果的引起具有重要影响。如何判断这种影响，笔者认为重点围绕中立帮助行为是否具有“可取代性”或者“正当业务性”考虑：

（1）中立帮助行为所提供的商品或服务是否具有稀缺性。[③] 也

---

① 参见黎宏：《论中立的诈骗帮助行为之定性》，载《法律科学》2012 年第 6 期。

② ［日］大谷实著：《刑法讲义总论》（新版第 2 版），成文堂 2007 年版，第 139 页；转引自陈洪兵著：《中立行为的帮助》，法律出版社 2010 年版，第 61 ~ 62 页。

③ 参见张伟：《中立帮助行为探微》，载《中国刑事法杂志》2010 年第 5 期。

就是说，在特定条件下，提供该商品或服务的替代率有多高。这种商品或服务的替代率越高，提供行为成为犯罪的可能性越低；这种商品或服务的替代率越低，提供行为成为犯罪的可能性越高。例如，出租车司机运送杀人犯到杀人现场，一般情况下很难认为该行为对杀人结果具有物理的因果性。因为在交通非常发达的今天，杀人犯要想到达杀人现场，可以有多种选择，出租车只是其中一种，即使选择出租车，也可选择其他司机运送。这种交通的便捷性和便利性，降低或者模糊了出租车司机的运送行为引起正犯杀人结果的危险，难以成立帮助犯。但如果当时只有一辆出租车而没有其他选择，或者只有这位出租车司机知道路线怎么走，那么出租车司机的运送行为不具有"可取代性"，对正犯促成杀人结果就具有重大影响。日常生活中为行为人提供饮食、住宿等行为即使客观上为犯罪的实施创造了便利条件，但因这种行为同样具有可替代性，从实质上看并不能造成法益侵害或者威胁明显增强，因而成为不可罚。此外，法律规范的目的也不是通过禁止食宿的办法惩治犯罪。

（2）中立帮助行为实施的时空范围是否具有特定性。[①] 五金店老板向客户销售菜刀，客户却用此菜刀杀人，通常情况下，不能说五金店老板售刀的行为对杀人结果起到实质的帮助作用。因为杀人犯既可以选择菜刀杀人，也可以选择其他利器，既可以到这家商店购买，也可以到其他商家购买；对于五金店老板而言，他从早到晚要销售很多菜刀，不可能要求他考察每个人的买刀用途。但在特定情况下，情况就完全不同。例如，两人在五金店门口打斗，有一人突然冲进店内买了一把刀具，并用这把刀杀了人，五金店老板就有可能构成故意杀人罪的帮助犯。因为，在空手打斗胜负难料的场合，是否掌握刀具之类的利器，就成为决定胜负的关键。五金店老板明知两人正在进行肉搏，仍将刀具提供给其中一人，就直接改变了打斗的格局。当然，杀人犯也可以选择到其他地方购买刀具，但

---

① 参见张伟:《中立帮助行为探微》，载《中国刑事法杂志》2010 年第 5 期。

在当时十分紧急的情况下，到五金店购买是最便捷的渠道，五金店售刀行为具有不可替代性，其对引起杀人结果具有重要影响，由其承担帮助犯责任概率很高。

（3）中立帮助行为有无超出正当业务性范畴。业务行为基本上由行政法或者民法约束，行为人只要严格遵守相关法律法规、规章制度及行业规范，向广大客户提供商品或者服务，是不会被评价为犯罪行为的。因为遵守行政法、民法的行为通常不被评价为刑法上的不法行为，即使刑法并不从属于行政法、民法等其他法律，这是从法秩序的统一性考虑。但如果行为超出了正当性的边界而为正犯行为提供帮助时，就有可能肯定物理的因果性。例如，银行法规规定，银行工作人员不得为洗钱提供转账、存款等服务。银行工作人员在办理业务中，严格遵守法律法规和银行内部规定，但客观上仍为洗钱犯转了款，这种情况就不能被评价为犯罪行为。因为这个银行工作人员是严格按照业务流程操作的，即使由其他工作人员来做，也会同样办理这个转款业务。但如果这个工作人员事先知道洗钱犯转款的目的，或者在办理中发现有洗钱迹象，仍为其办理业务，那么其行为便超出了正当业务的范畴，就有可能成立洗钱犯的帮助犯。

3. 中立帮助行为人对正犯结果具有明显促进意思时，可以肯定其心理的因果性

心理的因果性，是指共犯为正犯者提供了心理的影响，使之实行犯罪更为容易。通常情况下，如果已经可以肯定中立帮助行为与正犯结果之间存在物理的因果性，则无须再进行心理因果性的判断。但由于中立帮助行为人与正犯行为人事先一般没有沟通，要想肯定中立帮助行为的可罚性，必须证明中立帮助行为人为正犯行为人提供了物理的帮助，所以中立帮助行为基本上属于一种片面的帮助。如果存在意思上的沟通和犯意的强化，即便是通常的帮助行为也能直接肯定心理的因果性而成立帮助犯或者日本刑法的共谋共同

正犯。[①] 换言之，中立帮助行为与正犯结果之间在没有物理的因果性，或者这种因果性没有达到刑法上评价的帮助犯的程度时，肯定中立帮助行为的可罚性的前提只能是存在心理的因果性。

由于即便肯定中立帮助的可罚性，基本上也是一种片面的帮助，中立帮助行为人与正犯行为人之间没有事先沟通，其在实施业务行为时不会特别考察交易相对方的交易目的，相反，考虑实现自身业务才是其始终坚持的目标。因此，通常情况下，中立帮助行为人仅仅知道正犯行为人的犯罪意图，而没有促进的意志因素时提供的商业或者服务，尚不能肯定心理的因果性，排除可罚性。除非出售商品或者提供服务的规范的保护目的就是预防犯罪，如出售枪支等违禁品，因为相关法规的保护目的就是预防犯罪，在被明确告知犯罪计划时，即便客户具有购买违禁品的形式上的手续，出售这种商品本身就是违反了规范的保护目的，制造了不被法所允许的危险，就可能成立帮助犯。[②] 只有在中立帮助行为人知道正犯行为人的犯罪意图，还表现出明显的促进意思，突破了业务行为的“中立性”，才有可能肯定心理的因果性。有人为限制中立帮助处罚范围，强调心理的因果性需要达到一定程度，特别指出中立帮助行为人的促进意思还必须为正犯行为人所知悉，因为如果只要求促进意思，就与德国刑法的主观说中的“促进意思说”相一致，只有当这种促进的意思为正犯者所知悉，才能对其犯罪行为施加心理的影响而成为结果发生的一个原因。[③] 其实，这是对“促进意思说”的误读。“促进意思说”指出，“帮助犯的故意，需要认识预见到客观构成要件的诸要素，而且以具有‘实现的意思’为必要；仅仅知道他人的犯罪计划还不够，还要具有通过自己的行为促进他人犯

① 参见［日］西田典之著：《刑法总论》，弘文堂2006年版，第323页；转引自陈洪兵著：《中立行为的帮助》，法律出版社2010年版，第60页。

② 参见陈洪兵著：《中立行为的帮助》，法律出版社2010年版，第68页。

③ 参见金希：《中立的业务行为与可罚的帮助行为之界分》，载《浙江万里学院学报》2012年第1期。

罪的意识和意思，也就是以具有‘促进的故意’为必要”，[1] 明确提出“促进的故意”需要被他人所知。试想，如果行为人的促进意思不被正犯行为人知悉，其只是一厢情愿，不能对正犯行为人的心理产生实质影响，也就谈不上心理的因果性。换言之，正犯行为人知悉帮助犯的促进意思后，进而强化犯意实施犯罪造成正犯结果产生，才能让帮助犯承担责任。

心理的因果性，通常分为技术指导和强化犯意两种类型。技术指导，是指提供相关信息情报、作案手段、作案方法等无形的帮助。技术指导型的心理因果性的认定一般不会发生困难，难点在于强化犯意的认定。教唆犯是使本来没有犯意的人产生犯意，而强化犯意的帮助是针对已有犯意但还不够坚定的人采用明示或者默示的方式使其坚定信心，前者可谓从无到有，后者则是从弱到强。如何认定这种从弱到强的心理的因果性，则是一个技术难题。但刑法不可能处罚所有与犯罪结果之间存在因果关系的行为，而只会将因果性参与的程度达到值得作为帮助犯加以规制的行为评价为帮助犯。[2] 从理论上说，心理的因果性与物理的因果性的认定应坚持同样判断基准，即必须存在且要达到一定程度，只有在心理的因果性对于正犯结果的影响与物理的帮助进行同样评介时，才能肯定心理的因果性。[3] 如何比较强化犯意的心理的因果性与物理的因果性具有同等价值，值得进一步研究。

总之，如要肯定中立帮助行为的可罚性，必须坚持主客观相统一原则，要么使其行为与法益侵害结果具有物理的因果性，要么对正犯者产生心理影响，使之实行犯罪更为容易的心理的因果性成立。无论是物理的因果性，还是心理的因果性，中立帮助行为均超

---

① 陈洪兵著：《中立行为的帮助》，法律出版社2010年版，第7页。

② 参见［日］西田典之著：《刑法总论》，成文堂2006年版，第323页；转引自陈洪兵著：《中立行为的帮助》，法律出版社2010年版，第226页。

③ 参见陈洪兵著：《中立行为的帮助》，法律出版社2010年版，第60~66页。

越了“中立性”，通过正犯间接对法益侵害结果产生原因力，并且达到一定程度，因而具有可罚性。

二、“跟庄”行为的理解

在我国证券市场上，中小投资者的规模之大、数量之多，实属世界各国所罕见。由于中小投资者实力远远不能与大资金客户抗衡，为了获利和自保，便采取了“跟庄”办法，即跟着“庄家”[①]和大资金高抛低吸从事证券交易。为此，市场上出现专门为“跟庄”人服务的书籍，介绍如何追踪大资金、帮助“跟庄”者如何捕捉、理解并预见“庄家”行为，有效识别“庄家”的建仓、出货环节，从而在“跟庄”中获利。依此推断，我国“跟庄”人群不在少数。“跟庄”行为作为证券市场上的常见现象，客观上对“庄家”操纵证券市场起了一定帮助作用，对其行为性质应如何看待？有人可能想当然认为这是片面共犯，对此，笔者持不同意见。

（一）片面共犯的争论

片面共犯，是指共同行为人的一方有与他人共同实施犯罪的意思，并加功于另一方的犯罪行为，另一方却不知其给予加功的情形。对于片面共犯是否属于共同犯罪范畴，我国学术界有不同看法。反对者认为，共同犯罪的社会危害性源于其整体性，即源于各犯罪行为人的相互配合、相互协调和意思联络，片面共犯不存在这些特征；赞成者认为，片面共犯只存在单方的意思联络，正是由于缺乏相互的共同犯罪故意，才叫片面共犯，而不能是全面共犯。[②]有学者则一针见血地指出，赞成者实质上在强调从各个行为人的侧面来分析共犯的意思联络，是典型的行为共同说立场，反对者则基于完全的犯罪共同说立场，认为故意内容不同时不构成共同犯罪，

---

① 庄家，是指持有一个公司的股票数已经达到随意操控股票交易价格程度的个人或者机构。——笔者注

② 参见吴振兴主编：《犯罪形态研究精要》，法律出版社2005年版，第598页。

进而指出，帮助犯的要件只是帮助，即单纯协助的意思，只要以帮助的意思对正犯者的实行行为实施帮助，使正犯者的实行变得容易，就成为从犯，而无须以从犯者与作为被帮助者的正犯人之间具有意思联络为必要，因此，反对片面的共同正犯概念，而认可片面的帮助犯。① 笔者赞成该学者的观点，认为是否成立片面共犯的概念，关键在于怎样理解共同故意的主观联系，“关于共同实行的意思，是必须存在于各个共同行为者之间，还是仅存一方就已足够，这是所谓片面的……”② 一般情况下，共同犯罪人之间的意思联络总是被理解为相互的、双向的，但实际上从帮助者角度来说，单向的意思联络也符合“共同故意”的要件。换言之，相互认识固然存在主观联系，单方认识也存在主观联系，共同犯罪故意所要求的主观联络不以行为人之间的相互认识为必要。③

（二）“跟庄”行为不构成片面共犯的理由

1. “跟庄”者与引起操纵证券市场结果的物理的因果性不能建立

在片面共犯中，帮助者的行为须以被帮助者的实行行为作为其存在的基础。从帮助者角度来说，犯罪行为的最终完成是他与被帮助者的共同行为结果，而绝不是被帮助者单独行为所致。如果让“跟庄”者承担帮助犯法律责任，必须是先有“庄家”的实行行为，然后“跟庄”者通过“庄家”的行为导致了操纵证券市场结果。但实际情况是，当“庄家”实际控制了某只股票，完全能够按照自身意思实施各种操纵手段，即使没有“跟庄”行为，“庄家”行为同样能够造成法益侵害结果。而“跟庄”者的情形就不同，他为了在证券市场上获利，根据经验判断某只股票是否真正被

---

① 参见陈家林著：《共同正犯研究》，武汉大学出版社 2004 年版，第 162 ~ 163 页。

② 参见陈家林著：《共同正犯研究》，武汉大学出版社 2004 年版，第 149 页。

③ 参见陈兴良著：《共同犯罪论》，中国社会科学出版社 1992 年版，第 115 页。

“庄家”操控，然后跟着“庄家”的操作手法顺势而为，从中获利。如果不“跟庄”，他可能颗粒无收或者获利甚微。根据自身所掌握的信息、技术和资金综合研判，在证券市场上高抛低吸，是证券交易的应有之义，其行为无可厚非。所谓的“跟庄”，只对其收益产生影响，而对“庄家”造成的法益侵害结果影响几乎没有或者不大。当然也有一种情况，“庄家”为了更方便拉抬或者压低股价，故意在市场上放风，引起喜欢“跟庄”者跟风进场，跟着“庄家”高抛低吸，使“庄家”的目标更加容易达到。但这种情况是“庄家”本身已实施了操纵犯罪的各种手段，已成立犯罪，“跟庄”者的行为只对“庄家”获利金额可能产生影响，但对法益侵害结果没有影响，因而不具有物理的因果性，或者说这种因果性没有达到刑法上评价的程度。

2. “跟庄”者的主观故意与片面共犯不同

片面共犯的帮助者的认识因素表现为，不但认识到被帮助者正在实施犯罪行为，而且认识到自己在和被帮助者共同实施犯罪行为，还认识到自己是在暗中帮助被帮助者实施犯罪行为。“跟庄”者的出发点是跟着大资金“庄家”高抛低吸，获取股价差额，因此第一步便是如何识别“庄家”行为。一般来说，他会根据自己的投资经验，通过技术分析来判断股票的“庄家”介入程度，然后顺着“庄家”的意思进行操作，从中渔利。“跟庄”者只是判断可能有大资金在“做庄”，其出发点只为渔利。至于“庄家”是否实际控制盘面，能否做到随意拉升或者对倒、对敲达到操纵证券市场犯罪程度，均与己无关。他也不可能意识到自己是在暗中帮助“庄家”，与“庄家”一起在实施操纵行为。这种故意充其量属于不确定的故意。不确定的故意因其只有认识因素而没有意志因素，不符合我国刑法关于故意的法律规定，不被我国刑法理论所认同。由于只有认识到“庄家”操纵证券市场犯罪的可能性，不可能与“庄家”建立某种心理联系，更不可能对“庄家”实施操纵证券市场犯罪结果产生重大的心理影响，因此，不成立心理的因果性。

3. “跟庄”者不明被帮助对象

在片面共犯中，帮助者的行为之所以成立犯罪，是由于他在暗中对被帮助者的实行行为提供了帮助，最终通过共同行为完成犯罪。因此，帮助者对被帮助者是谁，一般都能清楚知道。在证券市场上，证券交易通过电脑撮合迅即完成，投资者之间互不接触，互不认识，依据证券交易系统中的交易信息和公司基本面决定交易思路。某只股票可能有几个“庄家”，也有可能没有“庄家”，但由于主力资金对其看法基本一致，所以造成该只股票在一个时期内疯涨。作为“跟庄”者来说，他就可能认为这只股票存在“庄家”，按照此基本判断并结合技术分析实施所谓的“跟庄”行为。在有些时候，“跟庄”者可能在市场上模模糊糊听到有人在议论某某人在“做庄”某只股票，即按照“跟庄”的思路操作股票，结果也有可能赢利。总之，“跟庄”者对“庄家”有无存在的判断主要依靠主观猜测，“庄家”事实上是否存在实际并不重要，只要“跟庄”者认为存在就能支撑其操作思路。这与在片面共犯中，帮助者一般知道被帮助者是谁有根本区别。

基于此，笔者认为“跟庄”者的行为与片面共犯存在根本区别，其行为不应作为犯罪处理。但是，如果“跟庄”者确切知道某人在操纵证券市场，采取悄悄“跟庄”的办法暗中帮助完成操纵行为，其行为可能被认定为片面共犯。

三、“锁仓”行为的定性

“锁仓”，是指某人本来持有某只股票筹码，或应“庄家”要求买进一些筹码，然后持有不动以减轻“庄家”在拉升股价时的做空压力，在一定的时候退出，通常可以保证获利。例如，某股票的流通盘有5000万股，现价10元/股，“庄家”持仓2800万股，“锁仓”者持有700万股，两者共持仓3500万股。如果“锁仓”者应约在特定时段内不去操作，由于“庄家”和“锁仓”者合计已控70%筹码，“庄家”拉升至涨停价11元，一般仅需500万～

1000万元，而“庄家”和“锁仓”者的股票市值涨了3500万股×1元/股=3500万元。数百万元的投入换来3500万元的利润，“庄家”和“锁仓”者因此获利。反之，如果“锁仓”者与“庄家”没有事先沟通，那么，“庄家”拉升至涨停价的成本无疑将大大提升，甚至可能拉升不成功。在证券市场上，一些资金实力不强的“庄家”，通常会与他人约定以“锁仓”形式，达成操纵证券市场目的。我国《刑法》第182条第1款规定：“……（一）单独或者合谋，集中资金优势、持股或者持仓优势或者利用信息优势联合或者连续买卖，操纵证券、期货交易价格或者证券、期货交易量的；（二）与他人串通，以事先约定的时间、价格和方式相互进行证券、期货交易，影响证券、期货交易价格……”可见，刑法规定操纵者与他人串通操纵，仅限于“以事先约定的时间、价格和方式相互进行”证券交易，操纵者与他人合谋，也仅限于联合或者连续买卖。在“庄家”构成操纵证券市场罪时，“锁仓”者的行为既不属于刑法所规定的“与他人串通”类型，也不符合联合或者连续买卖规定，其行为是否具有“中立性”，如何看待其性质？

正常的证券市场具有公平价格形成功能。在自由市场中，买方和卖方基于对证券价值的判断，形成一定的供需关系，决定以某种价格进行证券交易。据此，公平的证券交易价格得以形成。但操纵证券市场的行为，制造证券供需关系和价格变动的假象，扭曲价格形成机能。完整的“做庄”过程，就是操纵证券市场过程，一般需要经过建仓吸货、洗盘震仓、拉抬、整理、拔高、出货等阶段。在建仓吸货阶段，“庄家”使用打压吸货、底部温和吸货、次低位横盘吸货、震荡吸货、高位平台吸货等方式方法，获取大量筹码；在洗盘震仓阶段，“庄家”把底部跟进的其他投资者清洗出局，将股价维持在一定价位；在拉抬阶段，“庄家”为了实现低买高卖从中获利，运用巨额资金将股价拉抬到一定价位，套现部分筹码；在整理阶段，“庄家”已将股价拉抬到一定高度，在此位置上停一下，让获利者在此价位获利了结，换上另一批新多头，以有利于行情继续上涨；在拔高阶段，“庄家”会表现得相当疯狂，为下一阶段出货拉出价格上的空间。这些过程都需要巨额资金作支撑。“锁仓”一般发生在拉抬、整理、拔高阶段，此时“庄家”为了动用少量资金获取较大收益，与“锁仓”者达成私下协议，在“庄家”拉抬过程中不要抛售股票，以免影响拉抬效果。因此，只要“锁仓”者在“庄家”操作过程中，按约不作股票交易，“庄家”就能轻易将股价拉抬到一定价位。换言之，“锁仓”者的在某一阶段不作股票交易的“不作为”事实上为“庄家”故意扭曲股价提供了便利。在主观上，“庄家”要求“锁仓”者在一定时期不作股票交易，实际上是明示或者暗示其在“做庄”某只股票。应该说，“锁仓”者主观上明知“庄家”欲人为制造股票交易价格，并且清楚地知道自己是在帮助“庄家”实施“做庄”行为，希望或者放任“庄家”将股价拉抬至某一价位；客观上由于“锁仓”者不做股票交易，“庄家”在拉抬过程中，就可以遇到较少的反向交易，就可以动用少量资金将股价轻而易举地拉抬至某一价位，可以达到“与他人串通，以事先约定的时间、价格和方式相互进行”证券交易同样的效果，进而影响证券交易价格。“锁仓”者提供的这种便利，强化了“庄家”操纵证券市场的心理，这种心理强化与为“庄家”提供便利具有相同效果。这种心理强化，使得“庄家”的操纵行为得以达成，进而造成证券价格形成机制受到扭曲，证券市场秩序得到严重扰乱，“锁仓”与操纵证券市场法益侵害之间具有心理的因果性。因此，在“庄家”构成操纵证券市场罪时，“锁仓”者可以构成此罪的帮助犯。值得讨论的是，如果“锁仓”者本来在那一阶段就不准备交易股票，“庄家”的相约行为正好符合其操作意图，做顺水人情同意“庄家”的请求而实施“锁仓”，其行为是否具有可罚性？不做交易的“锁仓”，没有顺着“庄家”意图拉抬股价或者刻意打压股价，自然不产生物理的因果性，但“庄家”的操作意图符合“锁仓”者的意思，其明示或者默示同意，实际上是对“庄家”操纵证券市场行为的希望或者放任，对其实施操纵行为的心理起到了强化作用，使其得以大胆实施操纵，这种心理强化已经超出了正常证券交易的“中立性”，与为“庄家”提供物理的帮助无异，因而具有心理的因果性，仍然具有可罚性。

四、证券公司及其从业人员接受操纵证券市场行为人委托买卖证券的行为性质

与世界上许多著名的证券交易所一样，我国上海、深圳证券交易所采取会员制。以会员为单位进行证券交易和证券结算是这种交易所的特点，普通投资者如果不通过交易所的会员——证券公司，是无法直接在交易所报价买卖证券的。借着与证券公司之间的委托关系，行为人操纵证券市场的行为就可以顺利达成。如果证券公司及其从业人员明知委托人在实施操纵证券市场行为，仍然接受委托，在委托人符合操纵证券市场罪的构成要件时，受托人即证券公司是否构成共同犯罪？这里便涉及证券公司及其从业人员在办理正常的业务活动中，知道或者应当知道他人利用证券公司实施操纵证券市场犯罪行为，仍然为其办理委托业务的行为是否丧失“中立性”，合法的业务行为和可罚的帮助的界限如何区别？

对此，学术界主要有两种观点。否定说认为，从行为人角度看，行为人把证券公司当做工具来利用，没有证券公司的委托，行为人操纵市场的行为就无从实施；从证券公司的角度看，它只是希望多赚取佣金，区别于操纵者的主观方面；从保护证券市场的人气角度看，打击面不宜过宽，对此不是不管，而是不必动用刑事手段，直接采用经济的或行政的手段就已足够。[①] 肯定说认为否定说关于受托者不构成犯罪的观点违背了共同犯罪理论。因为共同犯罪的成立除了要求两个或两个以上的人共同实施一定的行为，还要求

---

① 参见王作富著：《刑法分则实务研究》（第二版），中国方正出版社2003年版，第585~586页。

这些人彼此之间具有共同的故意。如果证券公司明知客户操纵证券市场，仍然接受委托，帮助操纵者完成犯罪，当然应对证券公司以操纵证券市场罪的共犯论处。①

笔者基本支持肯定说的观点，但为了准确起见，将证券公司和其从业人员分开阐述。对证券公司而言，它作为证券买方和卖方的经纪人，发挥着沟通买卖双方并按一定要求迅速、准确地执行指令和代办手续的媒介作用。它的运行是否规范，直接关系到证券市场的健康发展。每笔证券交易，由投资者委托证券公司下单、证券公司接受委托、报价进而在证券交易系统内按照“价格优先，报价优先”的规则进行撮合而完成。证券公司接受普通客户委托，赚取佣金，从事证券交易，属于日常的中立行为，但在接受操纵市场行为人的委托，其业务性并不丧失，此时可否作为操纵证券市场罪的帮助犯处理，其处罚依据何在？日本学术界在讨论明知对方是伪造货币的犯罪集团仍应要求供应纸张，是否成立伪造货币罪的帮助犯似乎可以给我们提供启发。日本学者山中敬一指出，在正犯者伪造货币的现场，造纸者向正犯销售伪造货币用纸，成立伪造货币罪的帮助犯。② 山中敬一使用“伪造货币的现场”作为成立帮助犯的限定，其意在证明造纸者明知伪造货币行为时，仍然提供纸张丧失了日常行为的“中立性”。从行政法上说，证券公司不得为客户实施操纵市场提供便利，《证券经纪人的禁止性行为》规定，“以任何形式和手段协助客户进行市场操纵、内幕交易、洗钱等违法违规活动或为客户的违法违规行为提供便利”。证券公司作为一个具有专业水准的证券经纪人，在明知客户实施操纵行为时，为了赚取佣金，仍然为其提供报价服务，无疑使得操纵行为得以顺利完成，已经丧失日常行为的“中立性”，应该可以成立操纵证券市场罪的帮

① 参见王晨著:《证券期货犯罪的认定与处罚》，知识产权出版社 2008 年版，第 369 页。

② 参见陈洪兵著:《中立行为的帮助》，法律出版社 2010 年版，第 228 页。

助犯。如果证券公司在接受日常委托中，依据自身专业水平判断客户有可能在实施操纵市场行为，此后继续接受委托，是否成立帮助犯？笔者认为，由于证券公司以赚取佣金为营业目的，只要按照法律规定的操作程序开展业务，没有理由要求其审查每个客户的交易是否合法，法律也没有赋予其这方面义务，其行为尚在正常业务范围内，不应作为帮助犯处罚。如果坚持将这类行为作为帮助犯处理，那么专业水平高的证券公司受到处罚的可能性越大，专业水平低的证券公司就可能永远逃避处罚，似乎承担刑事责任的原因是因为“我的认知能力强”。

问题在于证券公司从业人员在明知委托证券交易的行为属于操纵证券市场行为，仍然接受委托，如何定性？这里涉及单位犯罪的其他直接责任人员的认定问题。2001 年最高人民法院《全国法院审理金融犯罪案件工作座谈会纪要》第 2 条第 1 项第 3 款提道：“……其他责任人员，是在单位犯罪中具体实施犯罪并起较大作用的人员，既可以是单位的经营管理人员，也可以是单位的职工，包括聘任、雇佣的人员。应当注意的是，在单位犯罪中，对于受单位领导指派或奉命而参与实施了一定犯罪行为的人员，一般不宜作为直接责任人员追究刑事责任……”可见，列入处罚范围的是在实施犯罪中起较大作用的人员，一般受单位指派或奉命参与工作的人员，不作犯罪处理，其核心是业务中立性成为限制其他直接责任人员处罚范围的法理依据。证券公司从业人员在明知客户在实施操纵行为时，仍然接受委托，其行为固然在一定程度上促进了操纵行为的顺利进行，但其还有为所在证券公司创造效益有利的一面，一般情况下不具有可罚性。从行政法角度看，证券从业人员按照证券公司命令执行操作的行为后果归属于证券公司，《证券法》第 146 条规定：“证券公司的从业人员在证券交易活动中，执行所属的证券公司的指令或者利用职务违反交易规则的，由所属的证券公司承担全部责任。”对于一般员工而言，全心全意为所在公司服务，提高执行力，是履行公司忠诚义务的表现，其之所以仍然坚持接受委托，是为了获取薪水，如果统统作为其他直接责任人员对待，则无疑赋予每个证券从业人员在日常工作中有预防犯罪的义务，使他们惶惶不可终日，整日陷于十分紧张状态，况且法律并无设定预防犯罪的规定。但单位犯罪的其他直接责任人员，也是有为公司带来效益有利的一面，其之所以突破“中立性”而承担刑事责任，在于其不但认识到操纵行为，而且意图促进这种行为，其故意已超出了日常行为，其行为通过操纵者的实行行为间接地侵害或者威胁法益，与法益结果之间的因果关系达到一定程度，达到刑法的评价尺度。总之，一般受证券公司指派接受操纵行为人的委托从事业务工作，尚属正常业务范畴，不具有可罚性。但主动承担这种受托任务，意图为操纵行为提供“周到服务”，促成操纵达成的证券从业人员，应列入处罚对象。

当然，操纵行为人为达成犯罪，一般会向证券公司隐瞒其真实用意，证券公司在不明真相的情况下接受了委托，此时操纵行为人完全将证券公司当成工具使用，证券公司主观上与操纵者没有共同故意，当然不能作为犯罪处罚。此时操纵行为人实际上是将证券公司作为犯罪工具使用的间接正犯。在证券公司利用自营业务，集中资金优势、持股优势和信息优势进行操纵证券市场时，证券公司便成为操纵证券市场罪的“直接正犯”。

五、为操纵证券市场者提供证券账户、资金行为的界定

操纵证券市场罪是一种资源优势犯罪，行为人往往利用资金优势、持股优势和信息优势实施。在我国所发生的此类犯罪中，行为人动用自有资金，通过委托理财、借款等方式筹集资金，使用自己的账户和控制的拖拉机账户大肆买卖某只股票。例如，德隆系操纵证券市场案：① 自 1997 年至 2004 年，德隆系为炒作湘火炬、新疆屯河、合金投资三只股票，即所谓“老三股”，实际控制 46783 个

① 参见凌华薇、曹海丽等：《枭雄唐万新》，载《财经》2006 年第 1 期。

证券账户，动用其中24705个证券账户用于买卖“老三股”。为获取“做庄”用资金，德隆系控制下的德恒证券、中富证券、金新信托、南京大江国投、南京国信、恒信证券、伊斯兰信托等公司以出具承诺书、与客户签订国债委托投资合同、国债购买及托管合同、受托投资管理合同及补充协议等多种形式，以保底收益8%~10%，2004年甚至高达12%向全国各地不特定的单位和个人获取资金460亿元，其控制下的实业公司同时还向银行借款上百亿元，案发后，造成172亿元社会资金无法兑付，167亿元银行借款尚未偿还。上述24705个证券账户系德隆系以其公司及其员工名义开设，或从证券公司借得，或从他人处购买等方式，由其控制并实际使用的拖拉机账户，460亿元资金就是所谓委托理财资金。毫无疑问，提供证券账户和资金的行为促成了操纵证券市场行为的完成，包括证券公司在内的提供者是否具有可罚性，值得细细研究。

（一）提供证券账户行为的定性

拖拉机账户，是指一个资金账户下挂超过两个股东账户的情况。拖拉机账户的交易委托是一个资金账户下挂的，可以一次在不同的价位用不同的股东代码，同时买进（卖出）某一只股票，这是一种保密的方式，因而要准确知道谁在买进（卖出）就很困难，也就不难理解操纵证券市场行为人为何对此特别“钟爱”。拖拉机账户在我国是一个比较普遍的现象，在多数证券营业部都存在。随着2006年新修订的《证券法》实施，证监会于2007年开始对拖拉机账户进行清理，要求一个资金账户只能下挂一个证券账户，拖拉机账户遂逐步退出历史舞台。但证券市场上的操纵行为并未随之消失，反而演变成另一种形式，即操纵行为人指使他人从证券营业部借得大量他人证券账户进行开户，或从偏远山区以每份数十元至上百元不等价格收购身份证复印件，再到证券营业部开立证券账户和资金账户，或要求员工和亲友到证券营业部开立证券账户和资金账户后供其使用。下文并非研究拖拉机账户的形成及其演变，而是讨论提供拖拉机账户及其变种者在行为人构成操纵证券市场罪时，其行为是一个日常中立行为，还是一个值得处罚的犯罪行为?

据笔者掌握的资料看，目前国内对此问题鲜有人研究，司法实务也未发现对此行为追究刑事责任，而在我国台湾地区却有学者关注。拖拉机账户及其变种，在台湾地区称为人头户。台湾学者一般认为，对于借人头户进行冲洗买卖的操纵行为人，如果承担刑事责任，人头户是否需要承担刑事责任，视其是否知情而定。即人头户与行为人之间如果有犯意联络及行为分担，应作为共同正犯；如果人头户虽然知情，却与行为人没有犯意联络和行为分担，仅限于提供账户的，则视为帮助犯。① 还有人进一步指出，如果证券公司提供人头户操纵股价、协助他人使用人头户、证券公司及其员工知道客户开的是人头户而知情不报，都成立操纵股价行为人的共犯。②

我国台湾地区实务界多数认为，假如人头户确实参与操纵股价行为的犯罪谋议举止，可以作为共同正犯处理，对于为操纵股价行为的人提供或负责收集账户的人，也可以帮助犯论处，但对于单纯出借证券账户的人，检察院一般不会起诉，即使起诉，法院也会认为“亲朋好友间商借户头，藉以节税，乃人之常情，尚难因户头出借遽认有犯罪之故意”；还有法院认为，虽有借予人头户的事实，但如没有足够证据证明人头户事先知道借用人将利用该账户从事犯罪行为，或者与该借用人有犯意联络，那么即使借用人事后确实承担操纵股价刑事责任，也与人头户无关。③

可见，我国台湾地区学术界和实务界的观点基本一致，都认为人头户承担刑事责任的前提是人头户事先知道行为人是用于操纵股价，如果事先确实不知情或者没有足够证据证明知情，那么只能认

① 参见赖英照著:《股市游戏规则——最新证券交易法解析》，中国政法大学出版社2006年版，第454页。

② 参见邓楚怡:《防制证券人头户宣导说明会》，载《证券柜台月刊》2006年1月第115期。

③ 参见萧胤栗:《操纵股价犯罪之主观构成要件：现行法院对主观构成要件认定之分析——以人头户之刑事责任为中心》，载《月旦法学杂志》2008年第5期。

定为“善意”，不能追究其刑事责任。对于事先知情的人头户，究竟作为共同正犯还是帮助犯，区分界限为人头户是否与行为人之间有犯意联络和行为分担。台湾学术界还将证券公司及其员工明知客户开人头户而知情不报作为共犯处理，显然有利于防止操纵股价行为的发生，但是事实上能否追究刑事责任，值得认真斟酌。

笔者认为，操纵证券市场行为是各国证券市场的通病，其之所以能屡屡得逞，在一定程度上与其使用拖拉机账户及其变种密不可分。如果不使用这种账户，行为人的操纵行为很容易被证券监管部门发现并进而被揭露。正是这种账户的存在，使得操纵行为变得相对容易和隐蔽，拖拉机账户及其变种在操纵行为中起了较大作用。我国台湾地区学术界和实务界根据人头户主观上是否知情作为判别是否承担刑事责任的依据，从人头户对操纵行为的协力加功程度区分共同正犯和帮助犯的做法有值得借鉴之处。

首先应考虑人头户“人户统一”和“人户分离”两种情况。先来谈谈“人户统一”。提供人头户的人大多为层次不高的农村人口，当然也有平时不用借与亲戚朋友的情形。他们的借用或者相对廉价的有价交换，实际上是一种日常行为，他们的目的比较单纯，或碍于情面，或为少量的金钱，具有“中立性”，尤其对于农村偏远地区的农民而言，由于其文化素质较低，不能认知身份证件的重要性，对于借与他人和有价交换存在的风险性难以认识，即使他人用其身份证件开立证券账户从事操纵行为，不具有可罚性。但对于一般人来说，如果知道行为人借用目的在于买卖股票，而依其经验和智力能够知道正常情况下在证券市场上合法买卖证券，无须借用他人证券账户的道理，况且媒体经常对使用人头户从事不法交易进行报道，因此无论其是否取得对价，应该认为对行为人从事犯罪活动的可能性有所认知，但这种认知充其量为不确定故意，如前所述，只有不确定故意，而没有促进法益侵害结果的意欲，不能认定心理的因果性。是否可以肯定物理的因果性，则需要综合考虑提供人头户的数量、次数以及实际上对操纵行为所起的作用等因素。如果既不能认定心理的因果性，又不能肯定物理的因果性，提供者连帮助犯的刑事责任都无法追究。再来说说“人户分离”情形。这种情况比较普遍发生于证券公司及其从业人员身上。证券公司及其从业人员对证券账户的实质意义非常了解，使用多个人头户多发生于操纵市场场合，即使他以不知他人使用目的，更不知他人会供犯罪使用等事由提出抗辩，也应推定他是明知的。行政法严禁证券公司出借人头户于他人，处罚相当严厉。《证券法》第 208 条第 2 款规定：“证券公司为前款规定的违法行为提供自己或者他人的证券交易账户的，除依照前款的规定处罚外，还应当撤销直接负责的主管人员和其他直接责任人员的任职资格或者证券从业资格。”之所以如此严苛，无非是人头户使得证券交易更加隐蔽，证券犯罪不易被监管者发现，相对而言，证券公司批量出借人头户对于操纵证券市场罪的法益结果具有一定“贡献”，比起“人户统一”来说，“贡献”要大得多。

我国刑法根据行为人在共同犯罪所起作用不同，区分主犯和从犯，而没有共同正犯和帮助犯之分。我国《刑法》第 26 条第 1 款规定：“组织、领导犯罪集团进行犯罪活动的或者在共同犯罪中起主要作用的，是主犯。”第 27 条第 1 款规定：“在共同犯罪中起次要或者辅助作用的，是从犯。”从司法实践看，提供拖拉机账户及其变种的一般为证券公司、金融掮客以及受行为人委派的马仔，他们主观上都认识到提供拖拉机账户及其变种为操纵行为人操纵使用，希望或者放任行为人使用这种账户从事操纵犯罪，应与行为人构成共同犯罪，但对操纵行为而言，只起到次要和辅助作用，因此一般作为从犯处理。如果提供拖拉机账户及其变种的人与行为人事先有犯意联络和明确分工，在整个操纵行为中起主要作用，应作为主犯考虑。

（二）提供资金行为的处罚

从我国早几年查处的操纵证券市场犯罪看，委托理财成为操纵所需资金的主要来源渠道之一。委托理财又称代客理财，是指证券公司或投资公司接受客户委托，通过证券市场对客户资产进行有效管理和运作，在严格遵守客户委托意愿的前提下，在尽可能确保客户委托资产安全的基础上，实现资产保值增值的一项业务，它是同一业务从委托方和管理方角度形成的不同称谓。为了规范这项业务，证监会相继出台《关于规范证券公司受托投资管理业务的通知》等规范性文件，中国人民银行也颁布了《信托投资公司资金信托管理暂行办法》。这些文件规定从事这项业务必须取得委托理财许可，在委托理财协议中不得约定保底收益等条款。但是，操纵行为人为获得巨额资金，往往以高额利息和先付利息为诱饵，与委托人和证券公司签订所谓“三方监管协议”，无视上述规定和证券法有关证券公司不得接受全权委托等禁止性规定，设定保底收益，约定平仓线、补仓线等由证券公司全权负责客户证券买卖操作的违法条款。由于系全权委托，委托人的资金安全和证券安全都处于极大的风险中，盗卖证券现象十分突出，曾引发许多民事纠纷案件，一旦操纵失败，操纵行为人非但颗粒无收，反而造成巨亏，委托人血本无归的结局就不可避免了。

委托人的资金安全和民事赔偿不是笔者研究的范畴，笔者所要讨论的是提供委托理财资金者的刑事责任问题。客观上说，这些委托理财资金为操纵行为的实施提供了“工具”，为操纵行为人集中资金优势提供了便利，这些人应否承担刑事责任？从案发情况看，提供委托理财资金的人员有三种：第一种是在操纵行为中承担委托理财资金分工的人员；第二种是证券公司应行为人要求，拉拢客户与行为人签订委托理财协议；第三种为行为人通过亲友介绍，被高息和保底收益所诱惑，被动与行为人签订理财协议。对此三种情形，应区别对待。其区分标准与上述提供拖拉机账户及其变种者基本一致，即提供委托理财资金者主观上是否知情，其行为是否具有“中立性”。如果知情，基本可以认为与操纵行为人构成共犯关系。对于与操纵行为人事先有犯意联络和行为分担，负责委托理财资金的筹集，应以共同正犯对待，同时，其向社会上不特定多数人以委托理财方式获取资金，又构成非法吸收公众存款罪，属于一行为触犯数个罪名，构成想象竞合，择一重罪处理；对于仅是知道或应该知道行为人将资金用于操纵证券的，如证券公司，可以帮助犯论处；而对于受高息所诱的一般投资者，因对资金用途不清楚，且其目的只为获取高额利润，只能作为一般的民事行为，仍不失“中立性”，不宜作犯罪处理。

第三节　证券共同犯罪刑事责任认定中的几个问题

一、受他人明示、暗示从事证券买卖行为的刑事责任

在《刑法修正案（七）》之前，《刑法》第180条的实行行为只有两种：一种是直接利用内幕信息进行交易，另一种为泄露内幕信息。但在司法实践中经常出现这种情况，即行为人自己不直接进行内幕交易，而是建议他人在内幕信息公开前，在某一时段、某一价位买卖某种证券，这种行为既不属于直接利用内幕信息进行的内幕交易，也不属于泄露内幕信息。一般来说，这种建议行为建立在行为人知悉内幕信息的基础上，其出发点要么为自己交易，要么出于好意让亲戚朋友买卖证券，并非为自己进行内幕交易，但无论哪一种情形，都侵害了证券市场的公平取得信息权，直接影响正常的证券市场管理秩序。刑法修正案正好弥补了这个立法漏洞，将“明示、暗示他人从事上述交易活动”增列为内幕交易罪的行为样态。“明示”，是指采取口头或书面形式明确告知买入或者卖出与该内幕信息有关的证券；“暗示”，原意为用含蓄的语言或示意的举动使人心领神会，在此意为只要某种言行达到使人意识到有内幕信息背景且能通过交易获得利益即符合条件。虽然泄露内幕信息行为可以采取明示或暗示方式，但在修正案之后，按照刑法解释的原理，明示、暗示的内容不应该包括内幕信息，否则便与泄露内幕信

息罪的含义有重合。因此，“明示、暗示他人从事上述交易”，只能解释为行为人向他人就交易时机、交易品种、交易数量、交易价位等事项或涉及公司的非内幕信息提出明示或暗示。有学者却提出，这是一种立法浪费，违背“如无必要，勿增实体”原理，不增加这种立法规定，完全可以使用间接正犯理论认定这种行为，直接以立法形式作出规定，反而增加了对“他人”的认定难度。①

该学者在承认内幕交易、泄露内幕信息罪系身份犯的前提下，为证明自己观点的正确性，首先，假设了两个能够被“明示、暗示他人从事上述交易”所包容的案例。案例1：有身份的甲与无身份的乙合谋，甲明示、暗示乙从事证券交易，获利后二人平分。案例2：有身份的甲与无身份的乙没有合谋，甲提出明示或者暗示，乙从事相关证券交易并获利。对于案例1，该学者对甲、乙二人构成共同犯罪无异议，但对甲、乙应如何定性，提出了三种解决方案情形：第一种，甲构成教唆犯，乙构成正犯，或者甲乙构成共谋共同正犯；第二种，甲构成教唆犯，乙构成帮助犯；第三种，甲构成间接正犯，乙构成帮助犯。对于第一种方案，无论甲构成教唆犯，还是构成共谋共同正犯，其前提都是乙构成正犯，但该学者认为无身份者不能成为有特定身份要求的实行犯，因此第一种方案不可取。对于第二种方案，认为虽然避开了将乙认定为实行犯的理论泥潭，但在没有实行犯的情况下，教唆犯和帮助犯的立论难以成立，“如果进一步地问，教唆犯是对正犯的教唆呢，还是对帮助犯的教唆？如果是对帮助犯的教唆，那么，帮助犯又是对谁的帮助？由于不存在正犯，当然也就谈不上对正犯的帮助。如果是对教唆犯的帮助，那么就犯了逻辑上循环论证的错误”②，因而也不可取。该学

---

① 参见车浩：《从间接正犯到直接正犯——评〈刑法修正案（七）〉关于内幕交易罪的修改》，载《政法论坛》2009年第3期。

② 陈兴良、周光权著：《刑法学的现代展开》，中国人民大学出版社2006年版，第344页。

者支持第三种方案，称目前的刑法理论都认为，利用有故意无身份的工具，可以成立间接正犯。有身份的幕后者支配了整个犯罪，即使其没有亲手实行，也被评价为一种正犯行为。而对于案例 2，运用间接正犯理论可以顺利解决。

其次，运用归谬法，论证修法所产生的不当。该学者论证道，将明示、暗示行为作为一种实行行为在立法上直接加以规定，是利用立法工具直接解决问题而不必再借助刑法理论。反映在案例 2 的场合，就可直接按照刑法条文追究甲的责任，但在案例 1 的场合，似乎避开了间接正犯的复杂理论，减少了法律适用难度，实际上反而增加了对乙的交易行为的解释难度。一方面，由于乙不具有特定身份而无法成立实行犯，其交易行为当然不是实行行为，乙便不能成为内幕交易罪的共同正犯；另一方面，如果将乙的行为解释为帮助行为，会产生对帮助犯概念的解释困扰。在间接正犯场合，甲通过乙的行为实施，是《刑法》第 180 条的“从事相关交易”行为，甲的正犯性体现在对“相关交易”具有支配性上，乙的交易行为成为甲所明示、暗示内容的实现，因而是帮助犯。但在修法后成为直接正犯的场合，甲所实施的正犯行为，不是“从事相关交易”，而是“明示、暗示”，如果乙要构成对甲的帮助犯，只能针对明示、暗示行为，而不能针对“从事相关交易”。例如，甲正在明示、暗示他人实施交易，成为其帮助犯的场合，应该类似为甲实施明示、暗示提供把风、翻译等情形。如果乙不是这么做，而是按照甲的明示、暗示内容实施交易，这种情况不属于明示、暗示的帮助，恰恰是对明示、暗示内容的落实，是接受明示、暗示的结果。如果非要将乙解释为帮助犯，则既与事实不符，也令人费解，必然在逻辑上陷入矛盾。因此，将甲的明示、暗示行为直接规定为直接正犯，就面对既无法将无身份的乙的交易行为解释为实行犯也无法将其认定为帮助犯的困境。

最后，从剖析修法原因入手，得出即使强调刑法与证券法协调性，也不必过于追求二者之间文字的对应性的结论。因为法秩序的统一性，不是追求法律条文表述上的形式性协调，而是违法性评价和惩罚功能上的实质性协调。

笔者非常支持该学者运用间接正犯理论对内幕信息知情人的“明示、暗示”行为所作分析，同意其有关“间接正犯”变为“直接正犯”的提法，也赞成刑法与证券法的衔接，不必过于追求形式上的对应性，而应侧重于违法性评价和惩罚功能上的实质性协调。对于案例2所得出结论，笔者没有异议，有疑问的是案例1的结论。该学者之所以得出上述结论，症结在于否认无身份者可以成为有身份者的共同实行犯。在我国，学术界对于无身份者是否可以成为共同犯罪的实行犯，主要有两种观点。肯定说认为，如果无身份者能够参与真正身份犯的部分实行行为，可以与有身份者构成共同实行犯，如非国家工作人员勾结国家工作人员贪污，构成贪污罪的共同实行犯；如果无身份者根本不能参与真正身份犯的实行行为，不能与有身份者构成共同实行犯，如外国人不可能与中国人一起构成背叛国家罪的共同实行犯。① 否定说则称，具有特定身份的人与没有特定身份的人之所以不能构成法律要求犯罪主体具有特定身份的犯罪的共同实行犯，在于没有特定身份的人不可能实施特定身份的犯罪的实行行为。因为身份是犯罪主体的构成要素之一，它决定犯罪主体的性质。身份总是与犯罪主体的权利和义务相关联，尤其是法定身份，它是由法律赋予的。例如，贪污罪，利用职务上的便利是这种犯罪行为不可缺少的组成部分，因此，是否利用职务上的便利，就成为确定其行为性质的重要标准。② 还有学者称，对于刑法规定中的犯罪实行行为，应作完整、全面和实质上的理解。无身份者实施部分有身份者构成犯罪的行为，并不等于实施该罪的实行行为，而实行行为是由刑法分则规定的客观要件中的全部行

---

① 参见马克昌主编：《犯罪通论》，武汉大学出版社1999年版，第582～583页。

② 参见陈兴良著：《共同犯罪论》，中国社会科学出版社1992年版，第356～357页。

为，必须包含该种犯罪的罪质行为。[①]

笔者认为，其一，肯定说与否定说的争议焦点在于如何理解实行行为。大陆法系国家的刑法典一般在未遂犯或者共同犯罪的场合使用“实行”一词，由于使用场合和定义角度不同，对实行行为的定义自然不同。笔者赞成我国学者结合我国刑法实际所下定义，“从形式和实质相统一的立场出发，我国刑法中实行行为的概念，应当是指符合刑法分则具体犯罪构成规定的对构成要件预定的法益侵害具有现实危险性的行为”[②]。可见，实行行为是符合刑法分则规定的行为，应当是主观与客观的统一，上述否定说学者仅仅将实行行为理解为“刑法分则规定的客观要件中的全部行为”实属片面。其二，身份虽然决定犯罪主体的性质，某些只能由有身份者实施的行为，不可能由无身份者实施，如贪污罪中的“利用职务上的便利”，只能由国家工作人员实施，但“侵吞、窃取、骗取或者以其他手段非法占有公共财物”的行为，完全可以由非国家工作人员实施。换言之，实行行为指的是行为，而不是指身份，虽与身份有一定关联，但不一定只能由有身份者实施。其三，对于实行行为包括罪质行为的说法，该学者指出“复合实行行为中所包含的几个行为并非无主次之分，它们都是围绕着一个核心行为而展开的，该核心行为即是罪质行为。未实施罪质行为，就不能看做实行行为”，并以保险诈骗罪为例，认为保险事故的鉴定人、证明人、财产评估人、帮助投保人、被保险人等实施保险诈骗行为，可以构成保险诈骗罪的共犯，而不能构成保险诈骗罪的实行犯。原因在于保险诈骗罪的实行行为是一个完整的行为样态，要求行为人具体实施骗取保险金的行为，仅仅实施相关帮助行为，不能成为保险诈骗

① 参见刘宪权著：《金融犯罪刑法理论与实践》，北京大学出版社 2008 年版，第 95 页。

② 何荣功著：《实行行为研究》，武汉大学出版社 2007 年版，第 21 页。

罪的实行犯。[①] 笔者认为，罪质指的是罪的性质，而实行行为是侵害法益的行为，规定行为的性质，罪质行为实际上就是实行行为。正如该学者所说，保险诈骗罪的罪质行为是实施骗取保险金的行为，但如何理解此行为便成关键所在。从刑法规定来看，此行为包括虚构保险事故，隐瞒保险真相和虚假理赔，这些行为的整体构成了罪质行为，其中部分行为如虚构保险事故、隐瞒保险真相中的组成行为确实可以由非投保人、被保险人和受益人实施。该学者将罪质行为和实行行为人为割裂，得出了错误结论。其四，从共同正犯的性质来看，共同正犯名为"正犯"，也并非"本来的正犯形态"，而是"扩张的正犯形态"，只有在共同正犯者之间的互动中把握。不论是身份犯还是非身份犯，都只要符合共同犯罪的整体构成要件就足够。因为身份是为了确立整体构成要件的成立，而不是确立修正的构成要件的成立。[②] 因此，否定说的观点不成立，无身份者可以参与身份犯的部分实行行为，可以与身份犯构成共同实行犯，但在不能参与身份犯的实行行为时，不能成立共同实行犯，肯定说的观点可以得到维持。

在肯定无身份者可以成为有身份者的共同实行犯的前提下，《刑法修正案（七）》之前，案例 1 中的乙与甲合谋，利用甲的内幕信息知情人身份，由甲明示或者暗示乙的交易，乙虽然没有内幕信息知情人身份，但借助了甲，在内幕信息公布之前实施交易，达到了与甲单独实施内幕交易一样的效果，甲和乙完全可以成立内幕交易罪的共同实行犯；《刑法修正案（七）》之后，"明示、暗示他人从事交易活动"成为直接正犯，案例 1 中的甲和乙由于系合谋，利用甲的特殊身份，同样成立内幕交易罪的共同实行犯，不会得出

---

① 参见刘宪权著：《金融犯罪刑法理论与实践》，北京大学出版社 2008 年版，第 95 页。

② 参见刘斯凡著：《共犯界限论》，中国人民公安大学出版社 2011 年版，第 154 ~ 155 页。

上述乙既不能成为甲的共同正犯，也不能构成甲的帮助犯而无法追究刑事责任的结论。

笔者认为，刑法之所以作如此修改，还因为运用间接正犯理论尚不足以完全包容一些性质相同的行为。这些行为主要包括：(1) 行为人明示、暗示他人从事交易，他人不接受，但隔墙有耳，第三人听到了并实施交易，获取巨额利润；(2) 行为人明示、暗示他人从事交易，他人没有交易，但其建议第三人去交易，获取巨额利润；(3) 行为人明示、暗示他人从事交易，他人正打算交易，后来确实进行了交易。除第 3 种情形外，第 1、2 种行为不可谓“情节”不“严重”。对此，如果不直接规定行为人的“明示、暗示”行为为犯罪，将对交易相对方产生不公平，也违背了行为人作为内幕信息知情人应尽的保密义务。此外，“明示、暗示”行为，实际上就是证券法上的“建议”行为，但由于“建议”一词不如“明示、暗示”表述清晰，所以刑法修正案采用了后者。在国外，德国，作为大陆法系的代表国，也将“建议”行为列为内幕交易罪的行为样态。《德国有价证券交易法》第 14 条规定，“……第三，基于其所得知的内幕信息建议他人购买或转让内幕人证券”，可见，德国也意识到“建议”行为的重要性以及不能完全由间接正犯理论弥补立法缺陷。

在进行了上述分析后，受他人明示、暗示从事证券交易的行为性质就不难厘清。由于承认不具有特殊身份可以成立有特殊身份者的共同实行犯，其是否成立共同犯罪，构成何种共同犯罪性质，关键在于其主观上是否与有身份者有犯意联络，是否明知有特殊身份者所明示、暗示内容的实质，客观上行为参与程度。正如日本学者西田典之所言，“基于非身份者与身份者之间的关系、非身份者对于身份者的任务违背的认识内容以及对此任务违反行为的鼓动的形态等，有关非身份者对于身份者的任务违背行为的参与程度，要看该行为是否明显地超越了通常的融资等交易的正常形态”，以此作为判断基准，进而肯定非身份者的共同正犯性。[①] 归纳起来主要有四种情况：

第一种，内幕信息知情人与他人合谋，内幕信息知情人不向他人泄露内幕信息，但明示、暗示其交易时机、交易品种、交易数量等，他人与内幕信息知情人构成内幕交易罪的共同实行犯。例如，甲系内幕信息知情人，事先与有资金实力的乙约定，当其获得公司内幕信息后，即明示、暗示乙进行证券交易，情节严重的，甲、乙应当成立内幕交易罪的共同实行犯。

第二种，内幕信息知情人未与他人合谋，也没有泄露内幕信息，只是出于好意，明示、暗示他人进行证券交易。此时，由于他人与内幕信息知情人主观上没有共同故意，只是基于对内幕信息知情人的信任而实施交易，他人不构成犯罪。

第三种，内幕信息知情人为实施内幕交易，又希望逃避监管，事先与他人约定，当其明示、暗示其交易时，他人只要按指令执行即可。当他人不知内幕信息知情人身份，或者不知内幕信息知情人明示、暗示其交易是基于获得内幕信息，他人成为内幕交易人的工具，内幕信息知情人成为内幕交易罪的间接正犯。当他人明知内幕信息知情人身份，且能意识到内幕信息知情人明示、暗示其交易是基于获得内幕信息，他人与内幕信息知情人构成内幕交易罪的共同犯罪，他人成立内幕交易罪的帮助犯。

第四种，内幕信息知情人身份已被他人所获悉，他人主动向其刺探内幕信息，内幕信息知情人没有泄露内幕信息，却明示或者暗示他人进行证券交易，对于他人而言，主观上有主动获取内幕信息进行内幕交易的动机，能否构成内幕交易罪共犯的关键在于有无事实上获取内幕信息。例如，某上市公司即将重组的消息被 A 获悉，但其不知何时重组，即向上市公司董事长 B 反复打探，B 没有直接

① 参见［日］西田典之著：《日本刑法各论》（第三版），刘明祥、王昭武译，中国人民大学出版社 2007 年版，第 199 页。

告知重组时间，但明示或者暗示 A 交易时间。这种情况是 A 已获得部分内幕信息，但由于内幕信息不完整，通过打探的办法，反复验证内幕信息是否真正形成，属于刺探内幕信息，如果情节严重，可以成立内幕交易罪，但其与内幕信息知情人不构成共同犯罪，因为没有共同故意。但如果 A 事先不知某上市公司即将重组，只是简单向 B 打探内幕信息，B 没有泄露内幕信息，只是明示或者暗示其交易，A 确实进行了交易并获利。对 A 而言，主观上有获取内幕信息的愿望，事实上没有获得内幕信息，不构成内幕交易罪。

利用未公开信息交易罪中的“明示、暗示他人从事相关交易活动”行为，与上述内幕交易罪的行为样态一致，当可完全比照使用。

二、受控股股东和实际控制人指使背信损害上市公司利益行为的刑事责任

我国《刑法》第 169 条之一规定了背信损害上市公司利益罪，该罪的犯罪主体为上市公司的董事、监事、高级管理人员和上市公司的控股股东或者实际控制人。前者可称为一般型犯罪，后者可称为必要共同犯罪。对于前者，争议不大，无讨论余地，有研究意义的是后者。该条第 3 款规定：“上市公司的控股股东或者实际控制人，指使上市公司董事、监事、高级管理人员实施前款规定的，依照前款的规定处罚。”有人据此认为，上市公司的控股股东或者实际控制人，指使上市公司的董事、监事等高管人员实施背信行为，实际上是本罪的教唆犯。[①] 这种说法成立吗？在此情况下，上市公司的董事、监事、高级管理人员的行为应如何定性？如果控股股东或者实际控制人指使上市公司董事、监事、高级管理人员以外的人员实施背信行为，这些人员是否需要承担刑事责任？

---

① 参见肖彦彬：《论背信损害上市公司利益罪》，载《福建公安高等专科学校学报》2007 年第 6 期。

根据我国公司法规定，董事是公司董事会的组成人员，代表股东对公司实行管理，是公司重大决策制定的参与者，也是公司决策执法的监督者；监事，是指对董事、经理执行公司职务和公司财务负有监督职能的人员；高级管理人员，是指公司的经理、副经理、财务负责人、上市公司董事会秘书和公司章程规定的其他人员；控股股东，是指出资额占有限公司资本总额50%以上或者其持有的股份占股份有限公司股本总额50%以上的股东，以及出资额或者持有股份的比例虽然不足50%，但依其出资额或者持有的股份所享有的表决权足以对股东会、股东大会的决议产生重大影响的股东；实际控制人相当于“影子董事”、“事实董事”，是指虽然不是公司的形式股东，但通过投资关系、协议或者其他安排，能够实际支配公司行为的人。一般来说，控股股东和实际控制人对上市公司的董事、监事和高级管理人员的指使主要通过两种途径实现：一是根据资本多数决原则，安排代表自己意志的人员占据董事会、监会事重要位置，通过董事会、监事会对上市公司发号施令。在此情况下，上市公司的经营决策和执行都控制在控股股东手中。二是不通过上述方法将自身变成事实上的董事、监事，而是凭借自身强大的持股比例和控制力，直接影响上市公司的董事、监事、高级管理人员，通过教唆、命令、威胁、恫吓、合谋等手段，甚至剥夺这些高管人员的决策权和执行权，强力推行自己的意志。

控股股东、实际控制人指使上市公司的董事、监事和高管人员实施背信行为，实际上是有身份者利用自身在上市公司形成的地位实施犯罪行为，根据“指使”的方式不同以及受指使人主观明知程度不同，可以分为以下三种情形：（1）受指使的董事、监事和高管人员原来没有背信损害上市公司利益的犯意，由控股股东、实际控制人教唆而产生，或者虽有犯意尚处于犹豫不决阶段，受控股股东、实际控制人教唆促使其下定犯罪决心，并由上市公司的董事、监事和高管人员实施背信行为，由于控股股东、实际控制人和上市公司的董事、监事和高管人员都是背信损害上市公司利益罪的适格犯罪主体，双方之间有犯意联络，而且由后者实施了背信损害公司行为，两者成立共同犯罪，受指使的董事、监事和高管人员构成背信损害上市公司利益罪，控股股东、实际控制人构成该罪的教唆犯。在此情况下，按照控股股东、实际控制人在共同犯罪中所起的作用处罚。(2) 受指使的董事、监事和高管人员事先没有背信损害上市公司利益的犯意，在控股股东、实际控制人命令、威胁、恫吓下实施了背信损害上市公司利益的行为。此时受指使的董事、监事和高管人员思想上虽然受到来自控股股东、实际控制人的抑制，但其意志还是自由的。作为高管人员，他应该认识到自身所处位置的法定职责，不得违背对公司的忠诚义务，既然他实际参加损害上市公司利益犯罪，是其自行选择的结果，因而仍应负刑事责任。在被命令、威胁、恫吓后，他与控股股东、实际控制人之间产生了犯意联络，通过他的身份实施了背信行为，构成背信损害上市公司利益罪的实行犯，与控股股东、实际控制人成立共同犯罪，但考虑到他受命令、威胁、恫吓的实际情况，在量刑上可以从轻处罚。(3) 受指使的董事、监事和高管人员事先与上市公司的控股股东、实际控制人合谋，由后者利用其实际控制权，具体指使前者如何实施背信损害行为，由于两者之间事先有犯意联络，且有共同犯罪行为，应当成立背信损害上市公司利益罪的共同正犯。由此可见，上述有关控制股东、实际控制人指使董事、监事和高管人员实施背信损害上市公司利益的行为，只是构成背信损害上市公司利益罪的教唆犯的说法有失偏颇。

控股股东、实际控制人指使不具有上市公司董事、监事和高管人员身份的人员实施损害上市公司利益的情形，实际上属于有身份者利用无身份者实施犯罪。例如，上市公司实际控制人甲，指使上市公司的普通财务人员乙，划出公司账上资金 8000 万元无偿提供给甲所控股的 A 公司使用。乙和甲是否构成背信损害上市公司利益罪的共同犯罪？笔者认为，乙不能构成背信损害上市公司利益罪。因为乙不属上市公司的董事、监事和高管人员，不能成为背信损害上市公司利益罪的犯罪主体，甲虽然系该罪的犯罪主体，但仅限于指使上市公司的董事、监事和高管人员场合，当然不能与不具有特殊身份的乙成为该罪的共同犯罪，如果乙成立其他犯罪，如挪用资金罪或职务侵占罪，那么甲可承担挪用资金罪或职务侵占罪共犯的刑事责任。

三、中介机构为他人欺诈发行股票、债券提供虚假证明文件行为的刑事责任

在证券发行和交易环节发生的证券犯罪，往往与承担资产评估、验资、会计、审计、法律服务等职责的中介机构的“不守规矩”密切相关。1979 年刑法并无专门针对中介机构行为的刑事规定。随着社会主义市场经济的建立和发展，中介行为逐步从政府职能中剥离，中介机构应运而生并逐步在社会主义市场经济中扮演越来越重要的角色，与之相伴的是中介机构暴露出的问题也越来越多，《公司法》、《会计法》、《审计法》、《律师法》、《国有资产评估管理办法》等法律法规专门对此作了规范。但在我国特有的差序格局下，人情大于法律，体现在中介机构中，就表现出行业自律性较差，不守职业道德，为他人出具虚假证明文件，1995 年 2 月立法机关以单行刑法方式将中介机构提供虚假证明文件的行为列入刑事规制，1997 年刑法正式将此行为归入第 229 条，不但对故意提供行为进行规制，而且对过失出具行为也给予惩治。从以往所揭露的证券犯罪看，中介机构为公司欺诈发行股票、债券、上市公司违法披露、不披露重要信息等起了推波助澜的作用，可以说，没有中介机构的配合和协助，欺诈发行股票、债券行为和上市公司违规披露年报、中报、季报行为将大大减少。准确定性中介机构的行为，为其“量身定做”刑事责任，显得特别重要。下文以麦科特

欺诈发行股票案①为例展开论述。

1998年12月，麦科特集团公司获得“广东省九七年度上市公司指标”后，聘请南方证券有限公司为主承销商、广东明大律师事务所、深圳华鹏会计师事务所、广东资产评估公司为公司上市发行股票的中介机构，聘请练××、龚××为公司的总会计师和证券中心经理进行上市筹划工作。1999年1月，在麦科特集团钟××、南方证券唐××、广东明大律师事务所郭××、深圳华鹏会计师事务所吕××、广东资产评估公司郑××等人参加的协调会上，唐××提出先将麦科特集团光学工业总公司虚假变更为麦科特集团光学有限公司，再改制为麦科特光电股份有限公司作为上市主体，并确定通过虚增资产和利润的方式，使麦科特光电股份公司改制前的净资产达到1.1亿元；郭××提议虚构麦科特集团光学工业总公司从1996年开始承包经营麦科特（惠州）光学机电有限公司，虚增麦科特光电股份公司每年的利润。钟××同意上述两个提议，并组织实施。

1999年1月至2月，广东明大律师事务所协助麦科特集团，将已确定为上市主体的麦科特集团光学工业总公司的工商登记资料进行篡改，由钟××确定股东和股权比例，虚增公司1.1亿元净资产和，将公司的股东由原来的三家虚构成五家，使麦科特集团光学工业总公司成功“改制”为麦科特光电股份有限公司，达到了上市发行股票的规模和要求。

同期，钟××安排练××制作麦科特（惠州）光学机电有限公司和麦科特光电股份公司1996年度、1997年度和1998年度虚假的会计资料、虚假财务账册，并相应制作了1999年度虚假的财

---

① 参见广东省惠州市中级人民法院（2002）惠中法刑二初字第42、99、100、101号刑事判决书。遗憾的是本案二审因证据不足等原因被改判无罪，但作为中介机构丧失职业道德，无视法律法规的禁止性规定，协助发行单位完成欺诈发行犯罪的典范，仍不失研究价值。

务账簿和会议凭证。

2000年春节后，麦科特集团要求广东正大联合资产评估有限公司副总经理郑××增大对麦科特光电股份公司《资产评估报告》的资产评估值，郑××即授意下属提高了进口机器设备一个百分点的成新率。

南方证券为麦科特光电股份公司编写了整套含重大虚假内容和误导性陈述的《招股说明书》及相关的上市申报材料。

2000年7月，麦科特光电股份公司发行股票，同年8月，在深圳证券交易所上市交易，共募集资金5.2亿元人民币。

法院判决认为，麦科特光电股份公司钟××，明知所在公司不符合上市条件，仍授意并决定虚构公司的工商注册登记资料和编制虚假财务报表，并同意公布含重大虚假内容的招股说明书，是麦科特光电股份公司欺诈发行股票的直接负责的主管人员。南方证券唐××在担任麦科特光电股份公司上市项目申报材料过程中，利用熟悉上市操作规程的专长，为麦科特光电股份公司提供虚构上市申请内容的意见，参与策划编造招股说明书的重大虚假内容，是南方证券参与欺诈发行股票的直接负责的主管人员，系本案共犯，支持公诉机关指控钟××、唐××等人犯欺诈发行股票罪。同时，对于广东资产评估公司郑××、深圳华鹏会计师事务所吕××、广东明大律师事务所郭××等人，在明知麦科特光电股份公司的资产、历史沿革、股东结构及持股比例不符合上市的有关要求、存在虚假的情况下，为了使麦科特光电股份公司能够尽快上市而虚构该公司的资产、利润等事实，与钟××等麦科特光电股份公司高管人员共同商量，非但没有认真按各自工作规程要求开展工作，相反按照商定的计划和分工出具了重大虚假内容的评估报告、审计报告和法律意见书，分别应认定为广东资产评估公司、深圳华鹏会计师事务所、广东明大律师事务所欺诈发行股票的直接负责的主管人员，其行为已构成欺诈发行股票罪，并纠正公诉机关指控的提供虚假证明文件罪。

欺诈发行股票、债券罪的犯罪主体是特殊主体，为身份犯，无身份者的南方证券、广东资产评估公司、深圳华鹏会计师事务所、广东明大律师事务所可以成为麦科特光电股份公司欺诈发行股票罪的共同实行犯。在上述案例中，南方证券、广东资产评估公司、深圳华鹏会计师事务所、广东明大律师事务所在欺诈发行前，事先有商议，事中有分工，即南方证券承担制作招股说明书、上市申请工作；广东资产评估公司没有按照独立评估行为规范开展工作，并与深圳华鹏会计师事务所商定，广东资产评估公司只对固定资产评估，出具评估值，流动资产及负债、所有者权益由深圳华鹏会计师事务所审计，出具数字，双方互相采用结果，同时还按照麦科特光电股份公司要求，将进口设备的评估值增大；广东明大律师事务所作为法律方面的专家，应当对拟上市公司发行前的工作进行法律把关，客观公正地出具符合实际情况的法律意见书，但其丧失职业道德，完全置法律于不顾，按照商定的计划和分工出具了含有重大虚假内容的法律意见书。麦科特光电股份公司作为上市主体，组织、策划、实施了整个欺诈发行过程，是欺诈发行股票罪的实行犯，与南方证券、广东资产评估公司、深圳华鹏会计师事务所、广东明大律师事务所有共同欺诈发行故意，也有共同欺诈发行行为，成立欺诈发行股票罪的共同犯罪，而且应当为共同实行犯，系单位共同犯罪。但判决书没有将前述中介机构定性为单位犯罪，只对中介机构的负责人或直接责任人员追究刑事责任，值得斟酌。还有讨论空间的是公诉机关原先指控广东资产评估公司郑××、深圳华鹏会计师事务所吕××、广东明大律师事务所郭××等犯提供虚假证明文件罪，法院没有做任何说明即作了罪名更改。笔者认为，一方面广东资产评估公司、深圳华鹏会计师事务所、广东明大律师事务所[①]与麦科特光电股份公司一起构成欺诈发行股票罪，另一方面这些单位的行为又符合提供虚假证明文件罪的构成要件，当属想象竞合，应

① 至少这些中介机构的相关人员。——笔者注

择一重罪论处，而不能简单地只以欺诈发行股票罪处罚。

上文讨论了中介机构与欺诈发行单位相互勾结，共同实施犯罪的情形。中介机构是否构成欺诈发行股票、债券罪，关键在于主观上是否与欺诈发行单位有犯意联络，如果没有犯意联络，一般不构成欺诈发行股票、债券罪，如果构成其他罪的，则以其他犯罪论处。当中介机构事先与欺诈发行单位没有合谋，只是过失提供了虚假证明文件时，如果情节严重，中介机构只构成出具证明文件重大失实罪，不与欺诈发行单位成立共同犯罪；中介机构事先与欺诈发行单位没有合谋，但欺诈发行单位故意提供失实的基础资料如会计凭证，中介机构在此基础上作出的审计结论即使不符合客观实际，但由于主观上既没有提供虚假证明文件的故意，也没有欺诈发行的故意，应作无罪处理；中介机构事先没有与欺诈发行单位合谋，但其单向知道该单位有欺诈发行意图，仍然违背法律规定故意提供虚假证明文件，在欺诈发行单位成立犯罪时，中介机构构成欺诈发行股票、债券罪的片面共犯，同时符合提供虚假证明文件罪的构成要件，当择一重处。

四、为他人编造并传播虚假交易信息行为的刑事责任

依照我国刑法规定，编造并传播虚假信息罪，是指编造并传播影响证券交易的虚假信息，扰乱证券交易市场，造成严重后果的行为。世界上第一起编造并传播虚假信息案是这样的：1814 年拿破仑战争时期，伦敦证券市场的行情随着战争进展情况的变化而变化。2 月 21 日上午，一位身着军装的人来到曼彻斯特，声称拿破仑已经战死，盟军已经占领巴黎。这一消息立即引起伦敦证券市场的股票疯涨。但这个消息不久便被证明系谣传，股票价格因此一落千丈。事后伦敦证券交易所立即介入调查，发现该谣言传播者是一个普鲁士人，是海军上将卡克莱的射击教练，他与卡克莱将军的佣

人及其他七人合谋制造了这起骗局，从中获得了大量利润。[①] 在国外，编造并传播信息行为一般被列为操纵证券市场罪的一种，如日本《证券交易法》第159条第2项2号与3号规定，无论何人，禁止以“引诱之目的”为以下行为：（1）散布信息表示交易市场的上市证券价格将因自己或他人的市场操作而变动；（2）对于上市有价证券的买卖交易等相关重要事项故意作虚伪或使人产生误解的表示。[②] 我国却将这一行为单独作为犯罪规定。有学者认为之所以如此立法，是由于操纵行为与正常交易常常难以区分，查处较为困难，如果查明行为人具有编造并传播证券交易虚假信息，扰乱证券市场造成严重后果的，即使缺乏操纵目的的证据，则可直接以此罪名定性。[③]

笔者认为，正是我国这种特殊立法方式，才使得讨论这种犯罪的共犯形态成为必要。一般来说，编造并传播证券交易信息是为操纵证券市场需要，但也不排除在特殊情况下，出于扰乱证券市场目的而为。当操纵者为达到操纵目的，雇佣他人编造并传播证券交易虚假信息，他人如果充分了解操纵者的主观目的，双方之间达成犯意联络，他人的行为无疑分担了操纵证券市场罪的部分行为，他人与操纵者成立操纵证券市场罪的共同犯罪，同时，他人的行为又符合编造并传播证券交易虚假信息罪的构成要件，两者形成目的和手段的牵连关系，应当择一重罪从重处罚。在某些情况下，委托者的目的不在操纵某只股票，而是刻意在证券市场上制造恐慌，他人受委托编造并传播证券交易虚假信息，客观上扰乱了证券市场，并且情节严重，毫无疑问，他人成为编造并传播证券交易虚假信息罪的实行犯，委托者成为该罪的教唆犯。如果他人所编造并传播的虚假

---

① 参见顾肖荣主编：《证券犯罪与证券违规违法》，中国检察出版社1998年版，第151页。

② 参见陈建旭著：《证券犯罪之规范理论与界限》，法律出版社2006年版，第21页。

③ 参见马松建著：《证券期货犯罪研究》，郑州大学出版社2003年版，第202页。

信息不但扰乱了证券市场，而且成为恐怖信息，严重扰乱了社会秩序，在此情况下还成立编造、故意传播虚假恐怖信息罪，由于此罪与编造并传播证券交易虚假信息罪之间有竞合关系，应当择一重罪论处。

另外，值得讨论的是，委托者编造证券交易虚假信息，让他人在证券市场上予以传播，他人是否应该承担刑事责任呢？笔者认为，如果他人与委托者之间形成犯意联络，并身体力行予以散布，可将委托者和他人视为整体行动，成立编造并传播证券交易虚假信息罪的共同犯罪；如果他人对委托人的虚假信息仅是心领神会，确实也在证券市场上予以散布，并扰乱了证券市场，但由于双方之间缺乏犯意联络，他人与委托者分别承担了散布和编造行为，不能成立编造并传播证券交易虚假信息罪，但如果他人的行为符合编造、故意传播虚假恐怖信息罪的犯罪构成，双方在该罪名成立共同犯罪，委托者成为该罪的教唆犯；如果他人虽然散布了委托者要求散布的证券交易虚假信息，但他人以为是真实信息而进行散布，扰乱了证券市场，他人成为散布虚假信息的工具，委托者成立编造并传播证券交易虚假信息罪的间接正犯。

五、无身份者诱骗投资者买卖证券行为的刑事责任

根据我国刑法规定，诱骗投资者买卖证券罪，是指证券交易所、证券公司、证券业协会或者证券监管部门及其工作人员，故意提供虚假信息或者伪造、变造销毁交易记录，诱骗投资者买卖证券，造成严重后果的行为。这里的“虚假信息”，是指所有能引起或者改变投资者作出投资判断的信息，既包括有关证券所涉上市公司的信息，也包括有关国家政治、经济政策方面的信息，只要能左右投资者的判断。①

---

① 参见王作富主编：《刑法分则实务研究》（第二版），中国方正出版社 2007 年版，第 543 页。

本罪为身份犯。在证券市场中，诱骗投资者买卖证券的目的一般来说是为了操纵证券市场，但操纵者一般不具备诱骗投资者买卖证券罪的主体身份。为了操纵证券市场，操纵者往往借助证券公司，委托证券公司提供虚假信息，如由证券公司向广大客户提供上市公司虚假的利好或者利差消息，诱使投资者在某一阶段买入或者卖出某只股票，配合操纵者的操纵证券市场行为。对于无身份的操纵者而言，如果其行为尚未达到操纵证券市场罪规定，在证券公司明知所提供的信息为虚假，且造成严重后果时，证券公司的行为成立诱骗投资者买卖证券罪，操纵者与证券公司成立诱骗投资者买卖证券罪的共同犯罪，操纵者承担诱骗投资者买卖证券罪的刑事责任；如果证券公司不知提供给广大投资者的信息为虚假时，证券公司不成立诱骗投资者买卖证券罪，无身份的操纵者当然也不构成该罪。当操纵者的行为符合操纵证券市场罪的犯罪构成，如果证券公司明知所提供的信息为虚假，且造成严重后果时，证券公司的行为同样成立诱骗投资者买卖证券罪，但操纵者只承担操纵证券市场罪的刑事责任；如果证券公司不知操纵者所提供的信息为虚假时，即使证券公司提供给投资者并造成严重后果，也不承担诱骗投资者买卖证券罪的刑事责任；如果证券公司明知操纵者实施操纵行为，其仍为接受操纵者委托，提供信息诱骗投资者买卖证券，则构成操纵证券市场罪的帮助犯，当然操纵者仍承担操纵证券市场罪的刑事责任。

第五章

证券犯罪的“兜底条款”与立法完善

第一节　证券犯罪中“兜底条款”的理解与适用

众所周知，大陆法系国家以成文法著称，其制订的法律规则明确、清晰、逻辑严密，易于掌握和适用，易于保障裁判的统一和公正，但其也因缺乏灵活性饱受指责。尤其在以“罪刑法定”为帝王原则的刑法中，经济社会的复杂多变不断对刑法的相对稳定提出严峻挑战，对于一些立法时无法预料但将来有可能出现的情形，各国立法普遍采取了兜底条款立法模式。有学者统计分析了中国、美国、法国、日本、德国等19个国家的刑法典，发现除美国、法国外，规定兜底条款为世界各国普遍存在的刑法现象，尤以中国为最。[①] 在证券犯罪中，欧盟、德国、日本、中国、中国台湾等国家和地区都对操纵证券市场罪和内幕交易罪规定了“兜底条款”，以因应证券品种创新带来的证券犯罪“创新”，但同时也带来了有无违反宪法精神、是否与罪刑法定原则的明确性原则相抵触和侵犯国民预测可能性的争议，需要在司法实践中认真加以把握。

---

① 参见白建军：《坚硬的理论，弹性的规则——罪刑法定研究》，载《北京大学学报（哲学社会科学版）》2008年第6期。

一、兜底条款的概念和种类

（一）兜底条款的概念

兜底条款，也叫堵截条款、堵漏条款、概括条款和口袋条款，它作为一项立法技术，被广泛运用于各领域、各层级的法律、法规、规章等法律文件中。刑法中的兜底条款，是指刑法对犯罪的构成要件在列举规定以外，采用“其他……”的概然性方式规定的条文，以避免列举不全，[①] 主要存在于例示性法律规范中。也有学者称此为堵截构成要件，指刑法规定的具有堵塞、拦截犯罪分子逃漏法网功能的构成要件。[②] 两者表述侧重不同，一个侧重功能、一个侧重规定方式的概然性，但都认为兜底条款是由于立法者无法穷尽并预测一切可能的情形，为严密法网、堵截法律漏洞而采取的一项立法技术，遗憾的是两者都没有指出兜底的对象是什么。笔者认为，刑法兜底条款是指刑法对犯罪的构成要件在列举规定以外，采用概括式表述方式规定犯罪行为、犯罪主体和犯罪对象，具有堵塞、拦截犯罪分子逃漏法网的法律条文。

（二）兜底条款的种类

第一种，分为“相对的兜底罪名”、“兜底的行为方式”、“兜底的行为方法”。[③] 相对的兜底罪名是相对于绝对的兜底罪名[④]而言的，是指对某一刑法条款起堵漏作用的罪名。例如，我国《刑法》

---

① 参见陈兴良：《刑法的明确性问题：以〈刑法〉第225条第4项为例的分析》，载《中国法学》2011年第4期。

② 参见储槐植著：《刑事一体化论要》，北京大学出版社2007年版，第63页；杨书文：《刑法规范的模糊性与明确性及其整合机制》，载《中国法学》2001年第3期。

③ 参见陈兴良：《刑法的明确性问题：以〈刑法〉第225条第4项为例的分析》，载《中国法学》2011年第4期。

④ 例如，我国《唐律疏议》设立的不应得为罪，“诸不应得为而为之者，笞十四。事理重者，杖八十”，是对整部法律的兜底，使民处于疏而不漏的法网之中。参见陈兴良：《刑法的明确性问题：以〈刑法〉第225条第4项为例的分析》，载《中国法学》2011年第4期。

第114条规定了放火罪、决水罪、爆炸罪、投放危险物质罪和以危险方法危害公共安全罪，其中以危险方法危害公共安全罪即是放火罪等罪名的兜底罪名。

兜底的行为方式，是指刑法在列举了某些犯罪的各种行为方式之后，为防止遗漏所设定的兜底条款。例如，操纵证券、期货市场罪，《刑法》第182条在规定了三种行为方式之后，又规定了“以其他方法操纵证券、期货市场的”兜底条款。在国外，以上三种行为方式和兜底条款都可以单独成罪，但在我国没有以行为方式规定罪名，统一称操纵证券、期货市场罪。又如《刑法》第169条之一规定的背信损害上市公司利益罪，列举了五种行为方式，其后又规定“采用其他方式损害上市公司利益的”兜底条款。

兜底的行为方法，是指刑法在列举了某种犯罪行为所采取的行为方法之后所规定的其他行为方法。例如，《刑法》第236条强奸罪，规定的行为方法为“以暴力、胁迫或者其他手段强奸妇女”，认定是否属于“其他手段”，必须是采取与暴力、胁迫手段具有同质的，使被害人处于不能反抗、不知反抗、不敢反抗的类似手段。

第二种，分为“或者其他型”、“持有型”和“最低要求型”。[①] 或者其他型，如德国刑法第184条“散布淫秽文书”罪名规定的“以公开陈列、张贴、放映或者其他途径公布于众”等。持有型，如持有毒品罪、持有犯罪工具罪、持有非法财产罪等。最低要求型，指的是一类特定罪，这类罪名外延具有开放性，因而具有堵截功能。例如，美国刑法中有关经济诈骗的犯罪，规定了邮电诈骗罪（包括邮件诈骗和电信诈骗），这是一项泛化罪名，因为现代社会实施诈骗离不开邮件和电信，规定此罪名威慑力很大。

---

① 参见储槐植著：《刑事一体化论要》，北京大学出版社2007年版，第63页；储槐植著：《刑事一体化与关系刑法论》，北京大学出版社1996年版，第358~359页。

第三种，分为“类比推断型”和“最后兜底型”。[①] 类比推断型，是指刑法在列举若干情形之后，采用“或者其他”、“或者……其他”之类表述，以便将类似情形列入规制范围。从我国刑法规定情况来看，主要针对犯罪主体、手段、工具、对象、地点等情形。例如，《刑法》第174条第1款擅自设立金融机构罪规定的“擅自设立商业银行、证券交易所、期货交易所、证券公司、期货经纪公司、保险公司或者其他金融机构”，“其他金融机构”即为行为人擅自设立的犯罪对象；《刑法》第180条第4款利用未公开信息交易罪规定“证券交易所、期货交易所、证券公司、期货经纪公司、基金管理公司、商业银行、保险公司等金融机构的从业人员”，“兜”的是犯罪主体的“底”。

最后兜底型，其犯罪构成的生成和存在与罪刑系列化立法方法密不可分。罪刑系列化立法方法具有详尽、细密、精确等优点，缺点也很突出，主要表现在有可能造成挂一漏万，使法网出现空隙。在我国刑法第三章规定了十余种诈骗罪，但仍不能涵盖社会生活中需要刑法规制的所有行为类型。为此，立法机关特意在刑法第五章中规定了虚构事实或者隐瞒真相的普通诈骗罪，以防止不符合第三章规定的诈骗罪的其他诈骗行为逃漏法网。

第四种，分为“纯正兜底犯”和“不纯正兜底犯”。[②] 前者是以刑法规定由刑法列举的犯罪行为以外的“其他行为、方式、方法、手段”构成犯罪的情形，后者指以刑法规定由刑法列举的犯罪对象以外的其他对象构成犯罪的情形，如刑法明文列举的毒品、发票、银行结算凭证以外的其他毒品、发票、银行结算凭证。

第五种，分为“犯罪客观方面的兜底性条款”和“刑罚规定

---

① 参见杨书文：《刑法规范的模糊性与明确性及其整合机制》，载《中国法学》2001年第3期。

② 参见白建军：《坚硬的理论，弹性的规则——罪刑法定研究》，载《北京大学学报（哲学社会科学版）》2008年第6期。

的兜底性条款”。[①] 前者如《刑法》第 182 条操纵证券、期货市场罪规定的“以其他方法操纵证券、期货市场的”；后者如《刑法》第 170 条伪造货币罪，对于处刑十年以上有期徒刑、无期徒刑或者死刑的情形，除了伪造货币集团的首要分子和伪造货币数额特别巨大外，“有其他特别严重情节的”便属这种情况。

第六种，分为“单一兜底条款”和“双重兜底条款”。[②] 这是根据司法机关对某一行为定性所依据的法律是单一兜底还是复合兜底所作的划分。前者理解较为容易，后者如操纵证券、期货市场罪，如行为不符合《刑法》第 182 条中所列举的三种情形，则考虑适用“以其他方法操纵证券、期货市场的”规定，必须援引法条《证券法》相关规定，该法第 77 条在列举了相关情形之后又规定了兜底条款“以其他手段操纵证券市场”，如此在不符合证券法列举情形的情况下，必须再援引其他证券法规或规范性文件，这便出现了复合兜底条款。下文即将展开论述的“抢帽子”交易指的便是这种情况。

上述六种分类都从不同角度、不同需要作区分，各有千秋，不足之处也不同程度存在，如有的外延不周，有的内容重合。笔者认为，对刑法兜底条款分类不能脱离我国刑法规定实际，也不能违反整体性原则。第一种分类，将我国古代立法与现代立法作比较，思维独特，值得肯定，但对犯罪主体的“兜底”情况未作考虑。所谓“相对的兜底罪名”也只是相对历史上的立法而言，从实际内容分析，似乎可以纳入“兜底的行为方式”之中。第二种综合各国刑法规定之后作出分类，视野非常开阔，囊括了所有情形，不足在于没有结合我国刑法规定实际，将持有型这类广义意义上的情形

① 参见沈玉忠：《罪刑法定原则视域下兜底性条款的限界设定——以非法经营罪为视角》，载《吉林师范大学学报（人文社会科学版）》2009 年第 6 期。

② 参见何荣功：《刑法“兜底条款”的适用与“抢帽子交易”的定性》，载《法学》2011 年第 6 期。

也一并作了讨论。第四种、第五种分类的角度值得肯定，但违反了分类的整体性原则，忽视了犯罪主体的“兜底”情况，出现与第一种分类一样的缺陷。第六种分类从行政犯的独特角度考虑问题，得出了与其他分类法完全不同的结论，使人耳目一新，却未能包括第三种分类中的“最后兜底型”情形。相比之下，第三类分类法较为科学，既遵循了分类的整体性原则，又与我国刑法规定实际相结合。但以“类比推断型”与“最后兜底型”命名区分，不能给人以一目了然之感。其中“类比推断”说的是兜底条款适用刑法时应遵循的解释方法，“最后”是针对适用刑法条款的顺序而言，两者不是一个层面的问题。事实上，两种类型分别针对犯罪构成要件和罪名所作的“兜底”，还不如直接称作“构成要件兜底型”和“罪名兜底型”。其中“构成要件兜底型”以所“兜底”的对象区分，可分为“犯罪行为兜底型”、“犯罪对象兜底型”和“犯罪主体兜底型”，而“犯罪行为兜底型”又可分“犯罪行为方式兜底型”、“犯罪行为方法兜底型”、“犯罪行为手段兜底型”、“犯罪行为地点兜底型”（如下图所示）。确切地说，笔者对兜底条款所下定义实际上针对“构成要件兜底型”，下文将主要针对其中的“犯罪行为兜底型”即“双重兜底条款”展开讨论。

- 兜底条款
  - 构成要件兜底型（类比推断型）
    - 犯罪行为兜底型
      - 犯罪行为方式兜底型
      - 犯罪行为方法兜底型
      - 犯罪行为手段兜底型
      - 犯罪行为地点兜底型
    - 犯罪主体兜底型
    - 犯罪对象兜底型
  - 罪名兜底型（最后兜底型）

二、汪建中“抢帽子交易案”的争议与问题

（一）问题的提出

“抢帽子交易”，也称抢先交易，指的是证券公司、证券咨询

机构、专业中介机构及其工作人员，买卖或者持有相关证券，并对该证券或其发行人、上市公司公开做出评价、预测或者投资建议，以便通过期待的市场波动取得经济利益。[①] 这种行为在美国称 Scalping（抢帽子），被认为是欺诈，而在欧盟和我国台湾地区，以操纵行为认定。德国斯图加特曾将“抢帽子交易”行为认定为内幕交易，但联邦最高法院在 2003 年就此“上诉案”作出判决，裁定“抢帽子交易”为市场操纵行为，开了历史先河，并确立了审判“抢帽子交易”案的指导原则。[②]

随着股权分置改革的完成，我国证券市场已迈入全流通时代，每一只股票的流通市值是改革前的 3～4 倍，以传统的资金优势操纵市场势必难以奏效。据来自公安机关经侦部门和证监会稽查部门的消息，操纵市场行为正逐步由原来的“资金型”向“信息型”转变，出现了以汪建中“抢帽子交易”、武汉新兰德“抢先交易”[③] 为代表的操纵方式，“虚假申报”、“尾盘拉升”等新手法操纵市场的行为也不断显现。2011 年年底再次爆出首例涉及阳光私

① 参见证监会 2007 年 3 月对内发布的《证券市场操纵行为认定指引（试行）》。

② 高基生：《德国最高法院对抢帽子交易案的判决及其启示》，载《证券市场导报》2006 年 09 期。

③ 基本案情：2007 年 1 月 1 日至 4 月 26 日，武汉新兰德证券投资顾问有限公司董事长朱××与陈×约定采取特定的合作模式，由朱××先向陈×提供市场热点板块股票投资组合，陈×使用自己控制的中银国际证券武汉黄孝河路证券营业部“邢康”账户买入相关个股，之后朱××通过“金融界”网站向市场公开推荐陈×事先已买入的相关个股，对该个股走势进行公开评价和预测，陈×则在公开推荐后的第一个交易日卖出该个股。此间，陈×共买卖“东风汽车”、“首钢股份”、“西藏发展”、“广东甘化”等股票 37 次，非法获利高达数千万元，而武汉新兰德收取陈×的咨询服务费金额就达 735 万元。参见中国证监会行政处罚委员会编：《证券行政处罚案例判解》（第 1 辑），法律出版社 2009 年版，第 68 页。

募的“抢帽子”市场操纵案①。

汪建中“抢帽子交易案”是近年来证监会查处的利用机构地位和影响操纵市场第一例，也是该会对违法个人开处罚单最高的案件，没收违法所得和罚款金额合计高达2.5亿元。北京首放投资顾问有限公司（以下简称北京首放）是一家具备证券投资咨询业务资格的证券投资咨询机构，所出具的“掘金报告”等咨询信息对投资者有比较广泛和重要的影响，汪建中是该公司的大股东、执行董事、经理。2006年7月至2008年3月间，汪建中先后利用其本人及他人的身份证开立了其实际控制的沪深证券账户，并使用上述账户，在中信证券北京北三环中路营业部等证券营业部开立了10余个资金账户用于证券交易。同时，在中国工商银行开立了10个银行账户用于证券交易资金的存取和划转。2007年1月至2008年5月间，汪建中采取先买入“工商银行”、“中国联通”等38只股票，后利用首放公司名义通过“新浪网”、“搜狐网”、上海证券报、证券时报等媒介对外推荐其先期买入的股票，并在股票交易时抢先卖出相关股票，人为影响上述股票的交易价格，获取个人非法利益。据证监会统计，在北京首放推荐股票的内容发布后，相关38只股票个股开盘价、当日均价明显提高；交易量整体出现较为明显的上涨；集合竞价成交量、开盘后1小时成交量成倍放大；全天成交量大幅增大；当日换手率明显上升；参与买入账户明显增多；新增买入账户成倍增加。汪建中采取上述方式操纵证券市场55次，累计买入成交额人民币52.6亿余元，累计卖出成交额人民

① 基本案情：陈×动用近1.2亿元资金持有约80%份额的国贸一期基金，进而从湖北国贸盛乾投资有限公司取得该只基金账户的控制权，同时利用其控制的两家公司，收买雇佣多名证券公司研究员，在互联网和两家电视台发布荐股文章和节目，同期，陈×指挥操作国贸一期账户，在荐股文章和节目发布前先买入或持有相关股票，待发布当日或下一交易日卖出股票获利。陈×和国贸盛乾通过上述手法，先后交易55只股票，共计获利2488万余元。参见蒋飞：《证监会通报五案 现首例券商老鼠仓、私募抢帽子》，http://stock.sohu.com/20111223/n330071025.shtml，2012年1月7日访问。

币53.8亿余元，非法获利人民币1.25亿余元。[①]

证监会认为，汪建中的上述行为违反了《证券法》第77条第1款第4项“禁止以其他手段操纵证券市场”的规定，构成了《证券法》第203条的操纵证券市场行为，决定对汪建中进行行政处罚并移送公安机关立案侦查。2008年11月，汪建中被北京市公安局拘留，2009年春节前被北京市人民检察院第二分院正式批捕。同年5月22日，检察机关撤销对其逮捕决定，公安机关随即将强制措施变更为监视居住。[②] 2010年10月28日，汪建中在北京市第二中级人民法院的庭审中，针对检察机关指控的操纵市场行为，他明确表示自己的行为“不恰当，但不构成犯罪”。[③] 2011年8月3日，北京市第二中级人民法院判决汪建中犯操纵证券市场罪，判处有期徒刑7年，并处罚金1.25亿余元。

此案在证监会行政处罚听证和刑事诉讼过程中，汪建中辩称，咨询机构及其从业人员买卖推荐证券应该是不道德行为，最多为违规买卖股票抢先交易的轻微违法行为，证监会以前也是这么认定的，没有把这种行为认定为操纵行为；汪的辩护律师在庭审中提出，汪个人通过短线交易模式买卖股票的行为，不属于刑法规定的操纵证券市场行为，且其行为未达到法定的追诉标准，不符合操纵证券市场罪的客观要件和主观要件，汪不具有操纵证券市场的主观故意，其行为被证监会认定为违法，但未达到刑法所规定的情节严重程度，不应作为犯罪处罚。围绕汪建中的“抢帽子交易”行为能否认定为《证券法》第77条第1款第4项“以其他手段操纵证券市场”，进而以《刑法》第182条第1款第4项“以其他方法操纵证券、期货市场”定罪，国内理论界和实务界展开了深入讨论。

---

① 参见北京市第二中级人民法院（2011）二中刑初字第1952号刑事判决书。

② 参见常铮：《汪建中“抢帽子交易行为”——行政处罚或刑事责任》，http://www.sqxb.com/News_View.asp? NewsID=589，2010年5月6日访问。

③ 参见徐立凡：《汪建中认错不认罪折射立法空白》，载《京华时报》2010年10月30日。

（二）“抢帽子交易”行为性质的争议

各国政府都极力倡导建立健康有序、蓬勃发展的证券市场，我国政府将“公平、公开、公开”确立为证券市场的基本原则。操纵证券市场行为则制造虚假供求关系，人为扭曲证券交易价格，是对“三公”原则的公然挑衅，各国政府无不将其规定为犯罪。我国《刑法》第182条第1款规定了连续买卖、相对委托和自买自卖三种操纵行为方式和一个兜底条款，即“有下列情形之一，操纵证券、期货市场，情节严重的……（一）单独或者合谋，集中资金优势、持股或者持仓优势或者利用信息优势联合或者连续买卖，操纵证券、期货交易价格或者证券、期货交易量的；（二）与他人串通，以事先约定的时间、价格和方式相互进行证券、期货交易，影响证券、期货交易价格或者证券、期货交易量的；（三）在自己实际控制的账户之间进行证券交易，或者以自己为交易对象，自买自卖期货合约，影响证券、期货交易价格或者证券、期货交易量的；（四）以其他方法操纵证券、期货市场的”。无独有偶，《证券法》第77条规定了完全一致的三种操纵行为方式和一个兜底条款。也就是说，对于未能归入三种列举行为的其他操纵行为，都只能在“以其他方法操纵证券、期货市场的”范围内讨论。证监会为了便于工作，于2007年2月向证监系统内部下发了《证券市场操纵行为认定指引（试行）》（以下简称《操纵指引》），作为行政执法参考依据。此《操纵指引》除规定《刑法》和《证券法》列举的三种操纵行为外，还规定了蛊惑交易、抢帽子交易、虚假申报、特定时间的价格或价值、尾市交易五种操纵类型，“抢帽子交易”赫然在列。汪建中案的争议便是围绕能否以《操纵指引》作为依据直接认定犯罪、能否以证监会的行政认定作为参考认定犯罪以及兜底条款如何解释适用展开。对此，理论上有两种不同观点。

否认说认为，汪建中的行为通过证监会行政稽查和公安机关侦查，不能否认造成证券交易价格和交易量受到影响的后果，具有社会危害性当属无疑，但既然刑法没有对此作出明确规定，应属

"法无明文规定不为罪"情形。主要理由为：（1）现行刑法没有明文规定。《证券法》第 77 条和《刑法》第 182 条虽然规定了"以其他手段操纵证券市场"，但至少立法机关尚未明确规定哪些行为属于"其他手段"，在最高人民检察院、公安部《关于经济犯罪案件追诉标准的补充规定》中对"抢帽子交易"行为也没有作出追诉标准规定，直接依据《操纵指引》对汪建中进行行政处罚和刑事处罚都"于法无据"。① （2）体系解释无法得出汪建中的行为属于操纵市场罪的结论。《刑法》第 182 条第 1 款前三项规定的行为，本质上是通过交易行为影响市场供求关系，进而影响股价从中得利，而汪建中通过发布咨询报告诱使投资者购买证券影响供求关系的行为，不能被前三项规定所包含，不属于刑法所规定的操纵市场行为。② （3）刑法中的兜底条款与罪刑法定原则相冲突。根据罪刑法定的明确性原则和法律性原则，什么是刑法禁止的，什么是刑法不禁止的，应当在刑法条文中明确反映，将打擦边球行为认定为犯罪，将给社会带来不良后果。对诸如操纵证券市场罪这类连立法者和专业人士都不太了解的犯罪，更要在人权保障和法益保护之间作出权衡，应以后者为重。③ （4）不具有欺诈性。本案与《刑法》第 182 条第 1 款前三项不具有同质性，北京首放出具的"掘金报告"内容真实，不带欺诈性。④ （5）操纵证券市场罪规定的兜底条款为双重兜底条款，这种情形多存在于行政犯场合，对行政犯而

① 参见常铮：《汪建中"抢帽子交易行为"——行政处罚或刑事责任》，http://www.sqxb.com/News_View.asp? NewsID = 589，2010 年 5 月 7 日访问。

② 参见李姗姗：《浅析操纵市场行为之刑法认定——从首放案说起》，http://www.mejc.net/Read News.asp? TypeId = 16&NewsId = 2976，2010 年 5 月 7 日访问。

③ 参见《股市"黑嘴"的罪与罚——律政俱乐部法律圆桌第 7 期、商法前沿论坛第 58 期》，http://www.chinacapitallaw.com/article/default.asp? id = 4874，2010 年 5 月 7 日访问。

④ 参见《股市"黑嘴"的罪与罚——律政俱乐部法律圆桌第 7 期、商法前沿论坛第 58 期》，http://www.chinacapitallaw.com/article/default.asp? id = 4874，2010 年 5 月 7 日访问。

言，成立犯罪不仅要考察刑法是否有明确规定，还要考察经济、行政法律法规的规定。当某一行为具有严重的社会危害性，但刑法和经济、行政法律法规都采取的是兜底条款时，基于刑法的谦抑性和保障法性质考虑，不宜直接认定为犯罪。如果将这类行为认定为犯罪，不仅缺乏前提法的支撑，更会动摇刑法保障法的基础理念。[①]

肯定说指出，汪建中的行为与操纵证券市场罪的列举行为具有同质性，符合操纵证券市场罪的构成要件。理由有：（1）主管行政机关已确认行为性质并认为涉嫌犯罪。证监会作为国务院主管证券市场的监管部门，是证券违法认定方面的专家，被《证券法》授予认定操纵市场行为的权利，其作出的行政认定具有法律效力。既然证监会将本案移送公安机关立案侦查，就表明其已确认汪的行为系操纵证券市场性质，且已明显超出行政处罚范围有追究刑事责任必要。（2）兜底条款存在有其合理性。立法者基于认知能力所限，不可能预见所有的操纵行为样态，使用兜底条款的立法技术，有利于弥补立法不周和立法盲区，避免同质的行为逃避法网，以堵塞立法漏洞。“弹性刑法的目的既包括防止过量入罪，如将情节不够严重的行为定罪，也包括防止同等严重的危害行为出罪。实际上，这正是许多兜底性规定的立法用意所在。”“……尤其是在兜底犯的场合，尽量完善法益保护，不使危害行为漏网才是其要旨所在。”[②]（3）汪建中的行为符合操纵市场罪构成要件。首先，汪建中的行为与列举行为相似、具有相当性。汪建中利用自己的知名度、影响力和公众的信赖度以及知名网站、报刊等媒体受众广泛等优势，对外公开推荐股票，影响投资者的投资判断，从而实现操纵市场的目的，与传统的利用资金优势、持股优势和信息优势实现对

---

① 参见何荣功：《刑法“兜底条款”的适用与“抢帽子交易”的定性》，载《法学》2011 年第 6 期。

② 白建军：《坚硬的理论，弹性的规则——罪刑法定研究》，载《北京大学学报（哲学社会科学版）》2008 年第 6 期。

市场的操纵，其实质完全一致。其次，汪建中的行为与证券交易价格波动和证券交易量之间具有因果关系。据证监会出具的《相关证券价格和交易量波动情况的分析报告》显示，北京首放咨询报告发布后，相关证券的交易价格和交易量在整体上出现较为明显的上涨。虽不能排除其他影响量价变化的因素，但不可否认汪建中采用“抢帽子交易”操纵证券市场的行为，影响了相关证券的交易价格和交易量，使其不能客观真实反映市场供求关系。最后，具备情节严重情形。汪建中利用自身优势，影响投资者的投资判断，实施“抢帽子交易”金额高达上百亿元，个人非法获利上亿元，其行为已严重扰乱了证券市场秩序，情节特别严重，具有严重的社会危害性。①（4）以《刑法》第 182 条兜底条款定罪已有司法判例。上海法院曾对某证券营业部员工以触犯《刑法》第 182 条第 1 款第 4 项判处有期徒刑 3 年。赵 × 是一名具有多年从事证券交易经历的某证券营业部交易清算员，熟悉证券交易的电脑操作程序，为牟取不法利益，非法侵入证券公司计算机系统，修改委托报盘的数据，以涨停价拉高“兴业房产”、“莲花味精”股价后，迅速抛售自己和朋友事先买入的股票，造成股价非正常波动，给所在证券公司造成 295 万余元经济损失。②

以上分析表明，肯定说与否定说争议最大的焦点在于如何理解和适用《刑法》第 182 条第 1 款第 4 项的兜底条款。在证监会以《证券法》第 77 条兜底条款认定汪建中的操纵行为后，刑法有无必要对这种连证券法都不清晰的灰色地带再次适用兜底条款进行调整，这样做是否违反罪刑法定原则。

① 参见陆昊：《操纵证券市场犯罪疑难问题研究》，载《中国检察官》2011 年第 5 期。

② 参见最高人民法院刑事审判第一庭、第二庭：《刑事审判案例》，法律出版社 2002 年版，第 220 页。

三、兜底条款刑法解释的基本立场

（一）兜底条款与罪刑法定原则的冲突

“法无明文规定不为罪，法无明文规定不处罚”，这是罪刑法定原则的最真实写照。立法者制定刑法、司法者适用刑法、解释者解释刑法必须遵循罪刑法定原则。一般来说，罪刑法定原则具有六个派生原则：（1）刑法不溯及既往原则；（2）排除习惯法原则；（3）禁止类推原则；（4）禁止绝对不定期刑原则；（5）刑法明确性原则；（6）刑法内容适当性原则。[①] 其中前四个原则体现罪刑法定原则的形式侧面，后两个原则反映罪刑法定原则的实质侧面，形式侧面使国民对自己的行为具有预测可能性，实质侧面是为了寻求刑法的实质合理性。[②] 刑法明确性原则要求刑罚法规的内容不能含混，必须明确、具体，“规定犯罪的法律条文必须清楚明确，使人能确切了解违法行为的内容，准确地确定犯罪行为与非犯罪行为的范围，以保障该规范没有明文规定的行为不会成为该规范适用的对象”[③]。将明确性视为罪刑法定原则的实质侧面之一，是因为明确性是限制国家权力、保障国民自由的基本要求，“明确性原则具有事前明确告知国民何者为犯罪之功能，以及禁止侦查机关、法院恣意性适用法规之功能”[④]。换言之，不明确的刑法不具有预测可能性，它会造成国民不知如何行事，限制国民行动的自由，从而造成国民行为的萎缩，更为国家机关恣意侵犯国民的自由找到了形式上

---

① 参见［日］大塚仁著：《刑法概说（总论）》（第三版），冯军译，中国人民大学出版社2003年版，第62~63页。

② 参见张明楷著：《刑法分则的解释原理》，中国人民大学出版社2004年版，第8~11页。

③ ［意］杜里奥·帕多瓦尼著：《意大利刑法学原理》，陈忠林译，中国人民大学出版社2004年版，第24页。

④ 陈子平著：《刑法总论（上）》，台湾元照出版公司2005年版，第54页。

的法律根据，甚至会有意或无意地抹杀民意。[①]

明确性原则要求刑事立法明确、具体，为国民正确预测自己的行为提供准绳，为法官正确判案提供依据。然而，“立法者并非万能，法典并非万能”[②]。立法者一方面受自身知识结构、素质、能力等因素限制，另一方面由于社会千变万化，特别是当前我国正处于经济快速转型期，失范行为层出不穷，无论多么高超的立法者，都只能罗列现实生活中已经出现的情况，对于将来可能出现的情形就无法预料。如果将明确性原则贯彻到底，则只能将所有的刑法条文都设计成列举式，其可能的结果是刑法内容非常庞大，不断修正刑法条文以适应新变化，这样做既不可能也不现实，也有违刑法的安定性。因此，必须采取立法技术上的特殊考虑，尽量提高立法预见未来、概括未来的能力，兜底条款便是因应这种需要而产生。它的出现，增强了刑法适应社会变化的能力，也为刑法的稳定奠定了基础。

保障人权和保护法益是刑法的两大机能，如果说在立法中贯彻明确性原则，是刑法保障人权的具体体现，那么设立一些概括性、模糊性的条款，则是刑法保护法益的必然选择。在社会生活尤其在经济生活中，各种犯罪与正常经济活动相伴，有些犯罪的行为样态十分复杂，刑法不可能穷尽规定所有的犯罪行为样态，也不可能将现在未出现而将来可能出现的行为明确规定出来，但如果刑法不事先预作考虑，则完全可能出现处罚空隙。例如，我国证券市场成立于20世纪90年代初，是一个由政府主导的新兴市场，利用资金优势操纵的传统证券操纵行为在我国证券市场建立之初就已存在，但由于立法者尚未认识到这种行为的危害性，在1979年刑法及单行刑法中并未规定为犯罪。随着这种行为出现频率的增多，立法者逐渐认识到这种行为给证券市场和投资者带来的社会危害性，于是将

① 参见张明楷著：《刑法学》（第三版），法律出版社2007年版，第52页。

② 杨仁寿著：《法学方法论》，中国政法大学出版社1999年版，第88页。

市场上频频显现的连续买卖、相对委托、自买自卖三种行为明确列举在1997年修订的刑法中。然而，有关国家和地区的证券犯罪立法告诉我们，操纵证券市场行为绝不仅限于这三类行为，它将伴随着证券市场的不断发展而不断演变，在其他国家业已出现而在我国目前尚未发生发现的行为方式必将出现在我国证券市场上，进入人们的视线，如果立法者无视这种现象的存在，不预先谋划，为这些失范行为预留空间，就会使许多犯罪分子挖空心思“创造”出更多法律尚未明确规定的行为方式。换言之，刑法中出现过多的法律空隙，其结果必将是犯罪分子轻而易举地逃漏法网。在此意义上说，设立兜底条款是严密法网堵截法律漏洞的需要。“没有一部法律能够忍受将自己的适用范围，严格限制在与立法者当时考虑的立法状态相适应的案件中，因为法律并不是一些没有生命的符号，而是活生生的仍然在发展的精神。这种精神与生活关系一起发展，并且合理地调整自己从而使自己得到进一步的适用，只要这种适用不会摧毁它所铸造的形式。”[①] 如此一来，规定一些柔性而富有弹性的概括性条款便势在必行。但是，证券市场的发展需要创新，作为规范其秩序的证券法和证券刑法必须适应其发展变化，以在规范上保持一定程度的弹性空间，同时，按照刑法保障人权要求，犯罪构成要件的明确性及预测可能性也不可偏废。因此，“如何调和规范弹性与构成要件明确性两大需求的冲突，即成为立法者必须妥善处理的问题”[②]。

由此可见，兜底条款既是立法技术存在难以克服障碍的产物，又是国家为严密法网避免留下处罚空隙不得已而为之的立法技术。它的设立，在一定程度上弥补了立法的不周延性，增加了刑法条款

① ［德］克劳斯·罗克辛著：《德国刑法学总论——犯罪原理的基础构造》（第1卷），王世洲译，法律出版社2005年版，第86～87页。

② 林孟皇著：《金融犯罪与刑事审判》，台湾元照出版有限公司2010年版，第223页。

的适用性和灵活性，也正是它的概括性规定，使得犯罪实行行为和处罚边界模糊不清，这与罪刑法定原则中的明确性原则确实存在一定冲突。正如我国台湾地区学者所言，“由于经济刑法概括条款是为有效保护‘整体经济秩序的安定性与公正性’法益，难免使用具有‘抽象’及‘包含’性质的规定，则要求在立法阶段即明确化及具体化构成要件行为，确有其本质上的困难性”①。国内学者则直接对兜底条款的明确性提出异议，担心司法权的滥用，称兜底条款的存在是刑法不确定性的表现之一，在一定程度上阻碍了法律的进步，给守法、执法、司法带来了困难，也易于产生纠纷，还会导致法官滥用自由裁量权、司法腐败等现象，大大降低了民众对法律的信仰度。②

（二）兜底条款的刑法解释

兜底条款出现在刑事立法中不可避免，司法者应有的态度不是去指责和谩骂它，因为“法律不是嘲笑的对象”、“法律必须被信仰，否则它将形同虚设”③，而是应该在罪刑法定原则框架内，平衡人权保障和法益保护之间的关系，科学、合理地对其作出解释。

1. 坚持严格限制解释，防止处罚范围过宽

兜底条款的设立，反映了立法者在权衡刑法法益保护机能和人权保障机能时，将天平砝码向前者倾斜。但在刑事司法中，司法人员在强调保护机能的同时，必须考虑保障机能的有效发挥，否则不符合现代刑法的属性。刑法的适用过程就是刑法的解释过程。兜底条款使用“其他……”的模糊规定方式，不能认为刑法列举以外的任何行为都可以被它所包容，也不能根据社会防卫目的进行任意解释，从而导致处罚范围过宽。而严格限制解释针对刑法条文所使

---

① 吴元曜：《论经济刑法概括条款之规范模式》，载《军法专刊》2005 年第 10 期。

② 参见沈玉忠：《罪刑法定原则视域下兜底性条款的限界设定——以非法经营罪为视角》，载《吉林师范大学学报（人文社会科学版）》2009 年第 6 期。

③ 张明楷著：《刑法格言的展开》，法律出版社 2003 年版，第 3 页。

用的文字失于宽泛，不足以表明刑法的真实含义，采取限制其含义而使其符合刑法的真实意义。[①] 这种解释方法是罪刑法定原则的必然要求，可以起到较好的排除刑法适用的随意性，防止处罚范围过宽的作用。“而限制处罚范围既意味着限制国家权力尤其是司法权力，也意味着保障行为人的自由，这正是罪刑法定原则的实质要求。”[②] 因此，对于兜底条款的理解与适用，严格限制解释可以使立法偏向的法益保护机能与司法坚持的人权保障机能达到较好的平衡。对于兜底条款的严格限制解释，笔者比较赞成这种做法，即当某种具有严重社会危害性的行为符合其他犯罪构成要件时，尽量不要以兜底条款的规定认定犯罪；如果运用兜底条款认定犯罪，必须要求认定的行为与同一条文明确规定的行为类型具有“同质性”。[③]

2. 遵循同类解释规则，预防处罚范围过窄

兜底条款是在列举规定的前提下，为了防止列举的遗漏和不足所做的概括性规定。前文有学者将兜底条款分成“类比推断型”和“最后兜底型”，实际上已经暗含了兜底条款的解释方法，即刑法只能将与列举规定在性质上相同的情形列入规制范围，而不包括不同性质的类型。遵循同类解释规则，既不能将与列举规定不相类似的情形列入处罚范围，也不能仅仅局限于所列举的情形，而是要将新出现的情形与所列举的规定作比较，找出“比较点”。这种“比较点”蕴含于列举规定中。立法者正是通过列举规定，昭示具备何种行为样态是被法律视为重要的，行为样态中的何种要素是被法律所重视的，以供兜底条款作类比理解，“例示之‘例’具有举

① 参见张明楷著：《刑法分则的解释原理》，中国人民大学出版社 2004 年版，第 20 页。

② 张明楷著：《刑法分则的解释原理》，中国人民大学出版社 2004 年版，第 21 页。

③ 参见何荣功：《刑法“兜底条款”的适用与“抢帽子交易”的定性》，载《法学》2011 年第 6 期。

以为例的作用，提供部分范程以比类、比照处理”[①]。如此说来，虽然现代刑法排斥类推，但在刑法适用中事实上难以排除使用类比推理，正如有学者所云“原则上在刑法中也有其合法地位的类比推理说明，适用于特定案件类型的法规范，可适用于其他案件，如果后者与上述特定之案件类型在重要关系上是相一致的”[②]。

类比推理是根据两个或两类事物对象在一系列属性上的相同或相似，推出它们在其他属性上也相同或相似的推理方法，它不同于“对没有明文规定的某种事实适用与该事实最相类似的法律定罪量刑”的类推适用，它的有效性“相当根本地取决于比较点的选择，而且取决于确定被比较者之特征”。[③] 类比推理实际上提供了认定兜底条款行为与列举规定具有同质性的有效方法。之所以强调同质性，是刑法公正和刑法体系解释的要求。“比较点”就是列举规定的特征，“被比较者的特征”，应当综合考虑行为造成的危害后果、行为本身的危险性程度、行为和危害结果间发生的盖然性程度、行为和危害结果之间是否介入其他因素以及传入因素对结果发生原因力的大小、行为发生的普遍程度等因素[④]，其中行为造成的危害后果、行为本身的危险性程度和行为发生的普遍程度需要重点考虑。

值得注意的是，既然是类比推理，就有是否侵害国民的预测可能性的问题。如果法律有明文规定，能从法律字面分析其含义，或者虽然没有明文规定，但通过刑法解释能够找出隐含在法律规定背后的“规定”，那么应当说是不违反国民预测可能性的，这是从应

---

① 罗传贤著：《立法程序与技术》，台湾五南图书出版有限公司1997年版，第174页。

② ［德］汉斯·海因里希·耶赛克、托马斯·魏根特著：《德国刑法教科书》（总论），徐久生译，中国法制出版社2001年版，第186～187页。

③ 参见郭恩伟：《刑法典中例示类法条研究》，载《黑龙江省政法管理干部学院学报》2008年第6期。

④ 参见何荣功：《刑法“兜底条款”的适用与“抢帽子交易”的定性》，载《法学》2011年第6期。

然角度说的。从实然角度说，如果隐藏在法律背后的“规定”只能被少数人甚至法律专业人士所掌握，国民预测可能性就值得慎重考虑。兜底条款在形式上经历了民主决议程序的立法活动，说明国民同意设立这些兜底条款，那么国民就应该遵守自己制订的法律规定。但是由于它的概括性和模糊性，它的适用取决于背后的“规定”，需要分析立法意图，填补立法者留下的空白。这种寻找“规定”的过程在一定程度上也影响国民的预测可能性和国民遵守法律的效果。

3. 考虑行政先定因素，体现刑法谦抑原则

刑法谦抑原则，是指“刑法的发动不应以所有的违法行为为对象，刑罚只有在不得已的情况下才能加以适用的原则”。[①] 作为行政犯，其构成以违反行政法规规范为前提。例如，操纵证券市场罪，由于《证券法》第77条与《刑法》第182条所规定的行为样态完全一致，出现所谓双重兜底条款，对于哪些行为可以被兜底条款所涵盖，除按前两个解释规则解释外，还得考虑这种行为是否事先为证券法律法规所包含，这也是刑法谦抑原则在证券犯罪中的具体体现。因为“刑法是对第一次规范（如民法规范、行政法规范）所保护的法益进行强有力的第二次保护，是对不服从第一次规范的行为规定科处刑罚的第二次规范”。[②] 如前所述，刑法谦抑原则体现在证券犯罪适用法律过程中，就要严格控制证券刑法规范。作为被援引的证券法律法规，必须是证监会公开发布的部门规章、决定和命令以及其他规范性文件以上法律位阶的规范性文件，如果是对内发布的文件，则不能列为证券刑法援引规范，因为这种文件不被国民所知，可能侵犯国民预测可能性，有违人权保障机能。虽然证监会是国务院管理证券市场的主管部门，其可以基于行政管理需

① ［日］川端博著：《刑法总论讲义》（第2版），成文堂2006年版，第54页；转引自陈家林著：《外国刑法通论》，中国人民公安大学出版社2009年版，第91页。

② 张明楷著：《刑法学》（第三版），法律出版社2007年版，第19页。

要，考虑行政执法效果，可以对未明确规定于《证券法》等证券法律法规中的行为适用其内部指引而以兜底条款认定为证券违法，但刑事司法不能仅据此作出证券犯罪认定。

综上所述，兜底条款与罪刑法定原则的明确性原则有一定冲突，但它的存在为立法中所不可避免。通过严格限制解释、同类解释和行政先定三个层次，确定新出现行为与列举行为是否具有同质性，在此前提下，考虑是否事先为证券法律法规和规范性文件所禁止，并在不违反国民预测可能性的情况下，最后作出入出其罪的决断。这个结论似乎与我国台湾地区实务界的做法有异曲同工之处，“即便法律条文中有不确定法律概念或概括条款，如其意义非难以理解，且为受规范者所得预见，并可经由司法审查加以确认者，即无违反法明确性原则”。[①]

四、“抢帽子交易”的行为定性

前述汪建中“抢帽子交易”案中，汪建中先后利用其本人及他人的身份证开立10余个证券账户和资金账户，先后55次采取先买入“工商银行”、“中国联通”等38只股票，后通过“新浪网”、“搜狐网”、上海证券报、证券时报等媒介对外推荐其先期买入的股票，并在股票交易时抢先卖出相关股票，使得相关个股开盘价、当日均价明显提高；交易量整体出现较为明显的上涨；集合竞价成交量、开盘后1小时成交量成倍放大；全天成交量大幅增大；当日换手率明显上升；参与买入账户明显增多；新增买入账户成倍增加。汪建中累计买入52.6亿余元，累计卖出53.8亿余元，非法获利人民币1.25亿余元。不容否认，汪建中的上述行为具有严重社会危害性。笔者曾通过分析《刑法》第182条列举的连续买卖、相对委托和自买自卖三种操纵市场行为特征，认为操纵证券市场罪

---

① 林孟皇著：《金融犯罪与刑事审判》，台湾元照出版有限公司2010年版，第364页。

在行为方式上需要具有欺诈性，主观上具有诱使他人买卖证券的目的，并影响证券交易价格和证券交易量，这便是所谓的“比较点”；而汪建中主观上认识到自己所在投资咨询机构的特殊地位和影响，希望通过利用这种特殊地位和影响，推动所推荐股票价格上涨，影响投资者的投资判断，诱使其跟风买入其抛售的股票；客观上在“新浪网”、“搜狐网”、上海证券报、证券时报等媒体发布“掘金报告”，推荐其事先买入的股票，并在咨询报告向社会公众发布后卖出证券，在一年多时间采取这种方式交易55次，交易金额巨大，获利1.25亿余元，从而影响证券交易价格或者证券交易量，这便是前文所说的“被比较者的特征”，与“比较点”完全一致，进而得出了汪建中“抢帽子交易”行为应该以操纵证券市场罪定性的结论。[①] 但是，现在笔者改变观点，认为汪建中“抢帽子交易”案不构成操纵证券市场罪。

首先，汪建中的行为与影响证券交易价格和证券交易量的因果关系难以成立。如前所述，操纵证券市场罪一般为结果犯，行为人的行为应当与影响证券交易价格和证券交易量之间应具有刑法因果关系。如果说传统的利用资金优势进行操纵市场的行为与证券交易价格和证券交易量之间的刑法因果关系尚可认定，那么对于“抢帽子交易”这种新型行为，动用的资金量远远达不到操控一只股票的程度，如何认定其刑法因果关系便成疑问。虽然有证监会出具的《相关证券价格和交易量波动情况的分析报告》反映汪建中所参与买卖的股票交易价格和交易量均有波动，但据此直接认定为由汪建中的行为引起，在逻辑上难以成立。正如汪建中及其辩护律师在庭审中辩称，其一，2007年为大牛市，证券市场上有很多研究咨询机构发布荐股报告，不能将股价波动仅归因于北京首放，并且汪建中抛售股票后，相关股价仍在上涨，以证明汪建中没有实际操

---

① 参见王崇青：《“抢帽子”交易的刑法性质探析——以汪建中操纵证券市场案为视角》，载《政治与法律》2011年第1期。

纵能力；其二，汪建中购买的都是大盘蓝筹股，其资金量远远不足以操纵市场。按照2001年最高人民检察院和公安部发布的追诉标准，即实际持有或控制的交易量要达到有关股票同期交易总量的30%以上，且连续20个交易日内，累计买入的股份数必须占到该证券同期流通总量的30%，而汪建中买入量还不到1%和4%，不够立案标准。[①] 但是检察机关在此因果关系证明上没有过多纠缠，不免难以令人信服。有学者对于汪建中案的因果关系证明问题，以证监会的分析报告为由，得出“上述结论是客观真实的，应当说不排除有其他因素会影响相关证券的量价关系，但不可否认的是汪建中采用‘抢帽子’交易的方式操纵证券市场的行为，影响了相关证券的交易价格和交易量的变化……”的结论，并武断地称汪建中以其“汪铁嘴”的名气、知名度和影响力，在知名网站、报刊等媒体对外公开推荐股票，影响投资者对市场和趋势的判断，引诱投资者盲目跟进，其结果造成证券交易量上升，证券交易价格被人为拉高。[②] 试问，既然“不排除其他因素”，如何能“不可否认”？笔者认为，如果将“抢帽子交易”行为以结果犯对待，汪案的因果关系证明确实存疑。如果将“抢帽子交易”行为视为行为犯，那么就无须因果关系证明。但是，这样的结局显然有背《操纵指引》规定，与《刑法》第182条列举条款不具有同质性。

其次，“抢帽子交易”行为入罪有违国民预测可能性。综观我国现有证券法律法规和规范性文件，无论是《证券法》，还是《禁止证券欺诈行为暂行办法》、《股票发行与交易管理暂行条例》和其他规范性文件，均无禁止“抢帽子交易”的规定，证监会只在2007年3月对其系统内部发布的《操纵指引》中提到。证监会完

---

① 参见范军利：《股市黑嘴汪建中案开庭　交易规制起争议》，载财新网，http://money.163.com/10/1031/22/6KC0EEFK002534NU.html，2012年3月10日访问。

② 参见陆昊：《操纵证券市场犯罪疑难问题研究》，载《中国检察官》2011年第5期。

全可以基于行政管理需要，以行政主管部门身份对汪建中的行为以操纵证券市场违法行为作出行政处罚。而行政权和司法权的运行机理不同，行政法和刑法的目的和任务也不一致，行政法认为违法的行为，在刑法上不一定构成犯罪。在适用兜底条款这种概括性规定时，如果能得出与列举条款具有同质性且不违背国民预测可能性的结论，如《刑法》第236条规定的强奸罪，“……或者其他手段”应当解释为与暴力、胁迫手段相类似的而使被害人处于不知反抗、不能反抗、不敢反抗的行为，如麻醉等手段即为普通社会成员所理解和接受，将这种行为手段作为强奸手段对待不会引起社会不满。而如果得出虽与列举条款具有同质性，但有可能违背国民预测可能性的结论，尤其在行政犯场合就需要慎重。因为行政犯需要以行政违法为前提，在行政法上未被列入违法的行为，要么是行政管理部门认为这种行为尚不值得行政处罚，要么属于立法疏漏，即使如此，这种立法漏洞后果也不应由行为人承担。退一步说，即使能得出“抢帽子交易”与列举条款具有同质性的结论，但由于这种行为与人们所能理解的操纵行为存在较大距离，将这种在证券法律法规没有明确规定的行为作为操纵证券市场罪处罚，确实有违刑法的明确性原则，侵犯国民的预测可能性。

最后，关于首例以操纵证券市场罪兜底条款定罪的赵×案。理论界和实务部门对其定性有不同看法。有学者认为，赵×违背国家有关规定，非法对计算机信息系统储存的数据进行篡改，破坏计算机信息系统数据的储存、处理和传输，侵犯了计算机信息系统的管理秩序，应当构成破坏计算机信息系统罪；有学者则认为，赵×以转嫁风险为目的，采用侵入计算机信息系统的手段，使用修改数据的方法操纵证券交易价格，客观上引起证券交易价格异常波动的结果，侵害证券市场的管理秩序，前后两行为是目的和手段的牵连，应当按目的行为所触犯的刑法条文，以操纵证券市场罪定罪。[①] 笔者赞成本案以破坏计算机信息系统罪定性。理由有三：（1）按照前述严格限制解释中提出的处理兜底条款适用法律的办法，能够认定为其他具体犯罪的，尽量不要以兜底条款的规定认定为犯罪，赵×的行为符合破坏计算机信息系统罪构成要件，应先考虑此罪名；（2）赵×的行为通过修改计算机数据的办法进行“交易”，不是严格意义上的证券交易，而操纵证券市场罪是伴随在正常的证券交易中；（3）将这种行为以操纵证券市场罪定性，有侵犯国民预测可能性之虑，因为这种行为并未规定在证券法律法规和规范性文件中，在法律专业人士中尚存许多争议，对于普通国民来说，就更有疑问了。此外，对于能否以证监会将案件移送公安机关立案侦查和出具行政认定的事实作为定性依据，第二章已对行政认定作过详细阐述，答案很明确，在此不再赘述。

总之，汪建中“抢帽子交易”案目前不宜认定为操纵证券市场罪。如果要将这种行为进行刑事规制，其出路有二：一是对《刑法》第182条进行修正，将此行为明列为操纵行为方式；二是把这种行为方式增加规定在《证券法》第77条中，或者将《操纵指引》尽快转化为证监会部门规章、决定、命令或其他规范性文件，或者转化为国务院行政法规、行政措施、决定、命令或其他规范性文件，由法院根据这种调整，将这种行为解释为“以其他方法操纵证券交易价格”，不失为一种好办法，“立法者订定概括条款时，授权行政机关以行政命令具体化其内容，法院必须适应行政机关对于构成要件所补充之规定的空白刑法规范模式，无疑是较为妥适”[②]。当然，最快捷的办法是比照《刑法》第225条非法经营罪

① 参见刘宪权著：《金融犯罪刑法理论与实践》，北京大学出版社2008年版，第381~382页。

② 吴元曜：《论经济刑法概括条款之规范模式》，载《军法专刊》2005年第10期。

的做法，由最高人民法院和最高人民检察院专门出台司法解释，明确将这种行为解释为《刑法》第182条第1款第4项兜底条款的内容。但这样做，司法解释可能有越权之嫌。在最高人民法院和最高人民检察院出台司法解释之前，最高人民检察院、公安部2010年出台的《关于公安机关管辖的刑事案件立案追诉标准的规定》第39条第7款似乎已将这种行为方式增列为追诉对象，即“证券公司、证券投资咨询机构、专业中介机构或者从业人员，违背有关从业禁止的规定，买卖或者持有相关证券，通过对证券或者其发行人、上市公司公开作出评价、预测或者投资建议，在该证券的交易中谋取利益，情节严重的”。笔者认为，追诉标准的规定非常有利于实务操作，但存在两方面问题：（1）这项规定在刑法或者行政法规中没有对应条文，即使追诉标准规定属于司法解释范畴，也难逃被责司法解释权干预刑事立法权之厄运；（2）由于这种越权行为，使国民预测依据发生混淆，国民究竟以刑法规范作为预测依据，还是要将这种尚不能称为刑法规范的追诉标准一同对待？显然，这样的规定超越国民预测可能性，不利于人权保障。

第二节　完善我国证券犯罪现行立法的设想

一、现行立法的主要问题

（一）立法超前，刑事先行

证券犯罪是行政犯，行政犯是因严重违反国家行政管理秩序而被立法机关规定在刑事法律中，其前提为行政违法性。但是我国证券犯罪立法却表现出在没有行政法规规定为违法时，就在刑事法律中作了规定，有的甚至作了提前立法。笔者粗略作了统计，历史上这种现象共有四次。第一次，1979年《刑法》第123条规定：“伪造支票、股票或者其他有价证券的，处七年以下有期徒刑，可以并处罚金。”当时我国没有证券市场，也没有严格意义上的证券犯罪，如此立法显然超前。第二次，在1997年《刑法》颁布时，我国尚未制订《证券法》，十余种有关证券的犯罪赫然规定在内。第三次，我国立法机关曾分别于1999年和2006年对《刑法》第182条两次作出修订，将操纵证券市场罪和操纵期货市场罪规定在一起，其初衷是好的，但仔细一分析，可以发现“单独或者合谋，集中资金优势、持仓优势或者利用信息优势联合或者连续买卖合约，操纵期货交易量的”并不为《期货管理条例》所禁止，相反操纵期货的典型手段“为影响期货市场行情囤积现货的”却没有规定在内，难怪有学者质疑这种“混合规定无视证券市场和期货市场的不同规制现状，导致证券市场派生性生活秩序对期货市场派生性秩序的强奸，创造了没有行政违法性的行政犯”①。第四次，如前所述，基于证券市场上大股东淘空上市公司现象严重，我国立法机关在《刑法修正案（六）》中增加规定了背信损害上市公司利益罪，但找遍《证券法》和《公司法》等相关证券法规，没有发现刑法修正案中所列行为样态，也没有规定任何行政责任和承担赔偿责任的方式。如果说有相近的，《公司法》第21条规定：“公司的控股股东、实际控制人、董事、监事、高级管理人员不得利用其关联关系损害公司利益。违反前款规定，给公司造成损失的，应当承担赔偿责任。”第148条规定的董事、监事和高管人员的忠实、勤勉义务，第149条规定董事、高级管理人员的禁止性行为，第150条规定的董事、监事和高级管理人员违反法律、行政法规和公司章程给公司造成损失的赔偿责任，而证券法规只有证监会自行颁发或与其他部委一起颁发的规范性文件，如《关于规范上市公司对外担保行为的通知》（证监发〔2005〕120号）、《关于规范上市公司与关联方资金往来及上市公司对外担保若干问题的通知》（证监发〔2003〕56号）及《关于上市公司为他人提供担保有关问题

① 廖北海：《论操纵证券、期货市场罪立法形式的完善》，载《求索》2009年第4期。

的通知》（证监发〔2000〕61 号）。但这些法律和规范性文件均没有明确对上市公司的控股股东、实际控制人和董事、监事和高管人员的背信行为作出系统全面规定，也没有言明所要承担的行政责任，在此情况下，直接以入罪方式予以规制，显然有违行政犯的本来含义。换言之，这种犯罪所要保护的法益是否如杀人罪中的生命法益一样重要，值得直接用刑法予以规制。

（二）证券法律法规滞后，不能适应惩治证券犯罪需要

我国并没有像其他国家一样，将证券犯罪规定在附属刑法中，而是统一规定在一部刑法中，同时又在证券法中作了重申规定。有学者认为我国证券犯罪立法模式是一种宏观上的法典模式，中观上的一罪一刑和分散型模式，微观上的叙明罪状模式，[①] 可谓一语中的。采取这种立法的好处是严格遵守罪刑法定原则，有利于国民及时准确地找到法律，达到比附属刑法更大的震慑效果，“将经济犯罪行为规定于刑法典中，使经济刑法具有刑法之外形，自然较易产生一般预防作用而且具有慑阻经济犯罪之功能”[②]。但是，其缺点也不言自明，即为了维护刑法的稳定性，很难根据证券犯罪形势变化作出及时调整。例如，上节中提到的汪建中“抢帽子交易”行为，由于现行刑法对这种类似操纵的行为没有作出明文规定，虽然法院依据“兜底条款”作了有罪判决，但在证券法律法规都没有明确规定的前提下作出，这种做法自然难脱违背国民预测可能性之干系。如果刑法中的证券犯罪不是规定为叙明罪状，而是规定为空白罪状，刑法中只规定了罪名和法定刑，而将构成要件由证券法来规定，并且证券法根据证券管理秩序需要，早已将“抢帽子交易”等新型操纵行为规定其中；或者仍然保持叙明罪状规定不变，证券法律法规适应形势需要，早将证监会《操纵指引》中所列举的几

---

① 参见祝二军著：《证券犯罪的认定与处理》，人民法院出版社 2000 年版，第 171 页。

② 林山田著：《经济犯罪与经济刑法》，台湾三民书局 1981 年版，第 99 ~ 100 页。

类新型操纵行为规定在内，汪建中案的定性岂非很明确，争议自然大大减少。

(三) 证券犯罪种类设置不是十分合理

应该说，我国证券犯罪立法是充分吸收借鉴了发达国家的立法经验，罪名和罪种设置基本符合我国实际，适应了规制证券犯罪的需要，但也有不尽如人意之处。例如，我国不少学者对《刑法》第178条第2款的伪造、变造股票、公司、企业债券罪颇有看法，认为我国证券市场早就实行了无纸化交易，伪造、变造股票、债券的行为既不可能也不现实，早就应该废除。有学者考察了各国操纵证券市场罪的立法之后，提出编造、传播证券交易虚假信息属于操纵证券市场罪的手段，建议取消《刑法》第181条的编造并传播证券交易虚假信息罪。另有学者则反对这种做法，称在我国证券市场，一些人并非为了操纵证券市场，而是出于报复或泄私愤等目的实施编造并传播证券交易虚假信息，这条罪名仍应保留，主存说和主废说一直争论不休，各执一词。针对1998年制订的《证券法》，有学者提出不少条款规定“构成犯罪的，依法追究刑事责任”，但刑法中没有对应法条，如《证券法》第176条规定：“证券公司承销或者代理买卖未经核准或者审批擅自发行的证券的，由证券监督管理机构予以取缔，没收违法所得，并处以违法所得一倍以上五倍以下的罚款。对直接负责的主管人员和其他直接责任人员给予警，并处以三万元以上三十万元以下的罚款。构成犯罪的，依法追究刑事责任。”建议在刑法中增设非法承销证券罪。① 还有学者建议增设短线交易罪、非法融资融券罪、证券交易虚假陈述、信息误导罪、挪用客户保证金罪等。笔者认为，上述学者建议不无道理，但也并非完全可行，之所以争议较多，暴露出我国证券犯罪立法存在一些问题。

① 参见顾雷、王宝杰著：《违规犯罪透视与法律遏制》，中国检察出版社2004年版，第47~48页。

（四）刑罚配置不合理

主要表现在：一是自由刑过高或过低。我国《刑法》第178条第1款规定的伪造、变造国家有价证券罪，处刑从拘役、3年以下有期徒刑到10年以上有期徒刑或者无期徒刑不等，跨度较大。无期徒刑仅次于死刑，一般针对造成严重人身伤害或者重大财产损失的传统暴力犯罪，对于法定犯的证券犯罪分子而言，其社会危害性有无达到类似暴力犯罪程度，如此处罚能否达到刑罚效果，都值得深思。作为拘役刑而言，刑期较短，许多学者认为这种刑期非但难以达到改选目的，且有进一步受传染之弊端。将这种刑种用于对付贪利性的证券犯罪，能否达到惩治作用，就不得而知了，而大部分证券犯罪却规定了拘役刑。二是刑罚幅度设置不合理。除上述最高刑可达无期徒刑的伪造、变造国家有价证券罪外，证券犯罪中的操纵证券市场罪、内幕交易、泄露内幕信息罪、诱骗投资者买卖证券罪、背信运用受托财产罪、擅自设立金融机构罪、伪造、变造股票、公司、企业债券罪的最高刑均为十年，非法经营证券业务，如果情节特别严重可处五年以上有期徒刑，可见我国证券犯罪的处刑较重，同时又未按社会危害性程度不同形成梯次结构。三是罚金刑规定不够科学。综观我国证券犯罪的罚金刑，分别为定量罚金、倍数罚金、百分比罚金和无限罚金，前三种虽有利于有效抑制法官的自由裁量权，但没有体现证券犯罪的特色，即达到剥夺再犯能力效果，第四种将罚金数额的自由裁量权完全交予法官，让法官根据个案情况具体衡量，不利方面显而易见。如何制订科学合理的罚金制，立法必须作出回答。

二、完善立法的主要原则

前文已谈到，证券犯罪是法定犯，其立法必须坚持谦抑性原则，考虑当罚性和要罚性要件，即首先有重大的法益侵害值得动用刑罚保护，其次根据当罚的法益侵害及其危险，为了保护社会采取刑罚不可或缺。但从上面分析可知，一方面，我国证券法与刑法的衔接不紧密，立法超前、刑事先行的现象较为普遍，“在立法上出现了对经济活动领域的一些无序、失范行为在没有取得规律性认识、没有动用民商法、经济法和行政法手段予以有效调整的情况下，就匆忙地予以犯罪化，纳入刑罚圈的现象，使刑罚的触须不适当地伸入到经济活动的某些领域”①。另一方面，已经制订的证券刑法问题也不少。为此，完善立法仍要坚持刑法谦抑性的立场，坚持以下三个具体原则：

第一，最后性原则。也称第二性原则或次要原则，“只有在通过其他的法律不能进行充分的保护时，才应认可刑法中的法益保护。把基于这种关系的性质称为刑法的第二次性质或者补充性质”②。具体到证券犯罪立法中，必须在穷尽了一切民事、行政制裁之后尚不足以保护社会时，才可以动用刑法手段，“刑法在根本上与其说是一种特别的法律，还不如说是对其他一切法律的制裁”③。辨析某种证券违法行为是否需要刑法干预，立法者应当先行“瞻前”，即考察现有法律对于非刑罚的法律手段设置以及配套制度是否到位。具体来说：一是有无非刑罚的民事责任和行政处罚规定；二是已有非刑罚的法律手段是否科学充分；三是具体实施的配套制度是否跟上，如民事责任方面，是否充分规定了民事责任形式和具体责任大小，行政处罚方面，是否设置了科学的处罚方式，而不是笼统地称承担民事责任或行政责任。④ 只有在设置了充分的民事责任或行政责任及其配套制度后，还不足以有效遏制时，才值得动用刑法手段。

第二，协调性原则。证券犯罪立法的协调性原则，是指证券犯

---

① 储槐植：《罪刑矛盾与刑法改革》，载《中国法学》1994 年第 5 期。

② ［日］大塚仁著：《刑法概说（总论）》（第三版），冯军译，中国人民大学出版社 2003 年版，第 23 页。

③ ［法］卢梭著：《社会契约论》，何兆武译，商务印书馆 1980 年版，第 73 页。

④ 参见胡启忠等著：《经济刑法立法与经济犯罪处罚》，法律出版社 2010 年版，第 24 页。

罪刑事立法要与行政、民事制裁手段和事前的教育、管理及制度建设协调一致，共同服务于惩治证券犯罪。[①] 为了更好地服务于证券市场，相关证券法律法规要形成民事、行政、刑事三位一体、立体式的防护体系，要相互照应、相互协调，以抗制各类证券犯罪。当前尤其要协调好《证券法》与《刑法》的关系，在罪状的选择上，尽可能规定空白罪状，由《证券法》规定证券犯罪的构成要件，以灵活适应证券犯罪形势发展需要。

第三，等价性原则。等价性原则，是指刑罚的方法及其配置与犯罪相对称。一定的犯罪对应一定的刑罚，将犯罪与刑罚用某种科学合理的方法对应起来，是比较理想的选择。正如贝卡里亚所说，“既然存在着人们联合起来的必要性，既然存在着作为私人利益相互斗争的必然产生的契约，人们就能找到一个由一系列越轨行为构成的阶梯，它的最高一级就是那些直接毁灭社会的行为，最低一级就是对于作为社会成员的个人所可能犯下的、最轻微的非正义行为。在这两极之间，包括了所有侵害公共利益的、我们称之为犯罪的行为，这些行为都沿着这无形的阶梯，从高到低顺序排列”，“那么也很需要有一个相应的、由最强到最弱的刑罚阶梯”。[②] 客观地说，这种理想状态是不存在的，但罪刑相适应仍是各国立法者不懈努力追求的目标。对于证券犯罪而言，必须按照社会危害性程度不同，作一顺序排列，配以不同的刑种、刑罚幅度和轻重刑比例，使不同的市场参与主体能较快理解各类证券犯罪行为所需承担的后果。

三、完善证券犯罪立法的具体建议

（一）完善证券犯罪立法模式

综观各国和地区的证券犯罪立法模式，不外乎三种：一为刑法

① 参见祝二军著：《证券犯罪刑事立法原理》，中国方正出版社 2000 年版，第 52 页。

② ［意］贝卡里亚著：《论犯罪与刑罚》，黄风译，中国法制出版社 2005 年版，第 80 ~ 81 页。

典规定型，二为特别刑法规定型，三为附属刑法规定型。三种立法模式互不排斥，许多国家和地区都采取以第三种模式为主，其他模式为辅，而我国却采用第一种立法模式。[①] 立法模式的不同，是各国根据自身控制犯罪所需，难分伯仲。我国数千年的历史形成了刑法一向占据绝对优势地位，立法者不接受将行政犯以附属刑法形式规定在各类行政法规中。在维持现有立法模式不变的前提下，证券犯罪立法模式仍有值得改进之处。前述刑事先行，违背刑法谦抑性原则，超前立法，则是“刑法万能”思想的无意外泄。在遵循谦抑思想，刑法最后手段原则下，刑法对证券犯罪采取空白刑法规范模式，只规定罪名和法定刑，而将证券犯罪的构成要件规定于证券法律法规中，一方面可以确保刑法的稳定性，另一方面行政执法机关可根据证券管理秩序需要不断修改证券法律法规，使得新型证券犯罪不断被纳入刑法调整范畴，不至于出现频繁以刑法修正案的形式修订刑法。同时，对于既成事实的背信损害上市公司利益罪立法来说，当前应尽快在证券法律法规中规定刑法规定的行为样态，明确民事责任或行政责任，确保刑法的最后手段原则在该罪名上的具体落实。

（二）合理设定证券犯罪圈

全球经济一体化进程的加快，对刑事司法也提出了挑战。目前我国证券市场尚处于封闭状态，一旦经济发展到一定程度，与世界接轨将势在必行，为此，我国证券犯罪立法必须紧跟发达国家立法步伐，同时也要符合本国国情。对于编造并传播证券交易虚假信息罪而言，虽然不排除有人不为操纵证券市场目的而为，但这样的概率实在太低，司法实践中也很少发生，不如采取与其他国家立法一样，将此罪作为操纵证券市场罪的手段，取消此罪名。对于伪造、变造股票、公司、企业债券罪，此罪从 1997 年立法时就已落伍，

---

① 参见王剑波：《我国台湾地区证券犯罪立法研究》，载《台法研究论坛》2007 年第 4 期。

现在不会发生，今后更不可能发生，不如直接从刑法中删除。对于有学者建议增加短线交易罪、非法承销证券罪、非法融资融券罪和挪用客户保证金罪，笔者认为，增加某个罪名，必须考虑必要性和可行性，即法益保护的需要和法益的具体内涵。短线交易罪、非法承销证券罪虽然在其他国家入罪，在我国是否有必要入罪，先得看行政执法中这类行为发生频率有多大，是否具有值得刑法保护的法益，与现行各类证券犯罪的法益侵害程度作一比较，如果得出行政执法中这类行为大量发生，至少不比现行证券犯罪的法益侵害小，那么基本可以考虑入罪。对于增设非法融资融券罪，在早几年我国证券市场严格禁止非法融资融券业务时提出，尚具一定可行性，但近年来随着证券市场的不断发展，证券创新功能不断被挖掘，证券市场已开始试点融资融券业务，再谈将这类业务行为入罪就显得不合时宜了。至于建议增设挪用客户保证金罪，一方面，目前对于客户保证金，已由证券公司、投资者和银行签订三方监管协议，挪用客户保证金的行为很难成行；另一方面，现行刑法已经以修正案的方式规定了背信运用受托财产罪，这类行为完全可以被规制。总之，是否扩大或缩小证券犯罪圈，既要考虑与国际接轨因素，又要从法益侵害角度出发，与现行证券犯罪比较、在实践中发生的频率以及是否可用现行刑法予以规制等因素综合考量。

（三）健全证券犯罪刑罚体系

在保持现行刑罚种类不变的情况下，健全证券犯罪刑罚体系可从以下三方面着手：

1. 取消拘役刑和无期徒刑

拘役刑由于对付贪利型的证券犯罪难以奏效，不如直接不用，而用无期徒刑对付伪造、变造国家有价证券罪，如果说在计划经济年代，尚有针对性，在市场经济下则显得有点多余，似有“大炮打蚊子”之嫌，建议尽早降低刑期至合理区域。

2. 将证券犯罪按社会危害性大小排列，合理规划自由刑期限

有学者经过认真比较后，得出在证券犯罪中，社会危害性大小

的排列顺序为：内幕交易罪最大，操纵证券市场罪次之，地下信用交易罪再次之，欺诈客户罪列第四，虚假陈述罪最小。① 笔者基本赞成这种排列方法和排列顺序，但由于该学者排此顺序时证券犯罪的种类与现在相比不可同日而语，这种排列应作适当调整。目前，内幕交易罪和操纵证券市场罪的排位基本上尚可维持，诱骗投资者买卖证券罪的社会危害性不能与前两罪相比，其刑期应比前两者低，之后应排证券市场中侵害财产的背信运用受托财产罪和背信损害上市公司利益罪，最后是破坏证券市场秩序的虚假陈述类犯罪。既然内幕交易罪的社会危害性最大，应适当提高其法定刑，在美国此罪的最高刑可达25年。操纵证券市场罪可维持10年不变，其他罪种可相应递减。

3. 建议一律规定为无限罚金刑

证券犯罪是一种滥用资源优势的犯罪，其贪利性比一般财产型犯罪有过之而无不及。惩治证券犯罪，必须在摧毁其经济基础上下功夫。现行刑法规定的定量罚金因数额过低，起不到应有的惩治效果，倍数罚金和百分比罚金也大体如此。但无限罚金授予法官较大自由裁量权，法官可根据各类证券犯罪个案情况，判处较重罚金，剥夺其再犯能力，预防犯罪的作用也最大，且能为国家带来经济效益，实在是一种不可多得的好手段。随之带来的问题便是如何监督法官的自由裁量权，确实值得研究。笔者初步考虑，可从事前、事中、事后三个环节入手，发挥同级法院自我监督、上级法院审判监督、同级以上检察院法律监督的作用，实施全方位、多功能、立体式监督，使法官的自由裁量权始终处于合理、可控的范围。

---

① 参见白建军著：《证券欺诈及对策》，中国法制出版社1996年版，第224～230页。

参考文献

一、中文文献类

（一）论著

1. 马克昌著：《比较刑法原理——外国刑法总论》，武汉大学出版社 2002 年版。

2. 马克昌主编：《犯罪通论》，武汉大学出版社 2003 年版。

3. 马克昌主编：《经济犯罪新论》，武汉大学出版社 1998 年版。

4. 高铭暄、赵秉志主编：《中日经济犯罪比较研究》，法律出版社 2005 年版。

5. 莫洪宪主编：《证券犯罪理论与侦查实务研究》，中国方正出版社 2005 年版。

6. 赵秉志主编：《刑事法治发展研究报告（2007—2008 年卷）》，中国人民公安大学出版社 2009 年版。

7. 赵秉志主编：《新千年刑法热点问题研究与适用》，中国检察出版社 2001 年版。

8. 陈兴良、周光权著：《刑法学的现代展开》，中国人民大学出版社 2006 年版。

9. 陈兴良著：《共同犯罪论》，中国社会科学出版社 1992 年版。

10. 王作富主编：《刑法分则实务研究》（上），中国方正出版社2007年版。

11．储槐植著：《刑事一体化论要》，北京大学出版社2007年版。

12．储槐植著：《美国刑法》，北京大学出版社2005年版。

13．张明楷著：《刑法学》（第三版），法律出版社2007年版。

14．张明楷著：《外国刑法纲要》，清华大学出版社2007年版。

15．张明楷著：《法益初论》，中国政法大学出版社2000年版。

16．张明楷著：《刑法的基本立场》，中国法制出版社2002年版。

17．张明楷著：《刑法分则的解释原理》，中国人民大学出版社2009年版。

18．张明楷著：《刑法格言的展开》，法律出版社2003年版。

19．吴振兴主编：《犯罪形态研究精要》，法律出版社2005年版。

20．黎宏著：《日本刑法精义》（第二版），法律出版社2008年版。

21．顾肖荣、张国炎著：《证券期货犯罪比较研究》，法律出版社2003年版。

22．顾肖荣主编：《证券犯罪与证券违规违法》，中国检察出版社1998年版。

23．白建军著：《证券欺诈及对策》，中国法制出版社1996年版。

24．王晨著：《证券期货犯罪的认定与处罚》，知识产权出版社2008年版。

25．刘艳红、周佑勇著：《行政刑法的一般理论》，北京大学出版社2008年版。

26．陈家林著：《外国刑法通论》，中国人民公安大学出版社

2009 年版。

27. 陈家林著:《共同正犯研究》，武汉大学出版社 2004 年版。

28. 何荣功著:《实行行为研究》，武汉大学出版社 2007 年版。

29. 刘宪权著:《证券期货犯罪理论与实务》，商务印书馆 2005 年版。

30. 刘宪权著:《金融犯罪刑法理论与实践》，北京大学出版社 2008 年版。

31. 顾雷著:《上市公司证券违规犯罪解析》，中国人民公安大学出版社 2009 年版。

32. 顾雷、王宝杰著:《证券市场违规犯罪透视与法律遏制》，中国检察出版社 2004 年版。

33. 顾雷著:《证券市场新型犯罪识别与赔偿途径》，中国民主法制出版社 2004 年版。

34. 罗豪才主编:《行政法学》，北京大学出版社 2001 年版。

35. 毛玲玲著:《证券市场刑事责任研究》，法律出版社 2009 年版。

36. 马松建著:《证券期货犯罪研究》，郑州大学出版社 2003 年版。

37. 吴弘主编:《证券法教程》，北京大学出版社 2007 年版。

38. 张绍谦著:《刑法因果关系》，中国检察出版社 2004 年版。

39. 中国证监会行政处罚委员会编:《证券行政处罚案例判解》，法律出版社 2009 年版。

40. 陈建旭著:《证券犯罪之规范理论与界限》，法律出版社 2006 年版。

41. 胡光志著:《内幕交易及其法律控制研究》，法律出版社 2002 年版。

42. 马其家主编：《英国及欧盟证券法案例选评》，对外经济贸易大学出版社 2006 年版。

43. 祝二军著：《证券犯罪刑事立法原理》，中国方正出版社 2000 年版。

44. 盛学军主编：《欧盟证券法研究》，法律出版社 2005 年版。

45. 郝银忠、王莉君著：《证券违法与犯罪研究》，人民法院出版社 2004 年版。

46. 李宇先、贺小电著：《证券犯罪的定罪与量刑》，人民法院出版社 2009 年版。

47. 刘军著：《刑法学中的被害人研究》，山东人民出版社 2010 年版。

48. 赵俊甫著：《刑事推定论》，知识产权出版社 2009 年版。

49. 刘斯凡著：《共犯界限论》，中国人民公安大学出版社 2011 年版。

50. 曹坚著：《从犯问题研究——以经济刑法为视角》，上海社会科学出版社 2009 年版。

51. 陈洪兵著：《中立行为的帮助》，法律出版社 2010 年版。

52. 胡启忠等著：《经济刑法立法与经济犯罪处罚》，法律出版社 2010 年版。

53. 王晓东著：《当代金融犯罪防治对策研究》，山东人民出版社 2006 年版。

54. 顾肖荣、郁忠民主编：《美国日本证券犯罪实例精选》，上海社会科学院出版社 1999 年版。

55. 戴玉忠、刘明祥主编：《犯罪与行政违法行为的界限及惩罚机制的协调》，北京大学出版社 2008 年版。

56. 周正庆主编：《证券知识读本》，中国金融出版社 1998 年版。

57. 周骏如主编：《检察实践与理论》，学林出版社 2008

年版。

58. 李东方主编:《证券法学》,中国政法大学出版社 2007 年版。

59. 范建、王建文著:《证券法》,法律出版社 2007 年版。

60. 赵国玲主编:《中国犯罪被害人研究综述》,中国检察出版社 2009 年版。

61. 郑顺炎著:《证券市场不当行为的法律实证》,中国政法大学出版社 2000 年版。

62. [英] 丹宁勋爵著:《法律的训诫》,龚祥瑞等译,群众出版社 1985 年版。

63. [日] 芝原邦尔著:《经济刑法》,金光旭译,法律出版社 2002 年版。

64. [日] 河本一郎、大武泰南著:《证券交易法概论》,侯水平译,法律出版社 2001 年版。

65. [日] 大塚仁著:《刑法概说(总论)》(第三版),冯军译,中国人民大学出版社 2003 年版。

66. [日] 西田典之著:《日本刑法各论》,刘明祥、王昭武译,中国人民大学出版社 2007 年版。

67. [日] 木村龟二主编:《刑法学词典》,顾肖荣、郑树周等译校,上海翻译出版公司 1991 年版。

68. [日] 大谷实著:《刑法总论》,黎宏译,法律出版社 2003 年版。

69. 林山田著:《刑法通论》(增订九版),台湾大学法学院图书部 2006 年版。

70. 林山田著:《经济犯罪与经济刑法》,台湾三民书局 1981 年版。

71. 赖英照著:《股市游戏规则——最新证券交易法解析》,中国政法大学出版社 2006 年版。

72. 刘连煜著:《新证券交易法实例研习》,台湾元照出版有限公司2011年版。

73. 陈家彬等著:《财经犯罪与证券交易法理论·实务》，台湾新学林出版股份有限公司2009年版。

74. 林孟皇著:《金融犯罪与刑事审判》，台湾元照出版有限公司2010年版。

75. 林东茂著:《危险犯与经济刑法》，台湾五南图书出版公司2002年版。

76. 孟维德著;《公司犯罪》，台湾五南图书出版公司2004年版。

77. 陈聪富著:《因果关系与损害赔偿》，台湾元照出版有限公司2004年版。

78. 陈子平著:《刑法总论（上)》，台湾元照出版公司2005年版。

79. 杨仁寿著:《法学方法论》，中国政法大学出版社1999年版。

80. 罗传贤著:《立法程序与技术》，台湾五南图书出版有限公司1997年版。

81. ［法］卢梭著:《社会契约论》，何兆武译，商务印书馆1980年版。

82. ［法］孟德斯鸠著:《论法的精神》，张雁深译，商务印书馆2006年版。

83. ［意］杜里奥·帕多瓦尼著:《意大利刑法学原理》，陈忠林评译，中国人民大学出版社2004年版。

84. ［美］E. 博登海默著:《法理学：法律哲学与法律方法》，邓正来译，中国政法大学出版社1999年版。

85. ［美］罗伯特·C. 克拉克著:《公司法则》，胡平等译，工商出版社1999年版。

86. ［美］托马斯·李·哈森著:《证券法》，张学安等译，中国政法大学出版社2003年版。

87. ［德］克劳斯·罗克辛著：《德国刑法学总论——犯罪原理的基础构造》（第1卷），王世洲译，法律出版社2005年版。

88. ［意］贝卡里亚著：《犯罪与刑罚》，黄风译，中国法制出版社2005年版。

89. ［法］夏尔·阿列克西·德·托克维尔著：《论美国的民主》，董国良译，商务印书馆1997年版。

（二）论文类

1. 莫洪宪：《证券犯罪研究》，载《江西公安专科学校学报》1999年第1期。

2. 丁华宇：《刑法中的兜底性条款探析》，载《黑龙江省政法管理干部学院学报》2009年第4期。

3. 白建军：《坚硬的理论，弹性的规则——罪刑法定研究》，载《北京大学学报（哲学社会科学版）》2008年第9期。

4. 沈玉忠：《罪刑法定原则视域下兜底性条款的限界设定——以非法经营罪为视角》，载《吉林师范大学学报（人文社会科学版）》2009年第6期。

5. 侯亚辉、李莹：《新型证券、期货犯罪若干问题》，载《国家检察官学院学报》2010年第1期。

6. 王剑波：《我国台湾地区证券犯罪立法研究》，载《台法研究论坛》2007年第4期。

7. 刘宇宙：《遏制证券犯罪路径探寻》，载《兰州学刊》2009年第3期。

8. 汪保康、邱庆峰：《试论我国遏制证券犯罪的司法介入》，载《南京政治学院学报》2010年第3期。

9. 范雪旺：《证券犯罪中的行刑转化问题分析》，载《检察前沿》2011年第2期。

10. 刘衍明：《内幕交易罪的理解与适用》，载《中国检察官》2009年第6期。

11. 何荣功：《刑法“兜底条款”的适用与“抢帽子交易”的

定性》，载《法学》2011 年第 6 期。

12. 郭恩伟：《刑法典中例示类法条研究》，载《黑龙江省政法管理干部学院学报》2008 年第 6 期。

13. 陆昊：《操纵证券市场犯罪疑难问题研究》，载《中国检察官》2011 年第 5 期。

14. 王崇青：《“抢帽子”交易的刑法性质探析——以汪建中操纵证券市场案为视角》，载《政治与法律》2011 年第 1 期。

15. 杨书文：《刑法规范的模糊性与明确性及其整合机制》，载《中国法学》2001 年第 3 期。

16. 陈兴良：《刑法的明确性问题：以〈刑法〉第 225 条第 4 项为例的分析》，载《中国法学》2011 年第 4 期。

17. 车浩：《从间接正犯到直接正犯——评〈刑法修正案（七）〉关于内幕交易罪的修改》，载《政法论坛》2009 年第 3 期。

18. 郑飞、贾楠：《背信损害上市公司利益罪若干问题研究》，载《理论界》2009 年第 8 期。

19. 马艳：《论因果关系推定在大规模侵权案件中的适用》，载《河南商业高等专科学校学报》2011 年第 2 期。

20. 侯艳芳：《我国污染环境犯罪中因果关系推定规则之适用研究》，载《青海社会科学》2011 年第 5 期。

21. 李建春、许昌清：《论内幕交易“利用”和“知悉”标准的再造》，载《青岛农业大学学报（社会科学版）》2007 年第 2 期。

22. 彭晶：《内幕交易罪的认定及有关争议问题》，载《中国检察官》2011 年第 5 期。

23. 阴家华、谢杰、罗秉：《内幕交易罪应以实际利用内幕信息为必要》，载《人民法院报》2009 年 4 月 1 日第 6 版。

24. 程皓：《内幕交易、泄露内幕信息罪若干问题研究》，载《法学评论》2006 年第 4 期。

25. 高基生：《德国市场操纵证明之研究》，载《证券市场导报》2005 年第 8 期。

26. 张明楷：《行政违反加重犯初探》，载《中国法学》2007 年第 6 期。

27. 余萍：《内幕交易罪定罪难点分析》，载《河北法学》2010 年第 2 期。

28. 张庆侠、冯建生：《中美内幕交易界定的比较研究》，载《河北法学》2011 年第 8 期。

29. 吴凤玲：《关于“利用”和“知悉”——论内幕交易的认定》，载《岳阳职业技术学院学报》2004 年第 1 期。

30. 杨小君：《关于行政认定行为的法律思考》，载《行政法学研究》1999 年第 1 期。

31. 邵砚涛：《刑事证据视野下的具体行政行为探究》，载《政法论坛》2010 年第 6 期。

32. 张旭、裴东波、宋伟卫：《行政认定与刑事司法认定的关系》，载《社会科学战线》2009 年第 9 期。

33. 白建军：《证券犯罪的几个问题》，载《金融法苑》1999 年第 1 期。

34. 刘远：《行政执法与刑事司法衔接机制研究》，载《法学论坛》2009 年第 1 期。

35. 周建军：《证券刑法的基本问题》，载《政治与法律》2008 年第 10 期。

36. 郭华：《行政执法与刑事司法衔接机制的立法问题研究》，载《犯罪研究》2009 年第 1 期。

37. 刘淑莲：《操纵证券市场罪之堵截条款研究》，载《商场现代化》2008 年第 30 期。

38. 高基生：《德国最高法院对抢帽子交易案的判决及其启示》，载《证券市场导报》2006 年第 9 期。

39. 时延安：《行政处罚权与刑罚权的纠葛及其厘清》，载《东方法学》2008 年第 4 期。

40. 张绍谦:《试论行政犯中行政法规与刑事法规的关系》,载《政治与法律》2011 年第 8 期。

41. 王宝杰:《中德反内幕交易机制比较研究》,载《金融与法》2009 年第 10 期。

42. 王作富、顾雷:《证券内幕交易中短线交易犯罪的认定与处罚研究》,载《法学论坛》2001 年第 2 期。

43. 王敏远、郭华:《行政执法与刑事司法衔接问题实证研究》,载《国家检察官学院学报》2009 年第 1 期。

44. 张懿睫:《美国信息披露型证券犯罪的构成要素与抗辩事由——以联邦法院系统的判例为视角》,载《中国刑事法杂志》2007 年第 5 期。

45. 丁明、赵志方:《非法发行上市股票共同犯罪如何确定罪名》,载《检察日报》2008 年 7 月 28 日。

46. 朱丽群、冒小建:《非法证券、期货交易案件问题研究——以非法经营罪为视角》,载《犯罪研究》2010 年第 2 期。

47. 刘宪权:《违法运用资金罪的刑法分析》,载《法学杂志》2010 年第 9 期。

48. 贾学胜:《背信损害上市公司利益罪研究》,载《江西公安专科学校学报》2008 年第 1 期。

49. 肖彦彬:《论背信损害上市公司利益罪》,载《福建公安高等专科学校学报》2007 年第 6 期。

50. 姜彦君:《论"市场欺诈理论"与证券内幕交易民事责任因果关系的确立及借鉴》,载《商业研究》2008 年第 8 期。

51. 孙喻:《〈刑法修正案六〉第九条背信损害上市公司利益罪的理解与适用》,载《经济与法》2008 年第 1 期。

52. 顾肖荣:《为解决证券市场"老鼠仓"问题的若干立法建议》,载《政治与法律》2008 年第 5 期。

53. 龚振军:《论"老鼠仓行为"犯罪之正解》,载《广西政法管理干部学院学报》2009 年第 5 期。

54. 顾肖荣:《论我国刑法中的背信类犯罪及其立法完善》,载刘俊海主编:《中国资本市场法治评论(第一卷)》,法律出版社2008年版。

55. 刘杨东:《利用未公开信息交易罪若干问题探讨——以“鼠仓”行为的刑事立法与司法处境为视角》,载《金融发展研究》2010年第6期。

56. 卢勤忠:《利用未公开信息交易罪的认定》,载《政法论坛》2010年第1期。

57. 徐春:《利用未公开信息交易罪的司法认定》,载《南昌大学学报(人文社会科学版)》2010年第6期。

58. 邓小刚:《诱骗投资者买卖证券罪客观方面的特征》,载《武汉市经济管理干部学院学报》2005年第3期。

59. 王燕飞:《编造并传播证券交易虚假信息罪争议研究》,载《贵州警官职业学院学报》2005年第4期。

60. 萧胤栗:《操纵股价犯罪之主观构成要件:〈现行法院对主观构成要件认定之分析〉——以人头户之刑事责任为中心》,载《月旦法学杂志》2008年第5期。

61. 靳宗立:《我国证券交易法刑事规制之立法检讨》,载《军法专刊》2010年第4期。

62. 陈俊仁:《处罚交易或处罚未揭露?——内线交易规范法理基础之检视与规范之解构与再建构》,载《月旦民商法杂志》2011年第6期。

63. 王文宇:《认真地对待资讯——论内线交易之判断标准与预防措施》,载《月旦法学杂志》2008年第4期。

64. 谢杰:《内幕交易罪若干疑难问题的实践认定》,载《吉林公安高等专科学校学报》2011年第5期。

65. 金泽刚:《打击证券犯罪的价值选择与现实思考》,载《江苏警官学院学报》2004年第4期。

66. 曹廷生:《美国金融刑法中的 scienter 及对我国证券、期货犯罪立法的启示》，载《唯云·法制建设》2009 年第 12 期。

67. 王世洲：《论证券犯罪》，载《法学研究》1995 年第5 期。

68. 林劲松：《股票犯罪研究论纲》，载《江海学刊》1993 年第2 期。

69. 韩南生：《股票发行与交易中的犯罪行为与法律制裁》，载《律师与法制》1994 年第4 期。

70. 李少平、金钟：《略论我国证券犯罪》，载《南京社会科学》1999 年第5 期。

71. 张天一：《论证券交易法上散布流言或不实资料操纵价格罪》，载《中原财经法学》2008 年第6 期。

72. 张志超：《证券犯罪概念探析》，载《东南大学学报（社会科学版）》2009 年 12 月第11 卷增刊。

73. 高铭暄、张杰：《刑法学视野中被害人问题探讨》，载《中国刑事法杂志》2006 年第1 期。

74. 凌华薇等：《枭雄唐万新》，载《财经》2006 年第1 期。

75. 阎二鹏：《共犯论中的行为无价值与结果无价值》，载陈兴良主编：《刑事法评论》（第 21 卷），中国政法大学出版社 2007 年版。

76. 黎宏：《结果无价值之展开》，载《法学研究》2008 年第5 期。

77. 陈兴良：《形式解释论的再宣示》，载《中国法学》2010 年第4 期。

78. 马克昌：《危险社会与刑法谦抑原则》，载《人民检察》2010 年第3 期。

79. 金泽刚、黄明儒：《日本有关行政犯性质的学说及其评析》，载《政治与法律》2004 年第6 期。

80. 王崇青：《行政认定不应成为行政犯认定的前置程序》，载《中国刑事法杂志》2011 年第6 期。

81. 黄太云：《偷税罪重大修改的背景及解雇》，载《中国税务》2009 年第 4 期。

82. 张明楷：《逃税罪的处罚阻却事由》，载《法学论坛》2011 年第 8 期。

83. 王良顺：《交通事故责任和交通肇事罪的认定》，载《甘肃政法学院学报》2009 年第 11 期。

84. 孙笑侠：《司法权的本质是判断权——司法权与行政权的十大区别》，载《法学》1998 年第 8 期。

85. 任翔：《行政权与司法权的关系解读——以司法权介入行政领域的界限为视角》，载《法制与经济》2008 年第 5 期。

86. 肖中华：《经济犯罪的规范解释刍议》，载顾肖荣：《经济刑法（第四辑）》，上海人民出版社 2006 年版。

87. 周长军、王海平：《论行政执法的检察监督》，载《政法论丛》2006 年第 6 期。

88. 黄厚秘：《论交通肇事罪的违法性前提——兼及行政违法与刑事违法的关系》，载《法制与经济》2010 年第 5 期。

89. 周国良：《刑法因果关系的定型性——从条件说到客观归责理论的考察》，载《检察实践》2005 年第 3 期。

90. 黎宏：《刑法因果关系论反思》，载《中国刑事法杂志》2004 年第 5 期。

91. 马栩生：《因果关系推定的基本法律问题》，载《武汉大学学报（哲学社会科学版）》2004 年第 4 期。

92. 李德林：《从德隆案看操纵股市的下场》，载《证券市场周刊》2005 年 12 月 26 日。

93. 肖彦彬：《论背信损害上市公司利益罪》，载《福建公安高等专科学校学报》2007 年第 6 期。

94. 凌华薇、曹海丽等：《枭雄唐万新》，载《财经》2006 年第 1 期。

95. 邓楚怡：《防制证券人头户宣导说明会》，载《证券柜台月刊》2006 年第 115 期。

96. 徐立凡:《汪建中认错不认罪折射立法空白》,载《京华时报》2010 年 10 月 30 日。

97. 吴元曜:《论经济刑法概括条款之规范模式》,载《军法专刊》2005 年第 10 期。

98. 竹怀军:《证券犯罪若干问题初探》,载《韶关大学学报(社会科学版)》2000 年第 3 期。

99. 张明楷:《实质解释论的再提倡》,载《中国法学》2010 年第 4 期。

100. 王超:《德恒证券刑事法论坛第三十七讲——证券犯罪新视界》,载北京德恒律师事务所网,http://www.dhl.com.cn/article/more.jsp?,2011 年 10 月 5 日访问。

101. 张光金、谢国庆:《证券犯罪争议》,载《现代法学》1998 年第 5 期。

102. 黎宏:《论中立的诈骗帮助行为之定性》,载《法律科学》2012 年第 6 期。

103. 张伟:《中立帮助行为探微》,载《中国刑事法杂志》2010 年第 5 期。

104. 金希:《中立的业务行为与可罚的帮助行为之界分——以交通运输行为和商品销售行为为视角》,载《浙江万里学院学报》2012 年第 1 期。

105. 陈志铭:《台湾政治对检察体系之控制》,载《东方法眼》2003 年 11 月,http://www.dffy.com/fayanguancha/sd/200311/20031117210056.htm,2012 年 1 月 27 日访问。

106. 常铮:《汪建中“抢帽子交易行为”——行政处罚或刑事责任》,载尚权律师事务所网,http://www.sqxb.com/News_View.asp? NewsID=589,2010 年 5 月 6 日访问。

107. 李姗姗:《浅析操纵市场行为之刑法认定——从首放案说起》,http://www.mejc.net/Read News.asp? TypeId=16&NewsId=2976,2010 年 5 月 7 日访问。

二、外文文献类

1. Dr. Gerhard Wegen, Prof. Dr. Heinz – Assmann："Inside Trading in Western Europe：Current Status", Graham & Trotman.

2. Gil Brazier, Insider Dealing：Law and Regulation, Cavendish Publishing Limited, (1996).

3. Louis Loss, Fundamentals of Securities Regulation, 1989 Supplement, Little, Brown & Co. ,Boston.

4. Philip L R Mitchell ,Insider Dearling and Directors' Duties, Second Edition, Butterworths,(1989).

5. 664 F. 2d 12 (2nd Cir. 1981), cert. denied, 464 U. S. 863 (1983).

6. 485 U. S. 224,108 S. Ct. 978, 99 L. E d. 2d 194(1988).

7. Richard Jennings & Harold Marsh, Securities Regulation, Foundation Press, 1987 Ed.

后　记

本书是在我的同名博士学位论文基础上稍作修改而成的。

2012 年清明节，我终于为我的博士论文画上一个句号，但我并没有如窗外晴得出奇的天空一样放飞心情，反而更加沉重了。四年前，我终于圆了多年的夙愿，成为“珞珈法学王牌军”的一名学子。我曾天真地作了规划，计划利用这个难得的机会，好好感受曾国藩当年“打仗归来再读书”的豪迈，潜心研习博大精深的刑法学理论。但没能坚持多久，我的学习计划就被繁忙而琐碎的工作所打乱。每每拿起书本，大体是自豪度多于豁然开朗度，荣誉感大于先苦后甜感，难以达到融会贯通境界。在动手撰写时，就真真切切地感受到博士论文的艰辛了。俗话说：冰冻三尺，非一日之寒。由于缺少平时冷板凳的“厚积”，做起论文来，就没有“薄发”之感，呼之欲出之效。可以说，在我总算交出初稿时，心中充满纠结，生怕被活生生打回。

我要特别感谢我的博士研究生导师莫洪宪教授。四年前，承蒙恩师不弃，将已三十八岁“高龄”的我收于门下，成为“马家军”的一员。恩师学识渊博、睿智大气，对于我这位具有一定法律实务经验、理论上一直徘徊不前的“高龄”学生，她很有办法。她从来不问我读了多少书，写了多少文章，总是提及一些优秀博士生是如何看书做论文的，或是选取一些热点刑法问题测试我的看法，谈谈她的独到见解，或是不时以新出版的学术书籍相赠。或许在她看来，博士生看书做论文是天经地义的事，无须多谈，而弄清刑法的每一个基础问题、达到融会贯通并发他人之未发才是博士阶段的应有之义。就在这种不经意间，我接受了指导，感到了压力，告诫自己必须沉下心去一步一个脚印，扎扎实实地学。在我向她报告拟以证券犯罪为选题方向时，她在短时间内作出回应，同意这一选题方向，但反复叮嘱我要发挥司法实务优势，找准问题，以真问题作为研究切入，可不拘泥传统写法，并对论文框架结构提出了很好的建设性意见。在论文的写作中，恩师的精到指点和耐心解答，在寒冷彻骨的冬日显得尤为温暖，促使我咬咬牙坚持到最后。在论文初稿上，恩师密密麻麻的“红字”遍及内容调整、结构安排、论据选择乃至文字、标点、注释修改，使论文平添许多色彩，其中一些内容的修改，给我以醍醐灌顶之感，让我再次感受恩师深厚的学术功底和开阔的学术视野。遥想入学当年，我曾信誓旦旦向她保证学习时间，而后来由于工作原因未能兑现，她竟没有丝毫责怪之意，反而劝我好好工作，在工作中注意提炼有价值问题，此事曾让我一度不安，也促使我在出差途中不忘看上一眼书。可以说，没有恩师润物细无声的教诲和宽厚大度的气量，顺利完成博士阶段的学习是不可想象的。恩师对于学生的关爱可谓无微不至，哪怕是我这种已工作学生，也不忘“扶上马，再送一程”。在我顺利通过论文答辩不久，正值武汉大学举办“‘社会转型与法学发展’暨纪念马克昌教授逝世一周年国际学术研讨会”，恩师竟推荐我在如此高规格的会议上作专题发言，有幸接受中外最高学术水平刑法学者的检验，让我终身受益。在本书即将付梓之际，我再次向恩师致以诚挚的谢意，衷心祝愿她及她的先生徐水生教授身体健康，万事如意；也祝徐侃工作顺利，心想事成！

我要特别感谢林亚刚教授、吴振兴教授、王晨教授、康均心教授、许发民教授、皮勇教授和陈家林教授。这些学术功底厚实、豁达开朗的教授在我的论文开题报告上，提出了许多富有见地的宝贵建议，为我的论文写作奠定了很好的基础。在论文答辩中，林亚刚、吴振兴、陈家林三位教授对我在证券共同犯罪中提出的观点，反复提问，穷追不舍，当时真有招架不住之感，这也迫使我对证券中立帮助行为进行重新思考，适当深化相关篇幅，完善相关论述。我还要特别感谢何荣功副教授。何荣功副教授亦师亦友，我和他相识于一次学术项目上，由于志趣和脾性颇合，相识以来，书信不断，电话不绝。在报考博士研究生时，无论在精神上还是在复习方法上，都得到了他的大力支持。我还经常向他请教司法实践中遇到的刑法问题，他都一一作了耐心而又详尽的解答。在论文写作中，他提出了许多富有启发性和创见性的意见。认识这样的朋友一生难得！叶小琴老师的热情与大方，为我在校期间的学习和生活提供了很多方便，我诚挚地向她说声谢谢。

感谢“睡在我上铺的兄弟”吴爽、同门师妹邓小俊，我与他们年龄相差悬殊，但沟通交流起来毫无障碍，仿佛我与他们一样年轻。班长陈金林同学学术功底扎实，曾远赴德国马普所留学深造，现已留校任教，他向我提供了很多帮助，并主动承担本书出版的联系接洽工作，我祝他早日成为学术大家。宫步坦、黎邦勇、张伟、马骏、王耀忠、王敏敏、夏婧、王杨、王春福、刘莉芬、洪求华、王骏等诸位学友也给予我大力支持和帮助，认识这些可爱的同学，既是缘分，又是荣幸，祝愿他们事业有成、前途似锦。小师弟刘夏同学为我义务承担校正英文摘要、调整论文格式、打印论文文稿及检测外审等工作，在此表示衷心感谢。

我还要感谢公安部经济犯罪侦查局高峰政委、刘冬副局长、李金发副巡视员及中国证监会稽查总队叶锦伟副总队长对我的关心和支持。同事们无声的关爱和默默的祝福驱使我永不言弃。尤其是同事兼好友高晨，在我最为迷茫、最是彷徨时给我勇气，鼓励我圆了博士梦。上海社会科学院法学所顾肖荣研究员，对我的论文结构给予了认真指导，台湾高雄大学陈子平教授为我带来了宝贵的参考资料，我的硕士论文指导老师阮方民教授，刑法任课老师袁继红教授，鼓励并推荐我报考博士研究生，我深深祝愿他们身体健康，万事如意。好友童勇博士、刘选博士、赵军博士、涂龙科博士、杨书文博士、甄进兴博士和尤小文博士，在我读博期间，给予了很多指点和关心，我祝福他们工作顺利、心想事成。

最后，我还要特别感谢我的家人。为了我顺利求学，他们辛勤劳作、默默奉献。妻子周淳女士承担了所有家务，一直在精神上鼓励我、督促我，使我在思想上不敢有丝毫松懈。岳母涂安柳女士默默帮助妻子从事家务，教育我的儿子，鼓励我完成学业。住在农村老家的父母仍用他们的善良和勤劳，激励我克服学习、工作上的一切困难。我祝他们身体健康、每天都有好心情！当然，我还要感谢已辞世多年的岳父周文良，他气度宽广，在世时就非常关心我的学业，我祝他在天国里幸福、快乐。

王崇青

2012 年 5 月 6 日初记于杭州

2013 年 10 月 29 日补记于上海